U0142929

結構方程模型分析實務：
JASP的運用

| 2022~2024年榮獲全球前2%頂尖科學家 | 陳寬裕　著

五南圖書出版公司 印行

序

結構方程模型（Structural Equation Modeling, SEM）結合了傳統統計學上的因素分析與路徑分析技術，除了可以處理觀察變數與潛在變數以及各潛在變數之間的因果關係外，同時也考慮了誤差變數的問題。而一般我們所常用的統計方法，如迴歸分析、主成份分析、因素分析、路徑分析及變異數分析等，其實都可看成是結構方程模型的特例。但是，結構方程模型的本質上卻都具有上述統計方法所無法比擬的優點。也正因為如此，導致近年來，結構方程模型在心理學、教育學、管理學以及行為科學等領域中能被廣泛的應用。

目前學術界常用以進行結構方程模型分析的軟體，如Amos、Lisrel、SmartPLS……等，對某些未具統計學基礎的讀者而言，其學習門檻可能稍高，且軟體費用又是不可承受之重。近年，JASP軟體的崛起，似乎就是衝著這些專業統計軟體而來的。JASP是一套開源、免費且跨平臺的統計分析軟體，它的目標是提供一個易於使用且功能強大的平臺，供使用者進行統計分析。經作者實測，JASP確實簡單易用，適合任一層級的學習者，且其所具有的統計分析功能甚至已超越SPSS、Amos。例如：它提供了驗證性因素分析、結構方程模型分析、貝葉斯統計方法（Bayesian statistics）等高階統計功能。此外，JASP的報表本身就屬學術界通用的APA格式，對於製作專題、論文的使用者可謂是一大福音。作者是多年經驗的SPSS、Amos的使用者，近年來，不管在教學或研究上，都已轉用JASP軟體，而學生們也對這套軟體的簡單易用與強大功能，留下深刻的體驗印象。

本書特別適用於需進行學術論文寫作或個案專題者，另外亦非常適合於教學單位授課時使用。其內容幾乎涵蓋了一般論文或專題中，運用結構方程模型時，所需用到的各種分析方式，諸如：多元常態性檢定、驗證性因素分析、收斂效度檢驗、區別效度檢驗、潛在變數的路徑分析、影響效果分解、模型修正、中介效果檢驗、多重中介效果檢驗、多群組分析、干擾效果檢驗、測量恆等性與模型泛化等。而且書中幾乎所有的範例都是實際碩士論文的原始資料與分析結果，期盼讓讀者能身歷其境，融入研究之情境中。

　　本書以淺顯易懂的方式介紹結構方程模型與JASP軟體的操作介面，是一本兼顧理論與實務應用的教材。其特色為：

1. 系統而有條理：本書於內容的編排上，對於每一統計方法先簡略闡述其基本概念與理論，然後介紹該方法的功能與應用，最後透過範例介紹怎樣去做。對於想快速入門的讀者，可以先從範例部分開始掌握基本的資料處理和分析技巧，而後讀者若有興趣可以再鑽研其理論部分。

2. 實務應用導向：本書每一章中所講述的內容，皆會以實際的碩士或期刊論文為範例，實際示範分析過程與結果。且每一章末皆附有習題，方便授課教師驗收學生的學習效果。

3. 影音教學：本書的編排方式尚有一大特色，即對於每一範例的操作過程與報表解說或內文中需額外講解的部分，皆附有教學影音檔與簡報檔。藉由教學影音檔與簡報檔，當可促進讀者的學習效率，亦可減輕授課教師於課堂上的負擔。

　　本書得以順利出版，首先感謝五南圖書出版公司的鼎力支持與協助，其次感謝屏東科技大學提供優質的教學環境，還有對我容忍有加的家人以及默默協助我的同事、學生。由於編寫時間倉促、後學水準亦有限，錯誤之處，在所難免，敬請批評指正，後學不勝感激！

陳寬裕 謹識

2024年10月

使用本書前

　　本書可應用在兩個方面，除可作為大專院校「進階統計學」、「多變量統計分析」或「結構方程模型」等課程的教科書外，亦可作為大專生或研究生製作專題、碩士、博士論文時的參考書。使用本書時，建議讀者先行閱讀下列說明：

一、範例檔與習題檔的使用

　　本書中所有的範例與習題皆附有相關的資料檔案，所有的資料檔案將壓縮成ZIP格式的壓縮檔（檔名：1HAV.zip）。讀者於下列網址下載該壓縮檔後，只要使用任一種解壓縮程式，解壓縮「1HAV.zip」後即可使用。「1HAV.zip」的下載網址如下：

　　範例檔與習題檔的網址：https://lihi.cc/UqFBD

　　下載完成並解壓縮「1HAV.zip」後，即可產生一個名為「1HAV」的資料夾（本書中，將該資料夾簡稱為範例資料夾）。讀者當可發現「1HAV」資料夾中將包含兩個子資料夾，其名稱分別為「example」子資料夾（內含範例資料檔）與「exercise」子資料夾（內含練習題的資料檔）。「example」與「exercise」子資料夾中，將依各章節之流水編號存放資料檔案，「範例資料檔」的編號以「ex」為頭文字，而「練習檔」則以「hw」為頭文字。欲使用檔案時，可依下列方式，找到檔案：

1. 若欲開啟「第7章」之「範例7-2」所使用的JASP資料檔時，其檔案路徑即為：

　　路徑：「...\ 1HAV\ example\chap07\ex7-2.jasp」

2. 若欲開啟「第10章」之「練習10-3」所使用的JASP資料檔時，其檔案路徑即為：

　　路徑：「...\ 1HAV\ exercise \chap10\hw10-3.jasp」

二、教學影音檔的使用

　　以本書作為「進階統計學」、「多變量統計分析」或「結構方程模型」等課程之教材時，課程進度可依本書的目錄內容編排循序漸進。在每週3小時的課程中，若

能配合教學影音檔的使用，當可完成全部章節的課堂教學。而課程若為每週2小時的話，則建議授課教師能以課程目標為考量，選取部分章節於課堂教學，另以家庭作業方式與配合影音教材使用，鼓勵學生自行學習、研究其餘章節。

本書的教學影音檔已使用「不公開」的方式，發布於「YouTube」影音平臺。讀者可使用電腦或智慧型手機來觀看教學影音檔。

使用電腦觀看時，讀者可於瀏覽器（例如：Chrome）的網址列，直接輸入教學影音檔的網址（可由手機掃描QR Code得知網址）。而使用智慧型手機或平板電腦觀看時，讀者只要直接掃描附於各「範例」題目旁的QR Code，即可觀看各範例的教學影音檔並自我學習，如圖0-1。

範例11-1 開啟範例ex11-1.sav，該檔案為論文〈品牌形象、知覺價值對品牌忠誠度關係之研究〉之原始問卷的資料檔，試檢定受訪者對個案公司之「品牌形象」的整體認知程度是否良好（平均值大於4）？

掃描此QR Code，即可
觀看該範例的教學影片

圖0-1　掃描QR Code，觀看教學影音檔

目　錄

第 1 章
結構方程模型簡介

　　在20世紀70年代，Jöreskog、Keesling等人將「路徑分析」的概念引入到潛在變數（latent variable）的研究中，並和因素分析方法結合起來，而形成了結構方程模型（structural equation modeling, SEM）。在結構方程模型中，利用驗證性因素分析技術（confirmatory factor analysis, CFA），以檢驗潛在變數與觀察變數（observed variable）間的關聯性，而構成測量模型（measurement model）；再借助路徑分析技術（path analysis）檢驗潛在變數之間的因果關係（causal relation），而形成結構模型（structural model）。最後，將測量模型與結構模型整合成完整的架構，即形成了結構方程模型。

　　結構方程模型是一種複雜的因果關係模型，可以處理觀察變數與潛在變數間的測量問題以及確認潛在變數之間的因果關係。而事實上，一些常用的第一代統計技術，如迴歸分析、主成份分析、探索性因素分析、路徑分析及變異數分析等，都可看成是結構方程模型的特例而已。此外，結構方程模型還擁有其他第一代統計分析技術所無法比擬的優點。也正因為如此，近二十年來，促成了結構方程模型在心理學、社會學、管理學以及行為科學等領域中，都能被廣泛的應用。

◆ 1-1　結構方程模型的基本概念 ◆

結構方程模型又稱爲共變數結構分析（analysis of covariance structure）或線性結構方程（linear structure equation），它是一種運用假設檢定技術，而對因果關係的內在結構進行分析的一種統計方法。它也是近年來發展甚爲快速，應用越來越廣泛的一種多變量分析技術。相較於傳統的統計學，由於其對潛在變數、測量誤差和因果關係等都具有獨特的處理能力，因此近年來，除了在心理學、教育學等領域的應用日趨成熟與完善之外，還不斷的被應用在其他的多種領域中。

由於在社會科學領域中，一般研究者所關注之議題的研究中，所涉及的變數大都是屬於不能準確、直接測量的潛在變數（例如：滿意度、忠誠度……等）。對於這些潛在變數的處理，傳統的統計方法，例如：迴歸分析、因素分析與路徑分析等皆無法妥善處理（例如：測量誤差的處理）。此時，就須運用到能同時處理潛在變數與觀察變數的結構方程模型了。

認識結構方程模型最簡單的方法，莫過於謹記，結構方程模型有「三兩」，即兩種變數、兩種路徑與兩種模型。兩種變數意味著結構方程模型中的變數類型有兩種，即觀察變數（模型圖中會以長方形代表）與潛在變數（橢圓形或圓形）。兩種路徑則代表結構方程模型中將包含兩類路徑，即代表因果關係的路徑（單向箭頭）與代表共變（相關）關係的路徑（雙向箭頭）。而兩種模型則是指測量模型（又稱驗證性因素分析模型）與結構模型（又稱路徑分析模型）。以下將逐一介紹這些結構方程模型的基本概念。

◉ 1-1-1　兩種變數

結構方程模型中包含了兩類變數：觀察變數與潛在變數。另外，誤差變數有些時候也可視爲是一種潛在變數，因爲它也是不能被直接觀察得到的。此外，亦可根據影響路徑的因果關係，而將結構方程模型的變數分爲外生變數（exogenous variables）（代表因，即自變數）和內生變數（endogenous variables）（代表果，即依變數）（榮泰生，2008）。

一、觀察變數與潛在變數

觀察變數，是指可以直接觀察或測量的變數，又稱爲外顯變數（manifest

variable）。在以問卷調查為基礎的研究中，這些觀察變數通常是指問卷中的每一個題項，一個題項就是一個觀察變數。當然，在一些因素結構較複雜的構面（例如：二階構面）中，觀察變數亦可能是由數個觀察變數的平均值所構成的變數。例如：在圖1-1的測量模型圖中，「遊憩知覺壓力」這個構面是由「遊憩干擾」、「擁擠感」與「不當行為」等三個觀察變數（其實屬子構面，潛在變數）所衡量，然而查閱原始問卷可發現，「遊憩干擾」、「擁擠感」與「不當行為」等變數應屬子構面，且每個子構面又都是由四個題項（觀察變數）所測量。因此，在結構方程模型的分析過程中，為了簡化模型，我們會將各子構面所屬的四個題項之得分的平均值設定給「遊憩干擾」、「擁擠感」與「不當行為」等子構面（這過程通常稱之為：將潛在變數轉換為觀察變數），且以這些「已觀察變數化」的子構面當作是主構面「遊憩知覺壓力」的三個測量指標。故，觀察變數亦可以是數個其他觀察變數的平均值。在結構方程模型的路徑圖中，觀察變數通常以長方形圖表示，如圖1-1中的x_1、x_2、x_3、y_1、y_2與y_3。

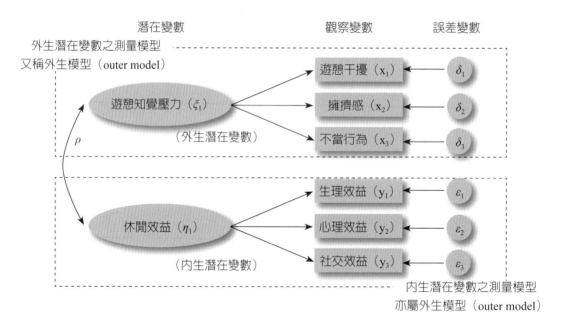

圖1-1　結構方程模型的測量模型圖（虛線部分）

　　很多社會科學領域的研究中，所涉及的變數都不能被準確、直接的測量，這種變數即稱為潛在變數。雖然潛在變數不能直接測得，但是由於它是一種抽象的客觀事實，所以潛在變數是可以被研究的。方法是透過測量與潛在變數相關的觀察變數（例如：問卷題項）作為其指標變數，而對其間接的加以評價。傳統的多元統計方法

不能有效處理這種含潛在變數的問題，而結構方程模型則能同時處理潛在變數及其指標（觀察變數加測量誤差）間的關係。在結構方程模型的路徑圖中，潛在變數通常以橢圓形圖表示，如圖1-1中的「遊憩知覺壓力」（ξ_1，唸法：ksi）與「休閒效益」（η_1，唸法：eta）。

此外，在結構方程模型中，觀察變數與測量誤差變數合稱為指標變數（indicator variable），利用數個指標變數就可以間接的測量潛在變數，當然其過程必然會有誤差項產生。結構方程模型中的誤差項包括三類：潛在自變數的測量誤差（如圖1-2中的δ_1、δ_2與δ_3。δ，唸法：delta）、潛在依變數的測量誤差（如圖1-2中的ε_1、ε_2與ε_3。ε，唸法：epsilon）和結構模型的結構誤差項（潛在自變數預測潛在依變數時產生的誤差），如圖1-2中的ζ_1（唸法：zeta）。在結構方程模型的路徑圖中，測量誤差或結構誤差通常會以圓形表示。

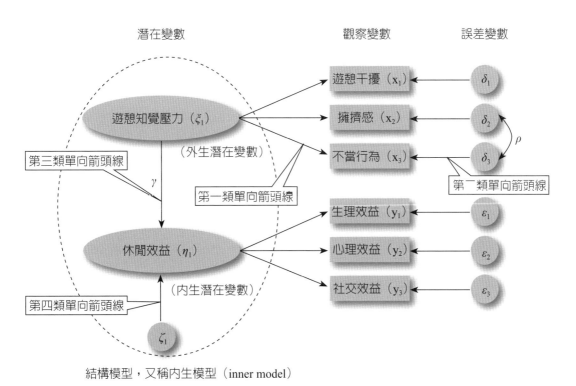

結構模型，又稱內生模型（inner model）

圖1-2　結構方程模型的結構模型圖（虛線部分）

二、外生變數與內生變數

外生變數是指模型中不受任何其他變數影響，但會影響其他變數的變數，也就是說，在路徑圖中，外生變數會指向任何一個其他變數，但不會被任何變數以單箭頭指向它（例如：圖1-2中的遊憩知覺壓力ξ_1）。在一個因果模型中，外生變數的角色就是解釋變數或自變數。

而內生變數，是指在模型內會受到任何一個其他變數所影響的變數，也就是說，在路徑圖中，內生變數會受到任何一個其他變數以單向箭頭指向的變數（如圖1-2中的休閒效益η_1）。在一個因果模型中，內生變數會被看作是結果變數或依變數。

通常我們會用x表示外生觀察變數（如圖1-2中的x_1、x_2與x_3），以y表示內生觀察變數（如圖1-2中的y_1、y_2與y_3）。而外生潛在變數和內生潛在變數則分別用ξ_1和η_1表示。

由於結構方程模型中的基本變數有：觀察變數與潛在變數兩種，且可依其在模型中所扮演的角色，又可分為內生、外生變數。故結構方程模型中的變數，依其角色定位大致可分為四類，分別為：外生觀察變數、外生潛在變數（潛在自變數）、內生觀察變數、內生潛在變數（潛在依變數）。

1-1-2　兩種路徑

結構方程模型中會包含兩種路徑，即代表因果關係的路徑（單向箭頭線）與共變關係的路徑（雙向箭頭線）。在圖1-2的結構模型圖中，有四類的單向箭頭路徑，它的路徑值一般稱為迴歸加權係數（regression weighted coefficient）或路徑係數（path coefficient）（如圖1-2）。

第一類：連接潛在變數與觀察變數間的單向箭頭線，其迴歸加權係數又稱為因素負荷量。

第二類：連接觀察變數與測量誤差間的單向箭頭線，且為使模型能被識別（model identification），這種單向箭頭線的迴歸加權係數永遠要固定為「1」。

第三類：連接潛在變數與另一個潛在變數間的單向箭頭線（代表因果關係），其迴歸加權係數又稱為路徑係數或直接效果。

第四類：連接潛在依變數與結構誤差間的單向箭頭線，且為使模型能被識別，第四類單向箭頭線的迴歸加權係數也永遠要固定為「1」。

而雙向箭頭則代表著共變關係，共變關係即代表著兩變數間具有相關性之意（如圖1-2中的δ_2與δ_3即具有相關性）。未來執行模型成功後，雙向箭頭線條旁的數值就是兩變數間的相關係數（ρ）。

與觀察變數的路徑分析類似，在進行結構方程模型分析前，常須繪製路徑圖，它能直觀地描述變數間的相互關係。繪製路徑圖時有一些規則，如下所示：

長方形：表示觀察變數。如圖1-2中的x_1、x_2、x_3、y_1、y_2、y_3。

橢圓形：表示潛在變數。如圖1-2中的ξ_1和η_1。

圓形：表示測量誤差（以觀察變數測量潛在變數時的誤差）或結構誤差（自變數預測依變數時的誤差）。如圖1-2中的δ_1、δ_2、δ_3和ε_1、ε_2、ε_3分別表示以觀察變數x_1、x_2、x_3和y_1、y_2、y_3來間接測量ξ_1和η_1時的測量誤差；而ζ_1則是代表外生潛在變數（ξ_1）預測內生潛在變數（η_1）時，所產生的結構誤差。

長方形 ◀—— 橢圓形：代表潛在變數的因素結構，即各觀察變數與潛在變數間的迴歸路徑，其真實意義就是因素負荷量之意。

橢圓形 ◀—— 橢圓形：代表因果關係，即外生潛在變數ξ_1對內生潛在變數η_1的直接影響效果。

此外，兩個變數（潛在或觀察變數皆可）間的雙箭頭表示假定這兩個變數間可能沒有直接關係，但這兩個變數會具有相關關係（共變關係）。

1-1-3 兩種模型

一般而言，結構方程模型可以分為測量模型（measurement model），又稱為外生模型（outer model）和結構模型（structural model），又稱為內生模型（inner model）等兩個部分。測量模型可用以描述潛在變數與指標變數之間的關係，也稱為驗證性因素分析模型（邱皓政，2004）。如圖1-1虛線的範圍內共包含了兩個測量模型，第一個測量模型，表明了「遊憩干擾」、「擁擠感」與「不當行為」等觀察變數與潛在變數「遊憩知覺壓力」間的關係；第二個測量模型，則表明了「生理效益」、「心理效益」與「社交效益」等觀察變數與潛在變數「休閒效益」間的關係。

結構模型則用以描述潛在變數之間的因果關係，又稱為路徑分析模型。如圖1-2虛線範圍內，「遊憩知覺壓力」與「休閒效益」間的關係。實務上，進行結構方程模型分析時，要先驗證測量模型具有信、效度後，才能檢驗結構模型。也就是說，唯有潛在變數的測量是可信的、有效的情形下，驗證潛在變數間的因果關係才有實質意義

（邱皓政，2004）。

指標變數中的誤差項含有隨機誤差和系統誤差，隨機誤差是指測量上的不準確性（與傳統測量誤差相當），而系統誤差則反映了潛在變數（即因素）所不包含的特性（與因素分析中的獨立因素相當）。這兩種誤差可以統稱為測量誤差或簡稱為誤差。

1-2 結構方程模型的基本原理

對於結構方程模型的基本原理，若從其字面的含義觀之，不難想像，結構方程模型分析應該包含了結構化、假設性方程式與模型分析等基本意涵。基於此，下面將以假設檢定、結構化驗證與模型比較分析等三個概念，來說明結構方程模型的基本原理（邱皓政，2004）。

■ 1-2-1 假設檢定

簡單來說，假設檢定是研究者利用母體資料事先的特徵與訊息，給予適當的假設後，並從母體中抽出隨機樣本，再利用機率學原理，判斷所設定的假設是否成立的統計方法。這是一種科學驗證的過程，也是推論統計學的最主要內容。

當研究者欲運用結構方程模型來驗證自己所提出的理論觀點之適用性時，必須針對該理論觀點進行觀念的釐清、文獻整理與假設推導等理論性的辯證與演繹過程，然後提出一套有待檢驗的假設模型（或稱理論模型、概念性模型）。驗證此假設模型的過程中，不論是針對整體模型的配適度檢驗，或是潛在變數間關係的路徑係數估計，都是以假設檢定的方式來確認之。例如：可以利用卡方檢定來評估假設模型與樣本資料的擬合程度，並據以判斷接受或否定假設模型（當然，在結構方程模型中，我們都是希望能夠接受假設模型的）。此外，亦可針對模型中的個別參數進行假設檢定，以釐清該參數的統計意義。由上述說明不難理解，研究者若欲從結構方程模型中得到良好的結果，以驗證所提出的理論觀點之適用性時，應該從研究的理論基礎與嚴謹的推理過程著手，如此才不失運用結構方程模型的真正意涵。

當研究者提出概念性模型後，欲利用結構方程模型進行分析時，首先會對模型中所涉及的潛在變數，先利用觀察變數（題項）進行測量（發放問卷），從而獲得一組觀察變數的實際資料和基於此樣本資料所形成的共變數矩陣，這個共變數矩陣一般就稱之為樣本矩陣（S）。結構方程模型就是要將概念性模型中，由各變數之路徑關係

所形成的共變數矩陣（又稱再生矩陣，Σ）與實際的樣本矩陣（S）進行配適性檢驗（即檢驗樣本矩陣到底有多接近再生矩陣），如果概念性模型與實際的樣本資料配適良好，那麼就表示概念性模型是可以接受的；否則就要對概念性模型進行修正，如果修正之後仍然不符合配適指標的要求，那麼就須否定概念性模型，一切得從頭再來。

1-2-2　結構化驗證

結構方程模型的基本數學原理是運用變數間的共變程度，以釐清變數間的結構關係（黃芳銘，2002；邱皓政，2004）。一般而言，社會科學領域中所關注的議題，通常會涉及一組變數間結構關係的討論，而且此結構關係是相當錯綜複雜的。變數間的關係除表徵性、數學性的關係外，亦可能存在著因果性或階層性（邱皓政，2004），因此需要利用結構化的方式，先確認各變數的測量是可信、有效的，然後再去解析各變數間的結構關係。

因此，結構方程模型中會包含兩種模型，即測量模型與結構模型。在測量模型中，將檢驗潛在變數與指標變數間的測量關係；而在結構模型中，則將檢驗各潛在變數間的因果關係（黃芳銘，2002；邱皓政，2004）。這兩種關係的確認，就是結構方程模型分析的主要目標。然此目標是否能達成，實有賴於研究者對所感興趣的議題之文獻支持與內容釐清。在此過程中，研究者可透過概念性模型的繪製而清楚描述變數間的假設性關係，進而透過樣本資料的蒐集，最後運用統計檢驗技術驗證概念性模型的合理性。

1-2-3　模型比較分析

基本上，當研究者對所感興趣的議題，經過觀念的釐清、文獻探討與分析、或是研究假設的推導等理論性的辯證與演繹過程後，將提出一系列的研究假設，進而整合這些研究假設成為一個具有學術價值或意義的假設模型（又稱為概念性模型），接著就可運用統計方法來針對此一假設模型進行檢驗了。

然而，在社會科學領域的研究中，研究者對於相同一組變數間的相關性，常會因其所關注的議題或理論觀點的不同，而對變數間的假設關係提出不同的論點，進而發展出多個變數相同，但假設關係不同的替代模型（alternative model），又可稱為競爭模型（competitive model），這些替代模型將逐一擬合樣本資料而進行競爭比較。從而，研究者能從多個替代模型中，依據各種配適度指標，進而挑選出最配適樣本資

料的假設模型。

　　除了模型的配適度要符合一般學術要求外，另外也需注意模型須符合精簡原則（principle of parsimony）。所謂精簡原則意指當兩個模型（互為競爭模型）利用相同資料進行配適時，其結果在各項配適指標所反映的配適程度，相差不大的情況下，那麼應該取兩個模型中結構較為簡單的模型。

　　例如：某研究者對某班級所有同學的微積分、統計學和理則學成績進行研究，該研究者最終提出了兩個假設模型，模型甲與模型乙。在甲模型中，研究者認為微積分、統計學和理則學等成績的綜合能力，可以透過一個名為「邏輯能力」的潛在變數加以描述（如圖1-3）；而在乙模型中，研究者認為微積分、統計學成績是潛在變數「數理能力」的觀察變數、理則學成績則為潛在變數「邏輯能力」的觀察變數，且「數理能力」又是「邏輯能力」的影響因素（如圖1-4）。從模型的結構來看，模型甲要比模型乙簡潔，因為僅僅需要估計三個因素負荷量，而乙模型不僅需要估計三個因素負荷量，還要再估計「數理能力」對「邏輯能力」的路徑係數。

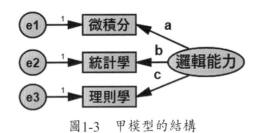

圖1-3　甲模型的結構

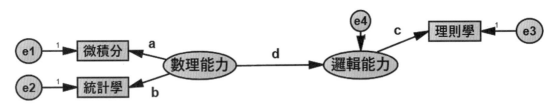

圖1-4　乙模型的結構

　　在上述的例子中，由於研究者對實際問題的認識、觀點不同，很有可能會提出不同的假設模型。當兩個模型所採用的原始資料相同時，若模型甲和模型乙的配適程度接近，那麼模型甲應該是個更可取的模型。因為採用一個潛在變數（邏輯能力）的簡單模型，已經能夠解釋各個變數之間的關係且符合實際意義和開始的假設，從精簡原則的角度來看，當然應該採用甲模型。

◆ 1-3　結構方程模型的功能 ◆

結構方程模型主要有以下四方面的功能：

一、結構方程模型可以處理潛在變數的測量問題（黃芳銘，2002；邱皓政，2004）

如前所述，很多經濟、社會科學的研究中，所涉及的變數雖然大都是不能被準確、且直接測量的潛在變數，但研究者可以退而求其次，用一些可觀察的變數來作為潛在變數的指標，而得以間接的測量這些潛在變數。傳統的多元統計方法並不能有效處理上述之潛在變數的測量問題。然而，結構方程模型則能同時處理這些潛在變數及其指標的測量問題，並能評估其信、效度。

二、結構方程模型可以允許自變數存在測量誤差（黃芳銘，2002；邱皓政，2004）

大多數的統計方法（例如：迴歸分析），在建立模型時，雖然允許依變數存在測量誤差，但通常需要假設自變數不能含測量誤差。例如：當我們利用迴歸技術分析某植物的高度與生長時間之間的關係時，若令生長時間是自變數，記為x，高度是依變數，記為y，則得出的線性迴歸方程為$y = \beta x + \varepsilon$，其中$\varepsilon$為殘差項（即結構誤差），代表依變數$y$（即高度）的測量誤差。而其前提假設為自變數$x$，即生長時間不存在測量誤差。這顯然不太符合實際的情況。嚴格來說，透過這樣的迴歸所得出的兩個變數間的關係是不完全準確的。若要能符合實際的狀況，那麼作法上應該是要允許自變數也能存在測量誤差。因此，必須在模型中，加入代表自變數之「測量誤差」的殘差項。而結構方程模型正是這樣一種允許自變數，也可存在測量誤差的建模方法。

三、結構方程模型可以用來解析潛在變數間的因果關係（黃芳銘，2002；邱皓政，2004）

除了測量問題外，行為及社會科學的研究者也常關注著有關「預測」的相關議題。隨著研究的進展，行為及社會科學之相關議題所涉及的變數間關係也越顯複雜，且這些變數又常屬於潛在變數。因此，研究者建立預測模型時，所面對的問題更形複

雜，終而導致傳統的多元迴歸模型無法解釋這些複雜的潛在變數間之預測關係（因果關係）或共變關係。幸運的是，結構方程模型的橫空出世，它提供了可用以精確計算與檢驗複雜模型的路徑分析技術，可以同時探索、預測多個潛在變數間的因果關係，甚至對於擁有多個依變數的複雜模型也能應付自如。

四、結構方程模型可用以發展各類型的研究（Jöreskog and Sörbom, 1979）

Jöreskog and Sörbom（1979）指出有關結構方程模型的分析型態，大致上可分為三種層次的研究：第一是純粹驗證模型（strictly confirmatory model）的研究，其意義為只針對單一的假設模型，評估其配適性；第二是產生模型（model generating）的研究，其過程為先設定一個初始模型，然後與實際樣本資料進行配適度評估，若有必要，則對初始模型進行修正，如此，反覆進行配適度評估的試驗，以求得最適配樣本資料的模型；第三是競爭型研究，其本質為替代模型的競爭比較，以決定多個可互為替代的模型中，何者最能配適真實的樣本資料。在上述的三種層次的研究中，應用最廣泛者應為產生模型的研究。然而，在臺灣的研究環境下，不難發現，發表於期刊中的論文研究，大部分皆屬「純粹驗證模型」之相關研究。

1-4 結構方程模型的建模過程

結構方程模型的建模過程，大致上可概分為模型發展與模型評鑑等兩個階段。模型發展階段主要在推演與解析假設模型（又稱為概念性模型）的理論基礎，並使假設模型能符合結構方程模型的技術要求。因此，在此階段中，研究者的首要目標在於各假設命題之推導與考量結構方程模型的技術應用。而模型評鑑階段則主要在利用可以執行結構方程模型的軟體，應用樣本資料以擬合假設模型，從而評鑑假設模型的配適度，若配適度不佳時，則需進行適當的修改（邱皓政，2004）。有關結構方程模型的建模過程，大致可分為七大步驟，如圖1-5。

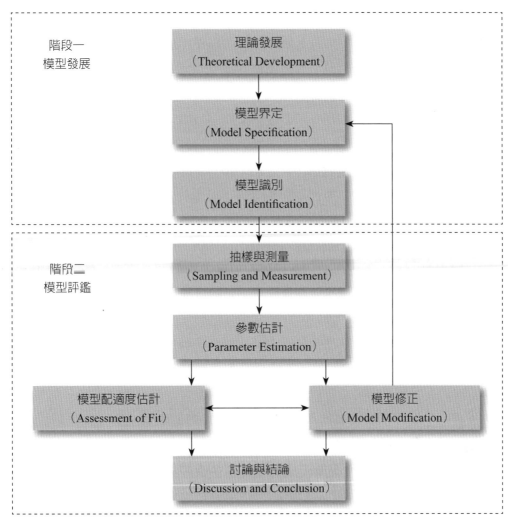

註：本圖修改自邱皓政（2004）。

圖1-5　結構方程模型的建模過程

1-4-1　模型發展階段

　　模型發展階段的主要目標在於，以理論為基礎，推演出符合研究者所關注議題的假設模型〔hypothetical model，或稱概念性模型（conceptual model）〕，並使這個假設模型能符合結構方程模型的技術要求，它包含了理論發展、模型界定與模型識別等三個步驟（邱皓政，2004），如圖1-5。須特別注意的是，此三個步驟的進行將會交互影響且是個不斷循環的遞迴過程（邱皓政，2004）。

　　研究者必須先理解的是，運用結構方程模型技術所完成的研究，其價值並不在於樣本資料和假設模型的擬合程度有多麼的良好，而是在於研究者所建立的假設模型，其理論基礎是否紮實。也就是說，假設模型的建立必須經過觀念的釐清、文獻探討與分析，並經由理論性的辯證與演繹過程而推導出研究假設，再整合成概念性模型等歷程。唯有經過嚴謹的理論推演過程所發展出來的假設模型，才有資格運用結構方程模型技術，如此探討假設模型的配適度才有其意義。而這觀念就是結構方程模型所強調的一個重要特性，即理論的先驗性（黃芳銘，2002；邱皓政，2004）。

　　在進行理論發展的過程中，研究者同時也必須注意此假設模型是否符合結構方程模型之技術要求。在此所謂的技術要求可分為兩種層次，即模型界定（model specification）與模型識別（model identification）（黃芳銘，2002；邱皓政，2004）。模型界定的主要工作為：確認研究者所建立的假設模型，能利用線性聯立方程式將它表示出來。由於結構方程模型是一種驗證性技術，而不是探索性技術，因此，研究者應用結構方程模型的目的在於確認其所發展的假設模型於解釋所研究的議題時是否合理。因此，應用結構方程模型時，都是從設定一個初始模型開始，然後擬合實際的樣本資料，透過每次的計算及研究者對其所關注議題的相關知識、經驗去驗證假設模型的合理性，然後進行修改，最終得到一個最合理的模型。界定模型時最簡單、最直接的方法，就是透過路徑圖將自己的假設模型描述出來（黃芳銘，2002；邱皓政，2004）。路徑圖有助於研究者將其對各個變數之間的關係做清楚表達，並且可以直接轉化為建模時所需的聯立方程式或再生矩陣。利用路徑圖界定模型時須設定以下的內容：(1)觀察變數與潛在變數之間的關係（即測量關係）；(2)模型中各個潛在變數間的相互關係（預測或共變關係）；(3)在複雜的模型中，可以根據實際情況去設定或限定因素負荷或相關係數等參數的數值或關係以簡化模型，並致使代表模型的聯立方程式能順利的進行求解、估計。

　　模型界定完成後，則須進行模型識別。模型識別是個比較數學性的問題。對模型進行識別意指判斷模型中所有的自由參數，是否都至少可以由觀察變數的共變數矩陣中的一個或多個元素的代數函數來表示。當模型可識別時，結構方程模型的各項數學估計方程式才得以順利進行。如果假設模型不能識別時，則無法得到各個自由參數的唯一估計值。目前尚未有簡單的充要條件，可協助判斷模型是否可識別。然而，有兩個有關識別的必要條件應該要特別予以關注，一是資料點的數目不能少於自由參數的數目。其次，必須為模型中的每個潛在變數建立一個測量尺規標準。例如：為了建立此一尺規，可以將潛在自變數的變異數設定為「1」，或從潛在變數的多個衡量指

標中,挑選出一個指標,而將它的因素負荷量固定為「1」。雖然,模型識別看似複雜,但讀者也不用太過於擔心,一般結構方程模型分析軟體,都會自動的解決或提示模型識別的相關問題。

1-4-2　模型評鑑階段

經界定模型並確認模型是可識別的以後,研究者就要根據所界定好的指標去製作問卷,然後進行抽樣並進行施測,以獲得實際的樣本資料來檢驗所提出的假設模型的適用性。當所獲得之樣本資料經過必要的處理後,即可輸入結構方程模型之分析工具中(如Amos、Lisrel、EQS、Mplus、JASP),以便進行模型的配適度檢驗與求得各類參數之估計值。樣本資料的性質、特徵對於結構方程模型的分析結果有重要的影響力,除了樣本規模大小的影響外,由於結構方程模型涉及潛在變數的測量,因此,結構方程模型之分析結果與樣本結構及測量品質都具有密切的關係。也就是說,結構方程模型具有樣本資料的依賴性(邱皓政,2004)。故樣本大小一般最小應當是多少?每個潛在變數至少要有多少個觀察變數?樣本資料是否具有常態性?這些都是研究者必須要去回應的問題。

完成抽樣與測量工作後,那麼下一個工作就是要設法求出模型的解,其中主要的任務就是估計模型中的各類參數(如:因素負荷量、路徑係數、相關係數、變異數……等),這個過程通常稱為模型擬合或模型估計。參數估計的過程中,結構方程模型所追求的是樣本的共變數與模型估計的共變數之間的差異能最小化。可用以估計參數的方法很多,例如:在Amos、Lisrel等結構方程的分析軟體中,常見的方法有最大概似估計法(maximum likelihood estimation)、一般化最小平方法(generalized least squares method)等。

模型配適度估計就是把樣本資料拿來與假設模型進行擬合,並用特定的配適指標對其配適程度進行評估。須特別注意的是,進行模型配適度估計時,模型配適度不單是要看配適指標是否合乎一般學術論文的標準,還要看每個路徑上的參數估計值在理論上是否合理、有實質的意義,否則所得的模型將無學術價值。因此,研究者要去檢查模型中的每一個參數,以確認沒有不合理的或不正常的關係存在。如果有不合理的關係,那麼就不能接受此模型,因為這個模型對事實的解釋能力並不強。故即使一個假設模型擬合了樣本資料,也並不意味著這個模型是正確的或是最佳的。基於此,模型配適度估計時,首要目標是所有的估計參數應該都能得到合理的解釋。

　　雖然，結構方程模型的主要目的在於確認潛在變數與觀察變數間的因素結構、估計潛在變數之間的關係，並用來驗證所假設的概念性模型能否與所提供的樣本資料配適。但是，在實證的過程中，研究者也往往會發現假設模型與樣本資料並不配適，因而研究者常常會面臨假設模型是否需要修正的窘境。

　　模型修正的主要意義在於：當我們使用經由問卷設計、抽樣、蒐集資料等程序所獲得的樣本資料來檢驗依據相關理論所提出的初始假設模型時，如果假設模型已偏離資料所反映的現況事實時，那麼就需要根據資料所反映的現況對初始假設模型進行修正。而且須不斷的重複這個修正過程，直到可以得到一個能與資料配適良好，同時整體模型具有實際的意涵、潛在變數間的實際意義和參數估計值都能得到理論支持或合理解釋的模型為止。

　　然而，「模型修正」在結構方程模型分析中，往往是個爭議性很高的議題。因為在不斷利用既有資料從事修正模型的過程中，總讓人覺得研究者把本質是驗證性的研究變成是資料導向式的探索性研究了。所以，有些學者就呼籲，在模型發展過程中的修正行為必須要有理論基礎或合理的解釋。也就是說，修正過程不應該是盲目的追求數據配適，而是應該要有一些基本的要求，例如：以下三點原則：

1. 結構方程模型的分析結果必須是合理的

　　結構方程模型的分析結果必須是合理的，這個概念相當重要。修正模型的過程中，研究者往往會盲目的追求高配適指標。但是，隱藏在高配適指標背後的，往往是違犯估計問題。因此，當現存的樣本資料並不否決概念性模型、模型的各項配適指標也都達到一般學術論文的基本要求時，我們更應該去檢查看看，每個所估計出來的參數值是否在合理的取值範圍內。例如：迴歸加權係數不要太接近「1」；或每個參數估計值的標準差是否太大；或者各類變異數有沒有產生負值的現象。

2. 結構模型具有實質的意涵、潛在變數間的關係和各類參數估計值都能得到理論支持或合理解釋

　　研究者在其研究歷程的初期，往往對於某些變數之間的關係沒有充分認識或釐清，導致將來用實際樣本資料進行驗證時，可能會確認或否決研究初期所假定的關係。或者，也很可能會發現樣本資料和概念性模型並不配適，而需要進行模型的修正。但是，研究者應有正確的觀念：如果修正的過程中，沒有考慮到現實意涵或理論價值，那麼再好的配適結果都是無意義的。所以，我們總是希望在修正過程中，對於那些已可確認的關係於模型修正後，也不能相違背或者產生矛盾的現象。而對於原本

否決掉的關係，經修正後或許能重新獲得重生，但我們也希望這些關係能有合理的解釋或理論支持。

3. 謹守精簡原則

精簡原則意指當兩個模型（競爭模型）利用相同資料進行配適時，結果各項配適指標所反映的配適程度在相差不大的情況下，那麼應該取兩個模型中結構較為簡單的模型。

而最後一個步驟則是，必須對模型的分析結果進行討論與解釋，例如：為分析結果撰寫理論意涵（theoretical implications）與管理意涵（managerial implications）。在結構方程的建模過程中，重心一般都放在潛在變數間的關係上。但各個潛在變數都是透過相對應的觀察變數來測量的，所以首先必須檢查各個潛在變數的測量指標。這也就是說，應當先檢查每一個測量模型（進行驗證性因素分析）。如果測量模型中，各個潛在變數的信度、收斂效度與區別效度都符合要求的話，那麼解釋潛在變數間的因果關係（路徑分析）才有實質意義。

此外，當使用標準化參數值描述潛在變數間的關係時，由於已去除量尺規模的影響，因此可以探討到底是哪一個變數的影響程度較大，直接效果與間接效果的實質影響力，進而理解變數間的影響途徑。

習 題

 練習1-1

進行結構方程模型分析時，爲何須要以兩階段的方式來進行分析？

 練習1-2

測量模型分析的目的爲何？結構模型的分析又爲何？

 練習1-3

就您所知，可用於分析結構方程模型的軟體有哪些？其各有何優缺點？

 練習1-4

研究者該如何建立一個假設模型（概念性模型）？

第 2 章

模型的評鑑及配適指標

　　進行結構方程模型分析前，最重要的假設為：概念性模型的再生矩陣（由許多未知參數的共變數所構成）等於樣本矩陣（由樣本資料的共變數所構成）。藉此假設即可建立起眾多的聯立方程式，進而可以估計出概念性模型中的各未知參數的值。當把這些參數估計值，再代回再生矩陣中時，就可比對「再生矩陣到底有多近似於樣本矩陣」了。如果非常近似，則稱概念性模型良好的擬合了樣本資料。上述評估「再生矩陣到底有多近似於樣本矩陣」的過程，即稱為模型評鑑。

　　模型評鑑過程將根據Anderson and Gerbing（1988）及Williams and Hazer（1986）等學者的建議，分成兩個階段進行：第一階段先進行測量模型評鑑，除評估模型配適度外，尚須評估各構面的信度、收斂效度及區別效度；第二階段再進行結構模型評鑑，以驗證模型中各潛在變數的因果關係與檢定概念性模型之各項假設。

2-1　測量模型的評鑑

　　量表或調查問卷是社會、心理、管理……等科學領域常用的測量工具。在對潛在變數進行結構（路徑）分析前，必須先解決潛在變數的測量問題，當潛在變數能夠充分、有效的被測量後，資料才能正確的估計出代表因果關係強弱與方向的路徑係數。測量模型的驗證性因素分析便是確認，由量表所調查的資料是否能將潛在變數精確測量的一種方法。也就是說，在測量模型分析（即驗證性因素分析）中，除該檢驗概念性模型的因素結構與樣本資料的配適程度外，亦將評鑑模型中兩種重要的建構效度指標：收斂效度及區別效度。

　　因此，評鑑測量模型時，我們可以將整個評鑑過程分為六個主要階段：

階段一：多元常態性檢定（若使用最大概似估計法進行參數估計時）。

階段二：檢驗違犯估計。

階段三：檢驗測量模型配適度。

階段四：檢驗信度。

階段五：檢驗收斂效度。

階段六：檢驗區別效度。

2-2　結構模型的評鑑

　　待確認測量模型評鑑之結果良好後，即可進行結構模型分析。經結構模型的路徑分析後，即可根據各項參數估計值，進行結構模型的評鑑。完整的結構模型評鑑過程，主要可分為三個階段：

階段一：檢驗違犯估計，檢驗模型的估計過程中是否具有不合理估計的情形發生。

階段二：檢驗結構模型配適度。

階段三：路徑係數與效果之假設檢定，即檢定概念性模型中的假設是否成立與分析各潛在變數間的影響效果。

2-3 模型評鑑的主要工作

不論是測量模型評鑑或結構模型評鑑，最重要的任務有兩個：第一個為參數估計與其顯著性檢定；第二個為概念性模型的配適度評估。在此，將先說明參數估計與其顯著性檢定。

2-3-1 參數估計與其顯著性檢定

在概念性模型界定正確的前提下，且樣本資料已蒐集並處理完成（如：已具常態性、無遺漏值）的情形下，即可進行模型估計（model estimation）。模型估計（求解聯立方程式）後，所得到之參數估計值應該具有合理的取值範圍與正確的符號（代表方向）。反之，如果出現與此背離的情形，如變異數為負值，相關係數的絕對值大於1，共變異數或相關矩陣為非正定矩陣（non positive matrix，代表變數間具有嚴重的共線性問題）等，則表示模型的界定有誤或樣本矩陣缺少足夠的資訊。

此外，還應該針對每一個所估計出來的自由參數值（模型中須進行估計的參數）進行是否為零的 t 檢驗。其虛無假設是：$\theta i = 0$（θi代表自由參數估計值）。參數的檢定過程中，研究者期望能拒絕虛無假設（即$\theta i \neq 0$，顯著），因為顯著的話，這代表著將該參數設為自由參數是合理的、具有顯著意義的。反之，當結論為不拒絕虛無假設時，則代表將該參數設為自由參數可能是不恰當的。此時，應結合實際理論，並可考慮將該參數值固定為「0」。

2-3-2 模型的評鑑及配適指標

測量模型評鑑或結構模型評鑑的另一個重要任務是：概念性模型的配適度評估。傳統的統計分析方法，如變異數分析、多元迴歸、因素分析等，都是從既有的資料中進行探索以發現客觀的規律性，此類統計分析技術都屬於「探索性」分析技術。相對的，「驗證性」分析技術則不同，其旨在驗證或證實研究者提出的特定假設、理論或模型。這種方法的主要目標是透過蒐集和分析數據，以確認先前的假設是否被支持或證實。驗證性研究通常在既有的理論基礎上進行，並使用特定的研究設計和統計分析方法來測試研究假設的有效性。

結構方程模型就是一種「驗證性」分析技術。其基本概念是首先根據先前的理論

和既有的知識，經過推論和設定假設後，從而建立概念性模型。再經過抽樣調查後，獲得一組觀察變數的資料和此資料所產生的共變異數矩陣S（樣本矩陣）。當概念性模型建立後，我們可以根據概念性模型中各變數間的測量關係或路徑關係，而建構出一個共變數矩陣，這個共變數矩陣一般又可稱爲再生矩陣Σ，然後研究者會去觀察Σ與S的差異是否足夠小，從而可以利用卡方檢定來檢驗概念性模型對樣本資料之擬合程度。除此之外，也可以利用一些輔助性的指標來評估概念性模型和樣本資料的擬合程度，而這些用以評估擬合程度的指標通稱爲配適度指標（簡稱配適指標），分別介紹如下：

（一）卡方值

結構方程模型的首要任務就是利用樣本資料對所設定的概念性模型之參數進行估計，而參數估計的前提就是使再生矩陣能與樣本矩陣盡可能的接近。當再生矩陣非常接近於樣本矩陣時，則其殘差矩陣中的各元素就會接近於零，此時就可以認爲概念性模型與樣本資料之擬合程度佳，配適度高。

評鑑概念性模型對樣本資料之擬合效果的指標有很多，其中最直接、最常使用的指標是χ^2統計量（卡方統計量），$\chi^2 = (n-1) \times F$。F是模型擬合函數的最小值，n爲樣本大小。在此，χ^2檢定的虛無假設是「概念性模型配適樣本資料（即H_0：再生矩陣＝樣本矩陣）」。所以，研究者期望的是「能接受虛無假設」。然而，根據卡方分配的特性，對於比較大的χ^2來說，虛無假設會被拒絕的機率相當高，此則代表模型對資料的配適程度不好；而較小的χ^2則代表模型對資料的配適程度較好（邱皓政，2004；黃芳銘，2002）。

但使用χ^2來評鑑模型配適程度的好或壞，可能並不太恰當。最主要的原因是：χ^2對樣本大小的敏感度相當大，χ^2值會和樣本數成正比。也就是說，在樣本數較大時，χ^2也變得比較大，因此χ^2可能容易拒絕掉，實際上能夠配適資料的模型；而在樣本較小時，則不容易拒絕一個對資料配適程度較差的模型。也就是說，樣本數會模糊掉χ^2的檢定能力。那麼應該怎樣做出判斷呢？基於此，Bagozzi and Yi（1988）認爲不可只參考卡方值，而應同時考量樣本的大小，故建議使用卡方值與自由度之比值（χ^2/df，即Normed Chi-Square）來取代卡方值以檢定模型的配適度。因此，一個粗略的原則是：如果$\chi^2/df < 3$（df代表模型的自由度），那麼就可以認爲概念性模型對資料的配適程度良好（邱皓政，2004；黃芳銘，2002）。

此外，雖然從χ^2檢定可以直接判定「模型對樣本資料之擬合程度」，但如前所

述，χ^2值易受樣本數影響而產生誤判。因此，一些研究者也額外的發展出許多其他可用以輔助χ^2值的配適指標。從比較嚴格的角度來看，這些指標僅屬於描述性統計量，但它們可以從不同的角度為評鑑模型的配適程度提供一些適當的參考方向。原則上，理想的配適指標應不受樣本數的影響，而且應能懲罰參數過多的模型（複雜的模型），以符合精簡原則。這些輔助用的配適指標大致可分成三類：絕對配適指標、增量配適指標和精簡配適指標。

（二）絕對配適指標（absolute fit index）

絕對配適指標是一種對模型進行配適後，所「直接」產生的配適度指標，常見的絕對配適指標有GFI（goodness of fit index，配適度指標）、AGFI（adjusted goodness of fit index，調整後配適度指標），還包含一些測量誤差用的指標；而先前所討論過的「χ^2」、「χ^2/df」亦屬於絕對配適指標。

1. GFI，配適度指標（goodness of fit index）（Jöreskog and Sörbom, 1981；黃芳銘，2002）

$$GFI = 1 - \frac{F(s, \sum(\hat{\theta}))}{F(s, \sum(0))}$$ （式2-1）

式2-1中，分子的部分代表概念性模型的擬合函數，而分母部分所代表的意義則是獨立模型（independence model）的擬合函數。所謂獨立模型是指所有的參數被固定為「0」的模型，即最差的模型。因此，GFI的意義即表示概念性模型與獨立模型相比，在擬合程度上的改善程度。它代表著觀察變數的共變數矩陣S（樣本共變異數矩陣），有多大的比例是能被Σ（概念性模型的共變數矩陣，即再生矩陣）所預測的。

2. AGFI，調整後配適度指標（adjusted goodness of fit index）（Jöreskog and Sörbom, 1981；黃芳銘，2002）

$$AGFI = 1 - \frac{(p+q)(p+q+1)/2}{df}(1-GFI)$$ （式2-2）

p是外生變數的個數，q是內生變數的個數。因此，$p + q$即是所有變數的數目，而$(p + q)(p + q + 1) / 2$則是模型中所有待估參數的總個數，df是自由度。AGFI是依模型中所有估計參數之總數，而調整GFI後，所得到的指標，其包含了對過多參數的懲

罰，當模型中待估參數總數和自由度相當時，*AGFI*越接近於*GFI*。

　　*GFI*與*AGFI*都可用來測量在樣本變異數內，估計參數之變異數（模型）所佔有的加權比例。*GFI*、*AGFI*的取值範圍都在0～1之間。它們的值越大越好，一般認為大於0.9時，即可以認為概念性模型與樣本資料的配適度良好。

3. RMR，殘差均方根（root mean square residual）（Jöreskog and Sörbom, 1986；黃芳銘，2002）

$$RMR = \left[2\sum_{i=1}^{p+q}\sum_{j=1}^{i}(s_{ij} - \hat{\sigma}_{ij})^2 /(p+q)(p+q+1) \right]^{\frac{1}{2}} \qquad （式2-3）$$

　　*RMR*是對平均擬合殘差的測量，當以「樣本相關矩陣」當作輸入資料，而進行結構方程模型分析時，*RMR*的取值範圍在0～1之間；而若以「共變異數矩陣」當作輸入資料時，則其最小值為0，但無上限。所以，對*RMR*的解釋時，最好能考量變數的測量尺度。例如：標準化*RMR*（standardized *RMR, SRMR*）即是種去除了尺度疑慮的指標，它代表所有標準化殘差的平均值，其範圍在0～1之間。該值越小越好，小於0.05或更小，表示模型配適度良好。

4. RMSEA，近似誤差均方（root mean square error of approximation）（Browne and Cudeck, 1993；黃芳銘，2002）

$$RMSEA = \sqrt{\hat{F}_0 / df} \qquad \hat{F}_0 = \max\left[\hat{F} - df /(n-1), 0 \right] \qquad （式2-4）$$

　　式2-4中，$\hat{F}_0$是母體差異函數（population discrepancy function）的估計。這個差異是擬合函數最小值*F*與*df*/(*n* – 1)之間的差。當其為正值時取其原值，當其為負值時則取為「0」。「*RMSEA* < 0.05」表示模型的配適度非常好，達到「0.08」表示概念性模型尚可合理配適，在「0.08～0.10」之間表示中等程度的配適，而「大於0.10」表示配適度不好。*RMSEA*考慮了母體的近似誤差，在能夠得到參數估計值的情況下，評鑑了選擇最佳參數的模型對母體共變異數矩陣的配適程度，它所測量出的誤差被表示成每個參數的配適程度。所以，*RMSEA*對模型中自由參數的數目相當敏感，即受模型複雜度的影響較大。雖是如此，*RMSEA*仍被認為是輔助評鑑模型配適的最好指標之一。

　　有一點應該注意的是：χ^2、*GFI*、*AGFI*、*RMR*與*RMSEA*只是測量了概念性模型對資料的配適度，並無法對概念性模型配適度較好或較差的原因做出具體推測。而且，當整體配適度不好時，也無法具體指出到底概念性模型是哪一部分錯了。

（三）增量配適指標（incremental fit index）

增量配適指標是比較概念性模型的配適度與獨立模型或飽和模型（saturated model）的配適度之差異程度而計算出來的。獨立模型是指：假設所有變數之間都沒有相關關係，即模型中所有的路徑係數和外生變數之間的共變異數都固定為零，只估計其變異數，因此獨立模型即代表最差模型之意。而飽和模型則是將模型中所有的參數都設為自由參數的模型。這些模型之間具有巢套關係（巢套關係是指後一個模型是前一個模型的特例），因此飽和模型即代表最佳模型之意。增量配適指標會將概念性模型和獨立模型拿來相比較，測量其在配適度上的改善程度。常見的增量配適指標有規範配適指標（normed fit index, NFI）、增量配適指標（incremental fit index, IFI）、非規範配適指標（non-normed fit index, NNFI）以及比較配適指標（comparative fit index, CFI）等。

1. NFI，規範配適指標（normed fit index）（Bentler and Bonett, 1980；黃芳銘，2002）

$$NFI = \frac{\chi_0^2 - \chi_t^2}{\chi_0^2} \qquad （式2-5）$$

χ_0^2 是獨立模型的卡方值，χ_t^2 是概念性模型的卡方值。因為獨立模型是比概念性模型更差的模型，所以χ_0^2 總是大於χ_t^2。當$\chi_0^2 = \chi_t^2$時，$NFI = 0$，表示概念性模型配適不好；當$\chi_t^2 = 0$，$NFI = 1$，表示概念性模型完美配適。所以NFI取值會在0～1之間，一般大於「0.90」表示模型配適很好。NFI對資料偏離常態和樣本大小很敏感，無法控制自由度的影響，當n較小時則易被低估。

2. NNFI，非規範配適指標（non-normed fit index）（Bentler and Bonett, 1980；黃芳銘，2002）

$$NNFI = \frac{\dfrac{\chi_0}{df_0} - \dfrac{\chi_t}{df_t}}{\dfrac{\chi_0}{df_0}} \qquad （式2-6）$$

$NNFI$又名為TLI（Tucker-Lewis Index），$NNFI$校正了自由度對NFI的影響，能懲罰較為複雜的模型，準確地區分不同模型的精簡度，非常推薦於進行巢套模型之比較分析時使用。$NNFI$的取值變化較大，可能會超出0～1的範圍。大於0.90表示配適度較好。

3. IFI，增量配適指標（incremental fit index）（Bentler and Bonett, 1980；黃芳銘，2002）

$$IFI = \frac{\chi_0^2 - \chi_t^2}{\chi_0^2 - df_t}$$ （式2-7）

*IFI*是對*NFI*的一種修正，能減小*NFI*對樣本量的依賴。

4. CFI，比較配適指標（comparative fit index）（Bentler, 1990；黃芳銘，2002）

$$CFI = 1 - \frac{\tau_t}{\tau_0}$$ （式2-8）

*CFI*也是以比較概念性模型與獨立模型的方式，來評鑑概念性模型的配適程度，但它採取了不同的方式。*CFI*運用了非中心卡方分配（noncentral Chi-square distribution）與非中心參數（noncentral parameters）τ。τ值越大，概念性模型的配適度會越差；$\tau = 0$則表示完全配適。*CFI*即使是面對小樣本的模型，在估計該模型的配適時也能做得很好。其中，$\tau_0 = \chi_0^2 - df_0$，$\tau_t = \chi_t^2 - df_t$。*CFI*的取值範圍在0～1之間，「0.90」以上表示配適度很好。

5. RFI，相對配適指標（relative fit index）（Bentler, 1990；黃芳銘，2002）

*RFI*是由*NFI*所衍生出來的，其範圍介於0～1之間，數值越大代表模型配適度越好，一般認為當*RFI*值大於0.9，表示模型可以接受（Bollen, 1989；黃芳銘，2002），若*RFI*值大於或等於0.95時，則表示模型配適度高（Hu and Bentler, 1999）。

（四）精簡配適指標（parsimony fit index）

一般而言，研究者對概念性模型的限制越少（即自由參數越多），那麼則越有機會得到較好的配適指標。在這種情況下，當我們得到一個較理想的配適模型時，我們就不清楚是因為概念性模型推導正確，還是由於釋放了更多的參數（增加了自由參數）而導致的結果。在實際運用中，於相同的配適度情況下，結構方程模型強調越簡約越好。因此，為了懲罰釋放過多的參數，精簡配適指標的概念乃孕育而生。

PGFI（parsimonious goodness of fit index，精簡配適指標）指標考慮到了模型中估計參數的多寡，可以用來反應假設模型的簡約程度（degree of parsimony）。*PGFI*指數越接近1，顯示模型越簡單，*PGFI*「大於0.50」，表示模型是可以接受的。精簡配適指標在比較數個競爭模型時尤為有用（黃芳銘，2002）。一般而言，如果我們

得到了大的配適度指標及大的精簡配適指標，則代表著概念性模型越理想。如果兩者相差較大，則代表模型中自由參數過多。

除了*PGFI*外，*PNFI*（parsimonious normed fit index，精簡規範配適指標）也是一個精簡配適指標。*PNFI*是*NFI*的修正。*PNFI*值的計算會考量到對模型中過多參數的懲罰。因此當模型越接近飽和模型（配適度最好的模型），*PNFI*值會因模型可能過於複雜而被降低。一般建議*PNFI*要0.5以上，表示模型沒有過度複雜（黃芳銘，2002）。

最後，若想以樣本數的角度來評價模型精簡程度時，Hoelter（1983）提出了*CN*指標（Hoelter's critical number）來為模型設定合理的樣本數，以使研究者研判其所使用的樣本數是否足夠用來估計模型的參數與模型的配適。Hoelter（1983）建議，在顯著水準0.05的情形下，以χ^2統計量檢定「概念性模型配適樣本資料」的虛無假設時，*CN*指標大於或等於200，是決定模型是否配適的「樣本數門檻值」。

至此，我們已介紹了很多評鑑模型時的配適指標，讀者對配適指標應具備的觀念是：雖然已經認識了許多配適指標，但沒有一個指標可以作為唯一、且確定的標準來檢驗概念性模型的配適成功與否。同時，為減少評鑑模型之配適指標的複雜性，也可將各類的配適指標彙整成如表2-1的格式。

表2-1　模型配適指標檢核表

統計檢定量		標準值	範例模型	檢定結果
絕對配適指標	χ^2	越小越好	235.934（p = 0.004）	不符標準值
	χ^2/df	小於3	1.304	符合標準值
	GFI	大於0.9	0.942	符合標準值
	AGFI	大於0.9	0.918	符合標準值
	RMR	小於0.08	0.057	符合標準值
	SRMR	小於0.08	0.030	符合標準值
	RMSEA	小於0.08	0.030	符合標準值
增量配適指標	NFI	大於0.9	0.960	符合標準值
	NNFI	大於0.9	0.988	符合標準值
	CFI	大於0.9	0.990	符合標準值
	RFI	大於0.9	0.949	符合標準值
	IFI	大於0.9	0.990	符合標準值

表2-1　模型配適指標檢核表（續）

統計檢定量		標準值	範例模型	檢定結果
精簡配適指標	PNFI	大於0.5	0.752	符合標準值
	PGFI	大於0.5	0.674	符合標準值
	CN	大於200	302	符合標準值

　　利用表2-1進行模型評鑑時，一般都採用「多數決」，亦即有多數的指標呈現配適狀況良好的話，那麼我們就可以採信模型的配適度佳。但相對上，比較可靠且須關注的重點指標有χ^2、χ^2/df、GFI、NNFI、CFI、AGFI、SRMR及RMSEA等，研究者進行分析時宜關注這些指標值與標準值的差異情形。當然，若模型的χ^2值不顯著，此時只用χ^2值來評估模型配適度也無妨，因為χ^2值不顯著，即代表已接受了概念性模型配適樣本資料的假設。

　　此外，模型及配適的評鑑並不完全是統計問題。即使一個模型配適了資料，也不意味著這個模型是正確的或是最好的。因為：(1)模型中所有的估計參數也應該能夠得到合理的解釋；(2)對於相同測量工具的不同樣本資料也應能配適同樣的模型（即應具測量恆等性）。那麼，如何去篩選出一個「最佳」模型呢？我們的原則是：接受精簡模型，即模型中的參數越少越好（邱皓政，2004；黃芳銘，2002）。

2-4　樣本數與觀察變數之數量的決定

　　在結構方程模型的實際建模工作中，樣本數的選取標準很重要。樣本數一般最小應當是多少？每個潛在變數至少要有多少個觀察變數？這是研究者必須要回答的問題。

　　從國外學者的研究來看，目前還沒有一個統一的樣本數之選取標準，各篇文獻的結論與建議都不盡相同，有的甚至相互矛盾。Boomsma（1982）的研究發現樣本數越大，模型的收斂性、參數估計的精確性都會越好。反之，當樣本數低於100時，所產生的相關矩陣不夠穩定，使得結構方程建模的信度降低。Boomsma（1982）建議樣本數最少能達100，而最好就是能大於200。Nunnally（1967）則建議「n/p」應該要大於等於10（其中n為樣本大小，p為觀察變數之數量，即問卷之題項數）。不過Velicer和Fava（1987, 1998）透過回顧相關文獻，指出上述「n/p」大於等於10或n越大越好的結論並無可靠依據。

指標數目的選取目前也同樣沒有一個統一的標準。根據Nunnally（1967）的結論，當樣本數受種種限制而不夠大時，應該減少指標的數量。但實際情況並非如此，事實上，增加潛在變數的觀察變數個數，可能會令潛在變數更加穩定，進而增加整個模型的穩定性，這或許能部分抵消樣本數不夠大，所帶來的不利影響。因此，在結構方程建模前的問卷設計中，不妨為每個潛在變數多設計幾個題項，然後根據預試結果再去刪掉一些多餘的題項。當然，在增加、刪除題項時，不僅要以預試結果的統計性質為依據，也應該綜合考量該指標是否有效反映了所對應之潛在變數的內涵和特性（引述自侯杰泰、溫忠麟、成子娟，2002）。

總之，對於一般的結構方程模型，樣本數的取值在100到200間較為合適，但研究中，我們一般會採Nunnally（1967）的建議，即樣本數為問卷之題項數的10倍以上。而每個潛在變數的指標，一般會取三個以上。

有關樣本所衍生的問題，長久以來一直是研究者心中的痛。我們往往可發現，午夜夢迴時在研究室一隅，常會聽到淒厲的哀號聲：「為什麼我這麼認真，嚴謹的進行文獻探討、理論推導與問卷設計，但是模型的配適度還是這麼差！」由於樣本抽樣的過程具有隨機性，故所蒐集回來的樣本資料往往不盡理想。也或許有些研究者因人力、物力、財力或時間等因素，無法進行大量的抽樣。這時，可以尋求一些代搜資料的合作機會。例如：若研究議題適合於網路發放問卷的話，那麼就可委託一些網路問卷服務公司來進行樣本資料蒐集工作。這些網路問卷服務公司，例如：my3q、SurveyCake。

另外，以作者的經驗而言，通常我會抽取較多的樣本數。例如：問卷扣除基本資料項的部分後，會投入到結構方程模型的觀察變數（即題項），假設有25題，那麼依據Nunnally（1967）的建議，應蒐集250份有效樣本而進行結構方程模型分析。但是考慮到資料的隨機性，通常我會蒐集500份（20倍），甚至更多的有效樣本。然後，每次從中隨機抽取250份樣本來進行結構方程模型分析，不斷的測試並去蕪存菁，直到找出配適度良好且因果關係檢定顯著的一組資料（250份樣本）後，才完成整個結構方程模型分析的工作。

習　題

 練習2-1

試問測量模型評鑑與結構模型評鑑，各須評鑑哪些項目內容？又為何須先評鑑測量模型，再評鑑結構模型？

練習2-2

試根據目前您對結構方程模型的瞭解程度，請自行訂定一套進行結構方程模型分析時的標準作業程序（standard operating procedures, SOP）？

第 3 章
結構方程模型的應用

　　傳統的探索性分析技術是一種資料導向的分析方式。也就是說，研究者會純粹從資料的角度出發，對資料進行分析以探索、發現事件的本質、特徵與客觀規律。因此，探索性分析技術將會從樣本資料進行探索，從而建立能描述變數間關係的因素結構模型。相對的，結構方程模型則屬於一種驗證性的分析技術，驗證性的分析技術會先以過往文獻、理論為基礎，釐清問題點，然後建立模型，最後再利用資料去驗證模型的適用性。顯見，結構方程模型的分析理念與應用模式，和過往的傳統統計學，確實存在著不小的差異性。

　　在本章中，首先將介紹結構方程模型所可以發展的模型種類、實際分析步驟與模型的界定過程，以便能為將來於JASP中的結構方程模型分析工作奠定良好的基礎。

3-1 結構方程模型的應用分類

依研究者之研究目的與型態，一般可將結構方程模型的分析類型分為三大類（Jöreskog and Sörbom, 1993），分別為：純粹驗證模型（strictly confirmatory model, SCM）、替代模型（alternative model, AM）與產生模型（model generating, MG）。

一、純粹驗證模型

就研究者的角度來看，在純粹驗證模型（SCM）的應用中，其實研究者早就對於所欲探究的模型早有定見，其運用結構方程模型的目的，只是要去證明該模型的正確性而已。因此，研究者所期盼的是能以實證資料去驗證模型，並接受模型。也就是說，只有研究者心目中的模型，才是最合理和最符合所調查之資料的。所以，這類型的結構方程模型，其分析資料的目的就在於，驗證模型是否能配適樣本資料，從而決定是該接受還是拒絕這個模型。

這一類的結構方程模型分析理應不太常見，因為無論是接受還是拒絕這個模型，從研究者的角度來說，總還是希望能有其他更好的模型存在。然而，在臺灣以橫斷面資料為主的研究環境中，觀察已出版的博、碩士論文與期刊論文，可發現純粹驗證模型之相關研究，卻是最常見的結構方程模型之分析應用。

二、替代模型

在替代模型（AM）的應用分析中，研究者會根據文獻理論、已有的經驗或知識，從不同的角度對研究議題進行不同層次的推導、推論，從而提出數個不同結構關係的可能模型，並讓這些可能模型（也稱為競爭模型）以所蒐集回來的樣本資料進行配適，然後再根據各個模型對樣本資料配適的優劣情況，來決定哪個模型才是最可取的。

例如：Chi and Qu（2008）在其有關目的地意象（destination image）與忠誠度關係的研究中，同時提出了三個競爭模型，如圖3-1、圖3-2與圖3-3。

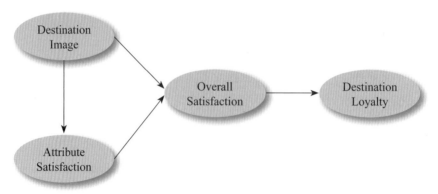

圖3-1　原始理論模型（M_T）

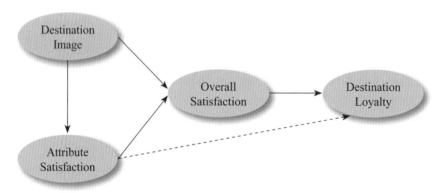

圖3-2　競爭模型1（M_1）

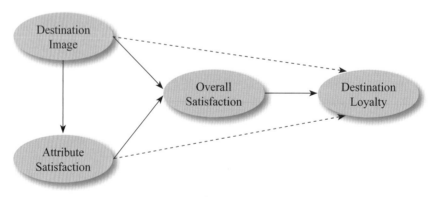

圖3-3　競爭模型2（M_2）

　　在這篇論文中，Chi and Qu（2008）先進行文獻、理論的推導，從而建立了原始的理論模型（圖3-1）。後續再依其他的不同理論基礎，而額外的建立了兩個競爭模型（圖3-2與圖3-3）。在這三個互為競爭狀態的模型中，所有的潛在變數都相同，且

所配適的樣本資料也一樣，但各模型中各潛在變數間的路徑關係略有差異。Chi and Qu（2008）的研究目的就是想從這三個競爭模型中，找出配適最佳的模型，以確認各潛在變數間的路徑關係。因此，Chi and Qu（2008）先比較各模型的配適度指標，以找出最佳模型，如表3-1。

表3-1　競爭模型配適度指標比較表

	Theoretical (M_T)	M_1	M_2
Chi-square	690.67	685.24	684.96
Degrees of freedom	149	148	147
RMSEA	0.11	0.11	0.11
RMR	0.062	0.056	0.056
GFI	0.81	0.81	0.81
GFI	0.95	0.95	0.95
NNFI	0.95	0.95	0.94
PNFI	0.82	0.81	0.81

　　從表3-1可觀察出，第三個競爭模型（M_2）的卡方值與自由度最小，且其他輔助性的配適指標也與其他模型相當。因此，Chi and Qu（2008）認為第三個競爭模型（M_2）是最佳模型，後續將根據第三個競爭模型（M_2）的模型圖，檢驗各潛在變數間的因果關係，並探索模型的理論貢獻與實務貢獻。

　　這種類型的研究分析，雖然較純粹驗證模型常見，但實務上，在研究過程中，即使研究者能夠得到一個最可取的模型，但仍然不免要對模型進行許多的修改作為。於是，這樣的過程就有點類似產生模型的分析了。

三、產生模型

　　在所有結構方程模型的應用中，最常見的就是產生模型（即MG類模型）。在這類型的分析中，模型研究者會先提出一個或多個基本模型，然後檢查這些模型是否配適樣本資料。在分析過程中，研究者會以理論或樣本資料為基礎，試圖找出導致模型配適不良的原因，進而據此修改模型，並透過同組樣本資料或同類的其他樣本資料，去檢查修正模型的配適程度。這樣的一連串遞迴過程，其目的就是要產生一個「最佳」的模型。

　　從上述的說明，讀者應不難理解，結構方程模型除可作為驗證模型和比較不同的競爭模型外，也可以用於評估模型及修正模型。因此，常可見到研究者往往會先從一

個預設的初始模型開始，然後將此模型與既有的樣本資料相互印證。如果發現初始模型與樣本資料配適不良的話，那麼就對初始模型進行修改，然後再檢驗，不斷重複這一個過程，直至最終獲得一個配適程度令研究者「滿意」，且對於各個參數估計值也都能有合理解釋的模型為止。

由上述說明讀者應能理解，結構方程模型雖然屬於驗證性的分析技術，但在研究過程中亦不排除會使用到探索性的研究方法（例如：遞迴式的模型修正過程）。Anderson and Gerbing（1988）認為，理論的發展往往是先透過探索性分析建立模型，再用驗證性分析去評估和修正模型。探索性分析和驗證性分析是研究過程的兩個主要階段不能截然分開，只有兩者結合研究才能更具深度。

3-2　結構方程模型的分析步驟

理論上，結構方程模型之建模過程，大致上應可分為七大步驟，如第1章介紹的圖1-5。但拜電腦、軟體科技進步神速所賜，對於七大步驟中，使用者最難以設定的模型識別，現今的結構方程模型分析軟體，已幾乎都能自動的幫使用者設定完成，大大的減輕使用者的負荷。因此，實務上進行結構方程模型分析時，其流程將簡化成如圖3-4所示。

接下來，將詳細說明圖3-4之結構方程模型的分析步驟：

一、理論發展

由於，在結構方程模型中，模型的建立必須以正確的理論為基礎，否則無法正確解釋變數間的關係。所以進行結構方程模型的實際建模工作之前，研究人員應該對所研究的管理性問題有很深的理論理解，且對研究的問題中所涉及的各種變數間的相關性應盡量釐清，這些都是結構方程模型建立前所需的準備工作。因此，建立結構方程模型時，研究者首先會根據先前的理論、已有的知識與經驗，經過文獻整理、理論推導和假設，從而能建立一個描述一組變數之間相互關係的假設模型（又稱為概念性模型）。

就一份碩、博士論文或期刊論文而言，若規劃使用結構方程模型為主要的統計方法時，以作者多年的審稿經驗，對於沒有嚴謹的理論推導和建立假設過程的文章，都將會評定為沒有意義的論文，其結果不是大修，就是直接拒絕。由於結構方程模型是屬於「驗證性」的統計方法，所以使用結構方程模型進行分析的論文，一定要具備嚴

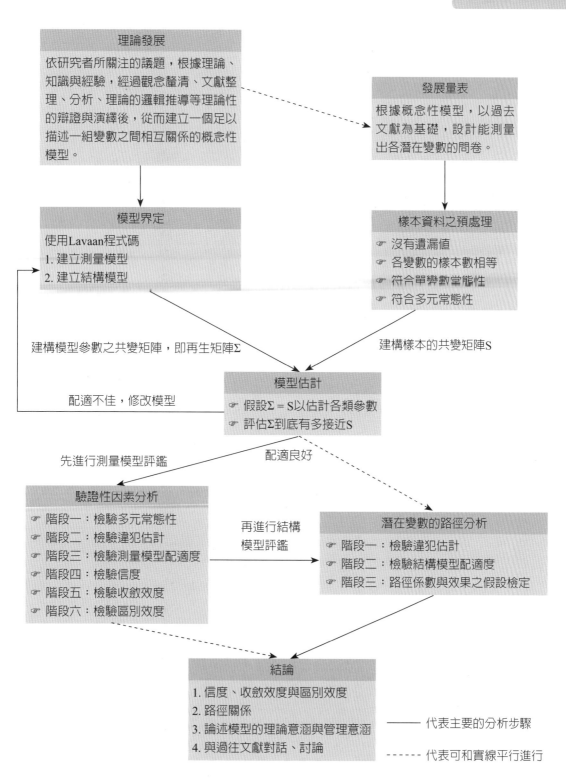

圖3-4 結構方程模型的分析步驟

謹的理論推導和建立假設過程，這樣由所蒐集回來的樣本資料來驗證作者所提出的假設模型才有實質意義。一篇好的論文之重點，絕對不是在展現統計方法的複雜性，而是在驗證前人所未發現的模型或變數關係，而且也要有堅實的理論基礎來支持它。

二、模型界定

模型界定的目標就是希望能用聯立方程式的方式，表現出概念性模型的數學型態，進而製作出用以描述概念性模型中，各變數之路徑關係的共變數矩陣（又稱再生矩陣）。模型界定主要將依據以下各類的假設而達成：

1. 模型必須具備能適當的表達出觀察資料、潛在變數特徵的相關假設。
2. 模型必須具備能描述觀察變數與潛在變數之關係的相關假設。
3. 模型必須具備能描述兩兩潛在變數間之因果關係的方向、強弱的相關假設。

雖然結構方程模型的本質是一種驗證性的分析技術；然而，很多時候，結構方程模型的發展都是從設定一個初始模型開始的，然後將這個模型與實際的樣本資料進行配適，透過每次的配適結果及研究者對相關主題的理論基礎、知識、經驗去驗證模型假設關係界定的合理性，然後進行修改，直到能得到一個最終的最合理的模型爲止。從這樣的過程中，當然難免也會有探索性分析的味道。但須特別注意的是，研究者的初衷主要是想應用結構方程模型，來確定假設模型針對某個研究議題是否合理，而並不是要去尋找和發現一種合適的模型。

模型界定的主要內容是要去確認模型中涉及到的變數間的關係。因此，模型界定時，主要將確認以下相關事項：

1. 確認觀察變數（即指標，通常是指問卷中的題項）與潛在變數（即因素，通常是不可直接衡量的概念）間的關係。
2. 確認各個潛在變數間的關係（即指定哪些潛在變數間具有相關性或具有因果關係）。
3. 確認潛在變數間或殘差項間的共變關係。
4. 根據研究者對所研究問題的掌握程度與經驗，在複雜的模型中，可以去限制因素負荷或因素間的相關係數等參數數值或關係，以使聯立方程式能估計出各類參數。例如：我們可以設定某兩個潛在變數間的相關係數就直接等於0.38、某兩個因素負荷量必須相等或於某兩個殘差間設定共變關係。

界定模型可以有不同的方法，最簡單、最直接的一種方法就是使用路徑圖。路徑圖是建立視覺化統計模型的一種非常常用的手段，因爲它將使研究者所界定的模型

以最直觀和明瞭的方式表達出來。路徑圖有助於研究者確認變數間的關係，且路徑圖可以直接轉化爲建模的方程式。但在JASP中，界定模型時，並不以繪圖的方式來建模，而是使用Lavaan程式，在程式中只要能依序描述各潛在變數與觀察變數間的測量關係、各潛在變數的路徑關係、各潛在變數的共變關係與各測量殘差間的共變關係，就能建立好概念性模型的結構方程模型。

透過模型界定，就可確認結構方程模型中，測量模型（觀察變數與潛在變數之間的測量關係）與結構模型（潛在變數與潛在變數之間的因果關係）的數學方程式。在模型界定完成以後，就可以根據這些方程式建構出再生矩陣。當然，再生矩陣中的元素有很多都是由未知數（統稱爲參數）所構成的，這些參數如：待估計的路徑係數、因素負荷量、誤差變異數……等，爲了要能估計出這些未知參數，我們可以假設再生矩陣和樣本矩陣（實際的樣本資料，已知數）相等，然後就可以利用各種計算方法，估計出結構方程模型中的各個未知參數了。當然，要求出這些待估計的未知參數，除了模型的界定要有意義且正確之外，解方程式時也要讓聯立方程式得到一組合理的解；若方程式無法得到一組合理的解，那麼就是模型識別的問題了。

上述的這些計算工作或模型之識別的問題，讀者也不用太擔心。只要是專業的統計分析軟體，都可以輕易的解決這些繁雜的計算問題。

三、抽樣與測量

在界定模型後，研究者就可根據所界定的潛在變數，而爲這些潛在變數設計量表。當然，這些量表也必須是有所本的；也就是說，潛在變數的測量也必須有文獻支持。因此，潛在變數之量表所屬題項（觀察變數），絕對不是研究者所自創的，一定是參考過往文獻的量表，然後再依據研究主題而經遣辭用句的修改後所形成的。

待各潛在變數之量表的題項確定後，整合各量表，就可形成一般通稱的問卷，從而即可擬定抽樣計畫而決定抽樣對象、抽樣範圍、抽樣方式、抽樣時間、問卷發放數、有效樣本數等。最後再依據抽樣計畫進行抽樣並蒐集資料，以作爲模型分析之用。

四、模型估計

當模型界定完畢且資料已備妥後，下一個工作就是要設法求出模型的解，也就是求出模型中各類參數的估計值，這個過程稱之爲模型估計（model estimation）或模型配適（model fitting）。這些待估計的參數包括測量模型中的因素負荷量、誤差變異

數、多元相關平方；結構模型中的路徑係數、潛在自變數的變異數、多元相關平方、相關係數等。

實作上，進行模型估計前，務必確保樣本資料中已無遺漏值存在、每個變數的樣本數都相同（資料等長），且每個變數都能符合單變數常態性與多元常態性（使用最大概似估計法時），否則，估計結果就容易產生偏誤。

估計時，會先假設概念性模型的再生矩陣等於實際樣本資料的樣本矩陣。藉此假設，就可求出再生矩陣內未知的各類參數之估計值，再把這些實際已估計出的參數值帶入再生矩陣中，就可得到具有實際數值資料的再生矩陣，最後比對這個已知的再生矩陣和樣本矩陣的相似程度，就可判斷模型對樣本資料的配適程度了。通常這個配適程度會以卡方值的顯著與否來加以判定，但也可以使用一些輔助性的指標，如 *GFI*、*AGFI*、*CFI*、*NFI*、*NNFI*、*RMSEA*、*SRMR* 等指標來輔助判斷模型的配適程度。

在傳統迴歸分析中，會使用最小平方法來配適迴歸模型，當然此時研究者的目標就是在追求模型之殘差變異數的最小化，且希望能在這目標下，估計出模型中的各類未知參數。但是結構方程模型的估計過程不同於傳統的統計方法，在結構方程模型的參數估計中，它不是追求預測值與觀測值之間差異的最小化，從而使得殘差之離差平方和最小化，而是追求樣本的共變異數與模型估計的共變異數間的差異能最小化。從這個觀點來看，很明顯的，結構方程模型是從整體面向來考慮模型之配適程度的。因此，這種概念下的結構方程模型，又常被歸類為是以共變數為基礎的結構方程模型（Covariance-based SEM, CB-SEM）。而以偏最小平方法（partial least square, PLS）所配適的結構方程模型，則稱為是以殘差變異數為基礎的結構方程模型（variance-based SEM, VB-SEM）或PLS SEM。

五、模型的修改

在進行模型配適度估計時，我們要注意的是，研究者必須要先檢驗各個因素負荷量、路徑係數等參數的估計值在理論上是否合理、有實質意義、是否存在違犯估計的問題，以保證沒有不合理的或不正常的關係存在。如果有不合理的關係，那麼就不能接受此模型，因為這樣的模型對事實的解釋能力並不強。有了這樣的準備工作後，再來討論、檢驗各類配適指標是否合乎要求才有意義。

此外，在實證的過程中往往會發現概念性模型並不配適樣本資料，因而研究者常會面臨概念性模型是否需要修正的窘境。雖然導致模型不配適的原因很多，但是大致可歸為兩類：一類是模型界定誤，即模型的假設有誤；而另一類則是資料的分配問題

（如非常態性、遺漏值以及名目或順序尺度資料）（黃芳銘，2002）。模型界定誤屬結構問題，又可分為兩種：一是外在界定誤，另一為內在界定誤。外在界定誤意指界定模型時，遺漏了一些觀察變數或遺漏了一些潛在變數等；內在界定誤則是資料具有遺漏值或錯誤假定測量模型和結構模型的路徑（黃芳銘，2002）。

　　當模型不配適的原因是因為內在界定誤所導致時，那麼模型尚可透過不斷的修正而加以改進，至於其他原因所導致的不配適，則無法透過修正作為而改進模型，這時就須根據導致不配適的實際原因，而採取相對應的措施來進行改進。

　　然而，模型修正在結構方程模型中，往往是個爭議性很高的議題。因為在不斷的利用既有資料而從事修正作為的過程中，總讓人覺得研究者把本質是驗證性的研究變成是資料導向式的探索性研究了。所以，有些學者就呼籲在模型發展過程中的所有修正行為，都必須要有理論基礎或合理的解釋。

六、模型的評鑑

　　若模型的配適度良好，各類參數的估計亦屬合理（即，沒有違犯估計）時，接下來就可進入模型評鑑的階段了。模型評鑑過程將根據Anderson and Gerbing（1988）及Williams and Hazer（1986）等學者的建議，分成兩個階段來進行：第一階段先進行測量模型評鑑，除評估模型的配適度外，尚須評估各構面的信度、收斂效度及區別效度；第二階段再來進行結構模型評鑑，以驗證模型中各潛在變數的因果關係與檢定概念性模型之各項假設。至於測量模型評鑑與結構模型評鑑的內容，讀者可參考圖3-4或回顧第2-1節與第2-2節的說明。

七、結論

　　最後，必須對模型的分析結果進行結論。在結構方程的建模過程中，重心一般都放在潛在變數間的關係上。但各個潛在變數都是透過相對應的觀察變數來測量的，所以首先必須檢查各個潛在變數的測量指標。這也就是說，應當先檢查每一個測量模型。如果測量模型中觀察變數的信度、收斂效度與區別效度都符合要求的話，那麼解釋潛在變數間的關係才有實質意義。

　　此外，進行結論時，應針對概念性模型中的各個假設之成立與否，進行與過往文獻之對話或討論。也就是說，藉由過往文獻的支持與否，來討論或突顯各個假設填補知識缺口的狀況，甚至進而提出研究的理論意涵（theoretical implication）與實務意涵（practical implication）。

3-3 概念性模型的界定範例

　　研究者對於有興趣的議題，要開始進行研究前，首先會根據先前的理論、已有的知識與經驗，經過推論和假設，而提出一個可以清楚描述變數之因素結構與變數間關係的模型，這個由理論所推導出來的模型稱為概念性模型或假設模型。在假設模型中將清楚界定：(1)觀察變數與潛在變數間的關係；(2)各個潛在變數間的因果關係；(3)根據研究者對所研究問題的掌握程度與經驗，而限制因素負荷或因素間的相關係數等參數數值或關係。而此三項工作，又總稱為「模型界定」。因此，模型界定階段的主要工作內容就是透過文獻整理與理論推導釐清上述三件主要事項，進而建立概念性模型。

　　因此，模型界定的工作流程，大致可分為下列三個步驟：
1. 潛在變數的選擇。
2. 觀察變數的選擇。
3. 概念性模型的建構。

3-3-1 潛在變數的選擇

　　相信讀者學習結構方程模型至此，應該都能明瞭結構方程模型是一種能針對潛在變數的測量與潛在變數間的關係進行驗證的分析技術。而且，概念性模型的建立也必須要依據既有的經驗或堅強的理論基礎。

　　如前所述，在既有的理論基礎下，對於觀察變數、潛在變數的選擇，其間關係的設定，即為模型界定的重要工作。因此，不難理解在模型界定的過程中，變數（觀察變數與潛在變數）是主角，而且潛在變數的選擇是結構模型建立的基礎。一般而言選擇潛在變數的方法有兩種：一為研究者根據對實際問題的理論、知識與經驗而確定之；二為借助探索性因素分析的結果而建構。

　　一般來說，研究者會根據研究的主題搜尋與該議題相關的潛在變數，然後再聚焦於少數幾個較有創意、較有價值的潛在變數上。而且，也通常會使用這些被篩選出來的潛在變數，來為其研究的主題命名。當確定潛在變數後，研究者就可依據既有文獻、理論或經驗，界定該潛在變數的操作性定義、測量方式、決定其觀察變數，進而推導各潛在變數間的關係，並據以建立概念性模型。

▶ 範例3-1 │ 論文〈觀光工廠服務場景、解說服務品質與遊客行為意圖關係之研究〉「潛在變數的確定」之過程示範。

　　這是一個有關於如何選擇潛在變數的範例，作者初始的研究主題為「探討影響觀光工廠遊客的行為意圖之因素與途徑」。由於影響遊客行為意圖的因素眾多，因此研究者必須先透過文獻探討、理論分析，而將研究聚焦於少數幾個較有創意、較有價值的潛在變數上，並以這些潛在變數間的關係為其研究主題命名。在此將示範作者選擇出潛在變數的過程。

一、理論分析

　　隨著經濟的快速發展，臺灣產業結構也產生明顯的變化。傳統產業在臺灣經濟發展的歷程中，長久以來一直扮演著重要的角色。然而，由於近年來經濟環境的劇烈轉變，高附加價值產業與高科技產業成為目前經濟發展的重心，傳統產業因而逐漸沒落而失去光環。過去曾經創造臺灣經濟奇蹟的傳統製造業，由於生產成本逐漸上升，且面臨低勞工成本國家的積極競爭，導致傳統產業外移，甚至面臨倒閉危機的問題日趨嚴重。值此之際，傳統製造業若想保持競爭力，創造永續經營的契機，進行創新與改革已是刻不容緩的議題。

　　為協助傳統產業因應目前所面臨的窘境，行政院依據「挑戰2008：國家發展重點計畫」之規劃，提出「創意生活產業發展計畫」，其目的即為協助傳統產業轉型、改善結構性失業問題及提升國民生活品質。在結合文化體驗思考模式與創新傳統產業策略思維的概念下，將傳統產業、文化與休閒觀光產業結合，導入產業觀光（industrial tourism）的概念，透過觀光的形式，運用產業本身的營運、製程與產業歷史沿革等內涵，提供遊客創新、知性與感性的體驗機會，提升產業單純製造生產外的附加價值，創造新意、拓展內需市場。

　　發展產業觀光的目的，便是藉由開放遊客進入產業面從事觀光行為，進而期待能提升傳統產業的實質收益。在觀光工廠的參觀過程中，遊客會花很多時間於其營運、製程等實體環境的體驗，在此情形下，遊客所知覺的實體環境品質（即服務場景，servicescape）或許將影響遊客的滿意度（或正面情感），進而影響其所願意的花費、口碑或重遊意願。一般而言，消費者所感知的服務品質常被功能品質、技術品質與服務場所之實體環境的交互作用所影響（Lehtinen and Lehtinen, 1982; Rust and Oliver, 1994）。由於消費者於被服務的過程中需持續的與實體環境互動，因此實體

環境將於服務傳送的過程中扮演著重要的角色，也因而服務場景常被認爲是增進消費者再購與忠誠度的重要因素（Bitner, 1992; Baker, Grewal, and Parasuraman, 1994; Wakefield and Blodgett, 1994; Wakefield and Barnes, 1996）。

此外，對於產業觀光而言，解說功能亦是重要的元素。透過解說導覽的帶領，將使遊客對於觀光工廠的遊憩體驗更爲深入與豐富。解說對於遊客具有提供資訊、引導、教育、娛樂、宣導、鼓舞的功能（Grinder and McCoy, 1985）；解說亦可作爲管理機構、遊客與環境之間的橋樑（吳忠宏，2001）。透過解說，遊客可以瞭解經營者的目標與作法、產業歷史沿革並形塑觀光工廠的形象與知名度。因此，對於觀光工廠的服務品質而言，解說扮演著重要的角色（楊勝評，2003），所以解說系統的建立，對於觀光工廠的參觀品質應具有顯著的影響，進而影響遊客的忠誠度（吳忠宏、黃文雄、李介祿、李雅鳳，2007）、重遊意願（李宜曄、林詠能，2008）與付費意願（陳宗玄、陸地，2006；李明聰、黃儀蓁，2006）。

雖然服務場景與解說服務是影響忠誠度、口碑、重遊意願與付費意願等結果變數的重要因素。然而，對於觀光工廠業者而言，爲了能從這些有用的知識中獲取最大利益，業者必須全然瞭解各變數間的影響途徑，而非僅是簡單的兩兩關係。此外，其間關係，亦可能是受到其他變數或變數間的交互作用所導致的。因此，實有必要針對諸如整體服務品質、正面情感與知覺價值等較常被討論的因素綜合研究，檢驗其是否也會顯著影響遊客於未來的旅遊決策。基於此，爲了能更周延的確認出影響遊客行爲意圖之主要因素與途徑，本研究乃將上述各變數皆納入考量。此外，爲能確實釐清各變數如何影響觀光工廠之遊客的行爲意圖，本研究將採用結構方程模型（structural equation modeling, SEM），以探討各變數是否確實會影響遊客的行爲意圖，並瞭解其間的因果關係。

二、變數的確認

根據前面的理論分析，可以由觀光工廠服務品質的角度來探討遊客後續的行爲意圖。首先將服務場景與解說服務滿意度納入假設模型中。由於根據過去的理論基礎，服務場景與解說服務滿意度並不會直接影響遊客的行爲意圖，而是會透過一些中介變數而影響行爲意圖。在該研究中，雖然影響遊客行爲意圖的變數眾多，但研究者較感興趣的潛在變數有「整體服務品質」、「正面情感」與「知覺價值」。因此模型中將以服務場景與解說服務滿意度爲自變數，遊客行爲意圖爲依變數，而中介變數則有整體服務品質、正面情感與知覺價值。

經歷理論分析，再根據研究者本身的經驗、知識後，即可確認所欲真正進行研究的潛在變數。甚至進而可以使用這些變數間的關係，定義為該研究的名稱，如本例研究的主題，將變更為「觀光工廠服務場景、解說服務品質與遊客行為意圖關係之研究」。

三、利用探索性因素分析萃取

探索性因素分析是一種資料導向的分析技術，它可以透過樣本資料觀察眾多變數（觀察變數，通常是問卷中的每一題問項）間的相關性後，釐清其資料結構關係，而用少數幾個假想變數（潛在變數）來解釋這些眾多變數間之基本資料結構。也就是說，當已經獲得相關變數的樣本資料後，此時，雖然我們尚無法清楚理解這些觀察變數間的關係時，那麼就可以透過探索性因素分析技術，從觀察變數出發，而萃取出可以解釋這些觀察變數之大部分資訊的共同因素。如果我們所萃取出來的共同因素，經檢視其所包含的觀察變數後，若能夠得到合理的命名，也就是說，這些共同因素可以得到合理解釋的話，那麼命名後，我們就可以將這些共同因素當作所研究問題中的潛在變數了。

所以讀者應不難理解，當我們無法確認研究中的潛在變數時，若從觀察變數著手，那麼就須用到探索性因素分析了。但是，使用探索性因素分析時，最為人所詬病的是，太過於資料導向、太過於主觀，容易流於研究者自說自話。因此，在這種情形下，研究者有必要去證明潛在變數是具有信度、效度的。驗證的方法是使用結構方程模型中的驗證性因素分析技術，但是運用時須特別注意：所讀入的樣本資料不能與進行探索性因素分析時一樣，研究者應該要再重新蒐集一組樣本資料以進行驗證性因素分析，這樣才能達到交叉驗證的效果，也才不脫離驗證性分析技術的本質。

3-3-2 觀察變數的選擇

在結構方程模型中，欲驗證潛在變數間的因果關係時，有個前提條件，即每個潛在變數必須都已能獲得良好的測量後才能進行。也就是說，結構方程模型必須運用兩階段的方式進行：第一階段即是測量模型的驗證（驗證潛在變數與觀察變數間的關係，即驗證性因素分析），第二階段才是結構模型的驗證（驗證潛在變數間的因果關係，即路徑分析）。因此，選擇觀察變數也是界定測量模型的過程中，相當重要的一個階段。觀察變數的選擇是否適當，將影響到潛在變數的測量是否合理、準確，也關

係到最後結論的合理性。因此，觀察變數的選擇對於模型的構建至關重要。

由於潛在變數是一種不可直接測量的變數。但是，我們可以透過觀察變數（通常是問卷中的每一題問項）間接的測量出潛在變數，因此，觀察變數是為測量出潛在變數而設計的，故所選擇的觀察變數應該要盡可能的測量出潛在變數所代表的實質意涵。觀察變數過少，可能資訊不足，不能完整的測量出潛在變數的實質意涵；觀察變數過多，其相互之間的相關可能性增大，使資訊相互產生交互作用，模型變得複雜不易處理。一般來說，一個潛在變數帶有三個觀察變數較為合適。當然，有時潛在變數的含義很清晰，也可能只用兩個甚至一個觀察變數就足夠反映潛在變數的含義了。

一般而言，研究者可從文獻、理論的整理分析過程中得到各潛在變數的觀察變數，因為，這樣的觀察變數基本上就已經具有較高的信度與內容效度。

▶ **範例3-2** 論文〈觀光工廠服務場景、解說服務品質與遊客行為意圖關係之研究〉「觀察變數的選擇」之過程示範。

由於，研究中所確定的潛在變數，皆可在過去的文獻資料中找到，因此對於觀察變數（題項）的選擇上，將盡量參考過往文獻並依研究主題稍加修改，然後定義各潛在變數於該研究中的操作性定義，再據以設計問項（觀察變數）。本範例中，各潛在變數之觀察變數的設計過程如下：

一、服務場景

本研究參考Baker et al.（1992）、Bitner（1992）、Hightower et al.（2002）等之研究，將服務場景定義為遊客於接受服務時，對所處之實體環境的知覺感受。由此操作型定義，歸納服務場景變數為四類，分別為周遭環境、硬體設施與設計方式、符號與標示、社會化環境。其中周遭環境有5題問項、硬體設施與設計方式有5題問項、符號與標示有2題問項、社會化環境有5題問項，共計17題問項，皆為等級尺度變項，測量尺度係採李克特（Likert scale）七點評量尺度，從「非常不同意（一分）至非常同意（七分）」進行評量。

二、解說服務品質

有關解說服務評估之文獻相當多，然卻欠缺針對解說服務品質評估之文獻。因此，本研究對解說服務品質之評估，將應用管理學領域之服務品質SERVQUAL

（Parasuraman et al., 1988）評估方法為基礎。因此，解說服務品質將定義為遊客參與解說服務後，對觀光工廠所提供之解說服務的知覺程度。解說服務品質量表則將參考 Hwang et al.（2005）之研究，以有形性、可靠性、回應性、保證性與同理心等五個構面來衡量。其中有形性有3題問項、可靠性有3題問項、回應性有6題問項、保證性有5題問項、同理心有3題問項，共計20題問項，皆為等級尺度變項，測量尺度係採李克特七點評量尺度，從「非常不同意（一分）至非常同意（七分）」進行評量。

三、其他變數的衡量

本研究中，整體服務品質、正面情感、知覺價值與行為意圖等變數的衡量主要是參考國內外之相關文獻，並配合觀光工廠特性，針對影響觀光工廠遊客行為意圖之重要因素加以設計。其中，整體服務品質包含5題問項、正面情感包含5題問項、知覺價值包含5題問項、遊客行為意圖包含3題問項。所有問項皆為等級尺度變項，測量尺度係採李克特七點評量尺度，從「非常不同意（一分）至非常同意（七分）」進行評量。

◈ 3-3-3 概念性模型的建構

當潛在變數與觀察變數都已獲得確認後，接著，研究者就可透過文獻整理、理論推導以釐清各潛在變數間的關係，並將這些關係嘗試以路徑圖來表示。須特別注意的是，畫在路徑圖中的各路徑（潛在變數間的關係），都是一種假設關係，將來都必須透過檢定程序才能確認。但這些假設關係一定要以合理的邏輯推論為基礎，否則縱使模型與資料再配適，也無法獲得良好的解釋，那麼概念性模型的實質意義與貢獻就大打折扣了。

▶ 範例3-3　　論文〈觀光工廠服務場景、解說服務品質與遊客行為意圖關係之研究〉「假設推導與概念性模型建立」之過程示範。

待潛在變數、觀察變數及潛在變數與觀察變數間的測量關係都已界定後，接下來最重要的任務就是透過文獻整理、分析與邏輯推導而確立潛在變數間的假設關係。最後再彙整這些假設關係，而以路徑圖的方式表達出研究的概念性模型。下列將示範由理論推導至畫出概念性模型圖的過程。在此，讀者須特別注意的是，假設的推導一

定是以文獻堆疊的方式進行，故過程中必須閱讀大量的文獻，然後經整理、解析、比較、組織、邏輯辯證與演繹後，才能凝聚成概念性模型的假設。

一、關係推導

1. 服務場景、整體服務品質與正面情感的關係

　　Baker et al.（1994）認為周遭環境與社會化情況會顯著的影響顧客對品質的知覺，而Wakefield and Blodgett（1994）的研究也發現，顧客對於消費環境的各個構面感到滿意時，確實會增強再消費的意願。最近，Hightower et al.（2002）則以結構方程模型進行實際驗證後發現，服務場景對整體服務品質具有顯著正向的直接影響力。

　　實體環境對於消費者情感與行為的影響很早就引起學者們的注意（Kotzan and Evanson, 1969; Curhan, 1972）。Kotler（1973）認為在購買環境中加以設計，可使消費者產生特定的情緒，進而強化消費者購買的可能性。Mehrabian and Russell（1974）更以刺激—有機體—反應（Stimulus-Organism-Response, S-O-R）理論為基礎，而提出M-R模型，並認為環境刺激會引發消費者特定的情緒狀態，進而促成消費者的反應行為。當消費者對商店的實體環境較喜歡時，會引發消費者的正面情緒（Baker, Levy, and Grewal, 1992），例如：快樂和激發；而當消費者在舒適的環境中進行消費時，也會較願意消費更多時間和金錢（Babin and Darden, 1995）。綜合上述，於觀光工廠遊客行為意圖之關係模型中，將推導出第一與第二個假設：

　　H_1：遊客對於服務場景的感受程度會正向影響其正面情感。
　　H_2：遊客對於服務場景的感受程度會正向影響其所知覺的整體服務品質。

2. 解說服務品質與整體服務品質的關係

　　服務品質為在服務傳遞與服務接觸的過程中，消費者對服務的期望「服務價值」及實際感受到的「服務績效」兩者比較後的結果。Lovelock（1983）認為服務是一種附加於產品之上的功能，對消費者而言，可增加對該產品的效用或價值。解說是一種服務性的工作，而最好的服務是符合自己期望的服務（陳耀茂，1997）。遊客在休閒旅遊的過程中，透過解說服務能更瞭解各種環境所代表的意義，並藉此提升休閒旅遊的層次；解說服務即是運用解說的方法與技巧，以傳達知識、啟發現象背後所隱含的意義，並且引導遊客終而能獲得高品質的體驗價值（李世寶，2003）。

　　近年來，有許多學者專注於解說服務品質的相關研究，例如：顏上晴（2001）

以SERVQUAL服務品質模式評估解說服務品質，發現導覽解說存在服務績效缺口，且解說員的服務績效也會隨著不同人口統計變數而有所差異。張穎仁（2004）的研究結果發現，遊客對導覽解說服務行前期望重視度與實際體驗滿意度兩者間有顯著性差異。吳忠宏等（2007）於賞鯨活動的研究中也發現，解說服務滿意度正向直接影響遊客的忠誠度。綜合上述，於觀光工廠遊客行為意圖之關係模型中，將推導出第三個假設：

H₃：遊客對於解說服務品質的感受程度會正向影響其所知覺的整體服務品質。

3. 正面情感、知覺價值與行為意圖的關係

一般而言，滿意度是一種情感上的評估，這個評估將反應出消費者相信自身對擁有或使用某個服務時，所會獲得的一種正面情感上的滿足（Cronin, Brady, and Hult, 2000）。滿意度為一種愉悅的滿足，是消費者因某些需求、期待或目標被滿足之後所帶來的愉快感受，也是消費者在消費後，感受到產品本身或其屬性所提供之愉悅程度的一種判斷與認知（Oliver, 1997）。因此，遊客的正面情感反應即象徵著對產品或服務的滿意程度。

在M-R模型中，環境刺激及反應行為的中介效果為情感狀態，且不同領域的研究者皆同意對於任何環境的第一層級反應即為情感（Ittelson, 1973）。如同一般服務業，對於觀光工廠而言，服務品質、價值與正面情感（滿意度）具有同樣的重要地位。也因此，於休閒、觀光產業遊客行為的研究中也必須考量三者的關係。例如：Wakefield and Barnes（1996）曾以Zeithaml（1988）的研究為基礎，指出在職棒場館所提供的服務中，服務品質會正向影響知覺價值，而在有關服務場景的相關研究中，Babin and Attaway（2000）指出正面情感會正向影響知覺價值，Hightower et al.（2002）則認為正面情感除會正向影響知覺價值外，也會正向影響遊客的行為意圖。此外，Darden and Reynolds（1971）甚至指出正面情感會激勵購買活動，Babin and Darden（1995）的研究亦發現，商店氣氛的營造主要是希望引發消費者的正面情緒，進而引起其實際購買行動。綜合上述，於觀光工廠遊客行為意圖之關係模型中，將推導出第四與第五個假設：

H₄：遊客所感受的正面情感會正向影響其所感受的知覺價值。
H₅：遊客所感受的正面情感會正向影響遊客的行為意圖。

4. 整體服務品質、知覺價值與行為意圖的關係

　　服務品質是形成服務價值的前因（Bolton and Drew, 1991），而服務品質的好壞會對消費者所知覺的服務價值造成顯著性影響（Sweeney, Soutar, and Johnson, 1997），且正向影響消費者的行為意圖（Cronin et al., 2000）。此外，也有許多學者指出，顧客知覺價值對於再消費意願也將有顯著影響關係（Oh, 1999; Cronin et al., 2000）。近來，Hightower et al.（2002）則以結構方程模型進行實際驗證後發現，整體服務品質對知覺價值有正向影響、知覺價值對行為意圖有正向影響。由上述文獻，於觀光工廠遊客行為意圖之關係模型中，本研究將推導出第六與第七個假設：

　　　　H_6：遊客所感受的整體服務品質會正向影響其所感受的知覺價值。
　　　　H_7：遊客所感受的知覺價值會正向影響遊客的行為意圖。

二、概念性模型

　　本研究透過相關文獻整理、分析、推論與建立假設後，引導出服務場景會正向影響正面情感與整體服務品質、解說服務品質會正向影響整體服務品質、正面情感會正向影響知覺價值與行為意圖、整體服務品質會正向影響知覺價值與行為意圖等假設。研究中所使用的變數分別為自變數、依變數以及中介變數等三項。自變數為遊客所感受的服務場景與解說服務品質，服務場景包含四個子構面分別為周遭環境、硬體設施與設計方式、符號與標示、社會化環境；解說服務品質則包含五個子構面分別為有形性、可靠性、回應性、保證性與同理心。此外，依變數則為遊客後續的行為意圖；而處於自變數與依變數之間的中介變數則是遊客所知覺的整體服務品質、正面情感與知覺價值。由此，本研究所建構的遊客行為意圖之概念性模型，其架構將如圖3-5所示。

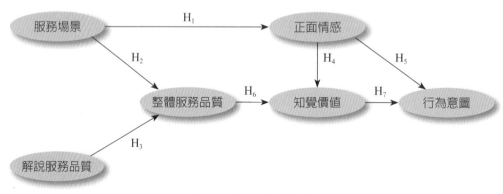

圖3-5　概念性模型圖

　　本章中，以論文〈觀光工廠服務場景、解說服務品質與遊客行為意圖關係之研究〉為例，說明模型界定時所該從事的工作，這部分對於研究之價值性具有深遠的影響。若從期刊、論文審核者的角度來評價一篇使用結構方程模型為統計方法的論文時，所著重的並非模型有多配適，各因果關係是否顯著，而是模型的界定過程是否嚴謹。因此，論文的本質與意涵乃在於對議題的研究後，所提出的理論貢獻與實務價值，而並非在統計方法的操弄。

　　這段文字寫在我們開始學習如何實務的進行結構方程模型分析之前，無非就是要再次強調，任何的結構方程模型的背後，一定要具有堅實的理論基礎與嚴謹的推導過程。否則，一切「繁華攏是夢」、「擱做嘛是無採工」。

習 題

 **練習3-1**

第5-1節中所介紹的論文〈品牌形象、知覺價值與品牌忠誠度關係之研究〉的正式問卷如附錄一，其概念性模型如圖5-1，請自行查閱期刊、論文或博、碩士論文等資料，並推導各潛在變數間的下列假設關係：

假設一（H_1）：品牌形象對知覺價值有正向顯著的影響力。

假設二（H_2）：知覺價值對品牌忠誠度有正向顯著的影響力。

假設三（H_3）：品牌形象對品牌忠誠度有正向顯著的影響力。

假設四（H_4）：品牌形象會透過知覺價值而間接的正向顯著影響品牌忠誠度。

練習3-2

第5-2節中所介紹的論文〈遊客體驗、旅遊意象與重遊意願關係之研究〉的原始問卷如附錄二，其概念性模型如圖5-2，請自行查閱期刊、論文或博、碩士論文等資料，並推導各潛在變數間的假設關係。

假設一（H_1）：遊客體驗對旅遊意象有正向顯著的影響力。

假設二（H_2）：旅遊意象對重遊意願有正向顯著的影響力。

假設三（H_3）：遊客體驗對重遊意願有正向顯著的影響力。

假設四（H_4）：遊客體驗會透過旅遊意象而間接的正向顯著影響重遊意願。

練習3-3

第5-3節中所介紹的論文〈景觀餐廳意象、知覺價值與忠誠度：轉換成本的干擾效果〉的原始問卷如附錄三，其概念性模型如圖5-3，請自行查閱期刊、論文或博、碩士論文等資料，並推導各潛在變數間的下列假設關係：

假設一（H_1）：景觀餐廳意象對知覺價值具有正向直接顯著影響。

假設二（H_2）：景觀餐廳意象對忠誠度具有正向直接顯著影響。

假設三（H_3）：知覺價值對忠誠度具有正向直接顯著影響。

假設四（H_4）：轉換成本會干擾景觀餐廳意象與消費者忠誠度間的關係。

假設五（H_5）：轉換成本會干擾知覺價值與消費者忠誠度間的關係。

第 4 章
JASP簡介與建立資料檔

　　本章所將介紹的內容是學習如何使用JASP軟體的第一步。其內容主要偏重於介紹JASP軟體的基本視窗介面、操作技巧與資料檔的建立過程，期使讀者能對JASP軟體所具備的功能，能先有個基本認識。因此，本章的目的在於「使讀者於學習使用JASP軟體進行統計分析前，能夠對它有一個初步的認識，並為往後的進階課程打下基礎。」若讀者對JASP仍有更高的使用需求，建議讀者可參考本書作者的另一著作《論文統計分析實務：JASP的運用》（五南圖書出版）。

本章內容包括：

1. JASP簡介。

2. 下載JASP軟體、安裝與啟動。

3. JASP的視窗、選單的簡介和功能介紹。

4. 如何建立JASP資料檔？

5. 如何在JASP中對資料檔進行編輯？

4-1　JASP簡介

　　JASP（Jeffreys's Amazing Statistics Program）是一個開源（open source）的統計分析軟體，它提供了一個直觀且易於使用的界面，旨在幫助研究人員進行統計分析和數據的視覺化。JASP的使命是試圖將統計學變得更容易理解與操作，並提供準確和可靠的結果。以下是JASP的一些主要特點：

➢ 開源和免費：JASP是一個開源專案，任何人都可以永久免費的使用它。這使得研究人員和學生可以輕鬆的獲得一個功能強大的統計軟體，而無需支付高昂的許可費用。

➢ 跨平臺：JASP可以在不同的作業系統上執行，包括Windows、MacOS和Linux等作業系統。

➢ 直觀的使用者界面：JASP提供了一個直觀且易於操作的使用者界面，使得統計分析變得更加可靠和易於理解。使用者可以輕易的將數據導入軟體中，進而透過拖、拉、點、選的方式，選擇適當的統計方法而進行分析。

➢ 多種統計方法：JASP支援了廣泛的統計方法，包括傳統的參數統計方法（例如：t 檢定、變異數分析、迴歸分析等）、第二代統計分析技術（例如：結構方程模型分析）與貝葉斯統計方法（Bayesian statistics，例如：貝葉斯因子、貝葉斯迴歸等），這使得研究人員可以根據自己的需求選擇最適合的統計方法。

➢ 數據可視覺化：JASP提供了豐富的數據可視覺化工具，使研究人員能夠直觀的理解和呈現數據。它支援常見的圖表（如直方圖、散點圖、盒形圖……等）和高級的可視覺化技術（例如：貝葉斯網絡圖）。此外，最讓學術圈驚豔的是，它的統計分析報表皆符合一般學術論文所要求的APA格式規範（American Psychological Association Style Format）。

➢ 學術界支持：JASP的開發和維護是由統計學家和計算機科學家所組成的團隊所完成。它受到學術界的廣泛支持，並經過不斷改進和更新，以確保用戶獲得準確和可靠的結果。

　　總結來說，JASP是一個開源的、跨平臺、且易於使用的統計分析軟體，提供著廣泛的統計方法和數據可視覺化工具。它的直觀使用者界面使得統計分析變得更加容易操作和理解，無論是對於熟練的統計學家，或者是新手都非常友善。同時，JASP的開源性質意味著任何人都可以參與其開發和改進，從而促進了統計學研究的廣泛性發展。

4-2　下載JASP軟體、安裝與啟動

　　JASP是一個免費且開源的統計軟體，可在Windows、MacOS和Linux上安裝並執行。下載JASP的步驟如下：

1. 前往JASP的官方網站：https://jasp-stats.org/。
2. 在網站的首頁上，您可以看到「Download JASP」的按鈕。點擊這個按鈕，進入下載頁面後，您會看到針對不同作業系統的下載選項。此時，請選擇適合您的作業系統之JASP版本。點擊選擇的版本後，即可開始下載JASP的安裝程式。
3. 下載完成後，就可以根據您的作業系統，開始進行安裝。
   ➤ Windows：於下載完成的安裝檔（.exe）上快按兩下，按照安裝精靈的指示進行安裝。
   ➤ MacOS：於下載完成的安裝檔（.dmg）上快按兩下，然後將JASP拖曳到「應用程式」資料夾中。
   ➤ Linux：請參考官方網站上的指示，因為安裝步驟可能因不同的Linux發行版本而略有不同。
4. 下載JASP軟體與安裝過程（以Windows作業系統為例），請讀者掃描圖4-1的QR Code後，自行參閱教學影音檔。

圖4-1　JASP軟體下載與安裝（ch4-1.mp4）

　　當安裝好JASP軟體後，即可透過桌面左下角的「開始」功能，找到「JASP 0.18.3」而啟動JASP軟體。JASP後面的數字「0.18.3」代表著目前JASP的版本。或者，也可以利用安裝好JASP軟體後，於桌面上所產生的「JASP」捷徑上，「快按兩下」來啟動JASP軟體。啟動後將會開啟JASP的歡迎視窗，首次開啟JASP時，歡迎視

窗的介面應該是英文介面，但經「設定偏好」後，即可使用「繁體中文」的介面，如
圖4-2所示。JASP之使用環境的偏好設定，在後續的教學影音檔「ch4-2.mp4」中，將
有詳細的說明。

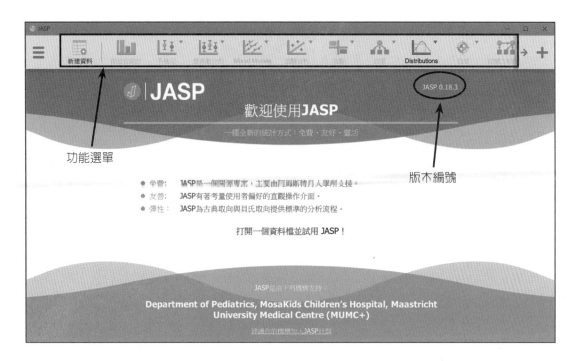

圖4-2　JASP的歡迎視窗

　　JASP歡迎視窗的頂端有數個圖示，每個圖示代表著某系列的統計分析功能，這
些圖示的集合列就稱爲「功能選單」。此外，目前JASP的介面爲中文，其實JASP
之使用者介面的語言系統是可以由使用者自行設定的。方法是，點選「功能選單」
最左端的圖示 ，點選後就可顯示出JASP的主選單。此時，選擇「設定偏好」
（Preferences）就可進行使用者個人偏好的設定。爲減少本書篇幅，相關的設定方式
與解說，請掃描圖4-3的QR Code後，請讀者自行參閱教學影音檔。

圖4-3　設定偏好的教學影音檔（ch4-2.mp4）

4-3　開啟資料檔

　　如果要對一個資料檔進行編輯或統計分析，那麼就必須先開啟它。JASP除了可自建資料檔外，也可從外部檔案匯入而讀取資料。在JASP中，較常被匯入使用的資料檔格式有：

1. CSV檔案（逗號分隔值檔案）：CSV是一種純文字格式的檔案，常用於將數據以表格形式儲存，儲存時，每個數據之間用逗號分隔。

2. SPSS檔案（*.sav）：SPSS是一個廣泛使用的專業統計軟體，JASP可以開啟和讀取SPSS檔案，使得SPSS使用者可以直接在JASP中進行統計分析。

3. JASP檔案（*.jasp）：副檔名為「*.jasp」的檔案是JASP軟體的專有檔案格式。這種檔案格式，都可用以儲存在JASP中所進行的統計分析工作。當您在JASP中進行數據計算、統計分析、結果呈現等操作時，JASP會將這些訊息全部儲存在一個名為「*.jasp」的檔案中。也就是說，「*.jasp」檔案包含了您在JASP中進行的統計分析之所有相關資訊，包括數據、變數設定、統計模型、分析結果、圖表、報表等。它是一個整合型的檔案格式，可以儲存和共享完整的統計分析工作。此外，「*.jasp」也可以與他人共享，讓其他使用者可以查看您的分析過程、結果和圖表，從而進行進一步的討論和合作。值得注意的是，「*.jasp」檔案是JASP軟體特有的檔案格式，其他統計軟體可能無法直接開啟或讀取這種檔案。如果您需要與其他統計軟體交換資料，可以將數據以常見的格式（例如：CSV格式）匯出或轉換為其他軟體所能支援的檔案格式。

　　比較值得臺灣人注意的是，當CSV檔案中包含中文數據資料，於匯入到JASP中

時，由於編碼系統的不一致，因此很有可能會產生亂碼。此時，請讀者務必記得要去「設定偏好」中，進行「介面設定」，這樣才能真正解決中文亂碼的問題。有關「介面設定」的方式，請讀者詳閱「ch4-2.mp4」（請掃描圖4-3）的教學影音檔。

▶ 範例4-1

圖4-4是一張範例問卷，其內容包含有5題用於測量品牌忠誠度的問項，這些問項皆屬李克特七點量表，另外還包含4題有關受訪者之基本資料的問項。「ex4-1.csv」為該問卷之回收樣本的原始資料檔，試將該CSV檔案讀入到JASP中，完成後請另存新檔為「ex4-1.jasp」。

第一部份：品牌忠誠度

※請針對您的服務經驗，回答下列相關問項，請於□中打「✓」，謝謝！

	極不同意	很不同意	不同意	普通	同意	很同意	極為同意
1. 購買 85 度 C 的產品對我來說是最好的選擇。	□	□	□	□	□	□	□
2. 我是 85 度 C 的忠實顧客。	□	□	□	□	□	□	□
3. 當我有需求時，我會優先選擇 85 度 C。	□	□	□	□	□	□	□
4. 我願意繼續購買 85 度 C 的產品。	□	□	□	□	□	□	□
5. 我會向親朋好友推薦 85 度 C 的產品。	□	□	□	□	□	□	□

第二部份：基本資料，請於□中打「✓」。

1. 性 別：　□ 男　　　　□ 女

2. 年 齡：　□ 19 歲以下　□ 20~39 歲　　□ 40~59 歲　　□ 60 歲以上

3. 學 歷：　□ 國中及以下　□ 高中(職)　　□ 大學　　　　□ 研究所(含)以上

4. 職 業：　□ 學生　　　□ 軍公教　　　□ 勞工　　　　□ 自由業

圖4-4　範例問卷

操作步驟

詳細操作過程，請讀者自行參閱教學影音檔「ex4-1.mp4」。

◆ 4-4 編輯資料 ◆

在舊版本的JASP系統中是不能「直接」對資料內容進行編修的，而是必須「間接」的透過外部軟體（例如：Excel、SPSS）來進行編輯作業。但是，目前的JASP版本（0.18版之後）已可以在JASP中對資料內容直接進行編輯作業了。此外，對於變數的測量尺度或類別變數之水準值的標籤，也都可以「直接」在JASP內進行編修了。另外，除匯入資料檔所獲得的原始變數外，使用者也可以根據研究需求，由原始變數經計算後產生新的變數。

一般而言，統計學上會將變數的測量尺度，分成下列幾個類型：

➤ 區間尺度（Interval Scale）

區間尺度是一種具有已知間隔的測量值，且也可以用來表示類別之間的相對順序和具體差異大小。區間尺度上的數據可以進行的算術運算只有加、減等兩項而已，且它沒有絕對零點。舉個例子來說，假設我們有一個氣溫的測量讀數，以攝氏溫度為單位。如果我們使用區間尺度來測量這個讀數，則每個溫度值之間的間隔是已知的，並且可以表示相對溫度的順序和差異。例如：我們測量了三個城市的氣溫，分別為：

城市A：25°C　城市B：30°C　城市C：35°C

在區間尺度下，我們可以說城市C的氣溫比城市B高出5°C，而城市B的氣溫比城市A高出5°C。我們可以根據這些數值之間的差異進行比較和排序。

然而，區間尺度並沒有絕對零點，意味著沒有一個氣溫值代表完全沒有熱度或冷度。例如：如果我們以攝氏溫度為單位，那麼0°C並不意味著絕對沒有溫度，而只是一個任意選定的參考點。因此，在區間尺度上，我們可以進行相對的比較和計算，但不能進行絕對的比較或計算。

➤ 比例尺度（Ratio Scale）

比例尺度則是一種具有已知間隔且有絕對零點的測量值。在比例尺度上，可以進行「加、減、乘、除」等四項的算術運算。此外，比例尺度還允許比較測量值的比例關係。

舉個例子來說，假設我們有一個身高的測量讀數，以厘米為單位。如果我們使用比例尺度來測量這個讀數，則每個身高值之間的間隔是已知的，並且有絕對零點。假

設我們測量了三個人的身高，分別為：

A：160厘米　　B：170厘米　　C：180厘米

在比例尺度下，我們可以說C的身高是A的身高的1.125倍（180/160），而B的身高是A的身高的1.0625倍（170/160）。我們可以根據這些數值之間的比例關係進行比較和計算。

此外，在比例尺度上，存在絕對零點，意味著有一個值表示完全沒有該屬性。在身高的例子中，零厘米表示完全沒有身高。這使得我們可以進行零點的測量，比如計算兩個數值之間的比率或百分比。因此，比例尺度允許進行相對和絕對的比較，並且可以進行各種算術運算，包括比率、百分比和乘除運算。在JASP中會將區間尺度與比例尺度，合稱為「連續」尺度。

➤ 名目尺度（Nominal Scale）

名目尺度是最基本的測量尺度，用於分類和標記物件。在名目尺度上，數字或符號僅代表不同的類別或群組，沒有大小或順序之間的差異。

舉個例子來說，假設我們調查了一個班級的學生，並記錄了他們的眼睛顏色。在名目尺度下，我們可以將眼睛顏色分為不同的類別，如以下的示例：

學生A：藍色眼睛　　學生B：綠色眼睛　　學生C：棕色眼睛　　學生D：黑色眼睛

在名目尺度上，這些眼睛顏色之間沒有順序或大小的差異，只是用於區分不同的類別。我們無法說藍色眼睛比綠色眼睛大或小，或者黑色眼睛比棕色眼睛更多或更少。

名目尺度通常用於記錄和分類無序的類別或群組。在統計分析中，我們可以使用名目尺度進行計數、次數表分析、交叉表分析等描述性統計分析，以瞭解不同類別之間的分布和關聯性。然而，名目尺度並不支援計算平均值或進行數值計算，因為它沒有數值上的意義。在JASP中會將名目尺度稱為「名義」尺度。

➤ 順序尺度（Ordinal Scale）

順序尺度不僅可以區分類別，還可以指示類別之間的相對順序。然而，在順序尺度上，無法確定類別之間的具體差異大小。舉個例子來說，假設我們調查了一家餐廳的食物評價，並將其分為以下幾個等級：

等級1：差　　等級2：普通　　等級3：良好　　等級4：優秀

在順序尺度下，我們可以將這些等級分爲不同的類別，並且可以明確地指出它們之間的相對順序。例如：我們可以說「差」的評價比「良好」的評價低，或者「優秀」的評價比「普通」的評價高。

然而，在順序尺度上，並無法去確定每個等級之間的具體差異大小。也就是說，我們並不知道「差」和「普通」之間的差異大小到底是多少。這只是一個相對的順序，而非數值上的具體量度。順序尺度通常用於對事物進行等級或評價，但不涉及數值上的計量。在統計分析中，我們可以使用順序尺度來進行排序、順序統計、次數表分析、交叉表分析等描述性統計分析，以瞭解類別之間的順序關係和分布情況。然而，因爲無法確定數值差異，所以順序尺度也不支援計算平均值或進行數值計算。在JASP中會將順序尺度稱爲「次序」尺度。

總而言之，在進行統計分析時，瞭解變數的測量尺度非常重要，因爲不同的測量尺度將決定可應用的統計方法。JASP會根據測量尺度的不同，而提供了相應的統計方法和分析選項，以確保使用者能夠選擇適當的方法進行統計分析。

▶ **範例4-2**

承範例4-1，請開啟「ex4-1.jasp」，然後依據表4-1的「變數編碼格式表」，編輯各變數的測量尺度與設定類別變數之各水準的標籤值，完成後請逕行存檔。

表4-1　變數編碼格式表

構面名稱	欄位編號	變數名稱	變數標註	數值	數值標註	遺漏值
品牌忠誠度	1~5	q1~q5	第N題問項	1~7	—	9
基本資料	6	性別	—	1	男	9
				2	女	
	7	年齡	—	1	19歲以下	9
				2	20~39歲	
				3	40~59歲	
				4	60歲或以上	
	8	學歷	—	1	國中及以下	9
				2	高中職	
				3	大學	
				4	研究所以上	

表4-1　變數編碼格式表（續）

構面名稱	欄位編號	變數名稱	變數標註	數值	數值標註	遺漏值
基本資料	9	職業	—	1	學生	9
				2	軍公教	
				3	勞工	
				4	自由業	

操作步驟

　　詳細操作過程，請讀者自行參閱教學影音檔「ex4-2.mp4」。

習 題

 練習4-1

JASP是哪些英文單字的縮寫？這套軟體可以幫您完成哪些工作？

 練習4-2

統計分析軟體除了JASP之外，就您所知還有哪些軟體也可拿來輔助進行統計分析工作？它們的功能如何？JASP的優勢為何？

 練習4-3

於JASP中，建立一個資料檔時，需考慮哪些事項與進行哪些工作？

練習4-4

試依表4-2中的資料，建立一個JASP資料檔，並存檔為「兒童.jasp」（須為「性別」與「母親教育」等變數設定「水準值」的標籤）。資料中，「性別」變數有兩個水準值（取值），分別為男生、女生；而「母親教育」變數則有四個取值，分別為小學、國中、高中與大學。

表4-2 某地4筆新生兒童體檢資料

編號	兒童姓名	性別	母親教育	出生日期	出生體重	出生身高
1	陳東彬	男	小學	1987.06.30	2.8	40.0
2	王冠傑	男	大學	1982.12.15	1.9	44.0
3	林曉娟	女	高中	1993.04.21	3.0	46.21
4	周志豪	男	國中	1991.11.07	3.35	47.12

練習4-5

請將下列的Excel檔案（hw4-5.xlsx），轉換成JASP的「*.jasp」檔。

	職工代碼	姓名	單位	職等	起聘日期	基本薪資	職務加給	加班費	房屋津貼	健保費	預支費	所得稅
1												
2	A1001	蔡偉容	會計處	1	1-Aug-89	35000	10000	600	1000	449	0	1480
3	A1002	王傳恩	人事室	2	1-Jan-93	30000	5000	0	500	212	2000	1230
4	A1003	林安鴻	生管部	4	6-Feb-88	21000	0	1500	0	449	0	1450
5	A1004	王啟文	會計處	2	5-Mar-80	28000	1500	500	500	840	0	1200
6	A1005	施偉育	包裝部	5	1-Jan-95	19800	0	2500	0	1240	2400	890
7	A1006	程家德	生管部	3	1-May-90	24000	0	2000	400	449	0	990
8	A1007	吳仁德	行銷部	3	15-Jun-89	25000	2500	800	400	212	5000	1100
9	A1008	席家祥	公關組	2	15-Jul-89	30000	2000	0	500	320	0	1250
10	A1009	魏傳芳	包裝部	2	5-Apr-88	21000	1000	400	500	449	4000	1450
11	A1010	蔡揚予	行銷部	2	1-Jun-91	38000	2500	1200	500	320	15000	2000
12	A1011	戴學瑋	行銷部	3	20-Jul-75	32000	1000	0	400	519	0	1980
13	A1012	洪啟光	人事室	2	1-Dec-93	33000	2000	0	500	600	0	2300
14	A1013	吳工月	經理室	1	6-Mar-92	56000	10000	0	1000	320	4000	3000
15	A1014	林愛珠	資訊室	1	1-Sep-75	45000	7000	3000	1000	1100	0	2800
16	A1015	孔凡任	資訊室	2	1-Sep-76	40000	5000	3000	500	449	3000	2350
17	A1016	薛麗利	生管部	4	20-Aug-85	28000	0	1200	0	512	5000	1350

圖4-5　興隆企業股份有限公司薪資表

第 5 章
建立模型

　　本章將透過「範例模型」示範如何利用JASP建立結構方程模型，這些所將建立的結構方程模型將會包含潛在變數的測量模型（驗證性因素分析模型）與結構模型（路徑模型）。由於在JASP中建構結構方程模型時，主要將利用Lavaan程式，因此，熟悉Lavaan程式的基本語法是運用JASP軟體分析結構方程模型的最基本技巧，讀者應於此章多加練習。在本章中將先介紹在之後的章節範例或練習中，所將會使用到的三個「範例模型」。

5-1　範例模型一簡介

　　本章所將介紹的第一個範例模型是一份實際的碩士論文之概念性模型（conceptual model），題名為「品牌形象、知覺價值與品牌忠誠度關係之研究」。基本上，這是一篇還算簡單，但結構完整的碩士論文，非常適合初學者模仿。一般而言，研究的初學者往往都是從模仿前輩的研究方法（methodology）開始，所該重視的是過程的嚴謹性，而不是其成果。再深入點，等基本功學會後，那麼研究者所該重視的就應該是創意了。

5-1-1　概念性模型

　　本研究透過相關文獻整理、分析、推論與建立假設，引導出品牌形象正向影響知覺價值、品牌忠誠度；知覺價值正向影響品牌忠誠度；品牌形象會透過知覺價值而間接顯著的正向影響品牌忠誠度等假設。研究中所使用的變數分別為自變數、依變數以及中介變數等三項。自變數為消費者所認知的品牌形象，其包含三個子構面分別為品牌價值、品牌特質與企業聯想。此外，依變數則為消費者對品牌的忠誠度。而處於自變數與依變數之間的中介變數則是消費者所知覺的價值感，其包含三個子構面分別為品質價值、情感交流價值與價格價值等。由此，該研究所建構的消費者品牌忠誠度之概念性模型，其架構將如圖5-1所示。

5-1-2　研究假設

　　圖5-1的概念性模型圖，是由下列的研究假設所組合而成的，研究者期盼能透過市場調查所蒐集的樣本資料，運用驗證性因素分析、結構模型分析（即路徑分析），驗證這些假設的成立與否，以釐清品牌形象、知覺價值、品牌忠誠度之間的因果關係，這些研究假設分述如下：

假設一（H_1）：品牌形象對知覺價值有正向顯著的影響力。

假設二（H_2）：知覺價值對品牌忠誠度有正向顯著的影響力。

假設三（H_3）：品牌形象對品牌忠誠度有正向顯著的影響力。

假設四（H_4）：品牌形象會透過知覺價值而間接的正向顯著影響品牌忠誠度。即，知覺價值會在品牌形象與品牌忠誠度的關係間，扮演著中介角色。

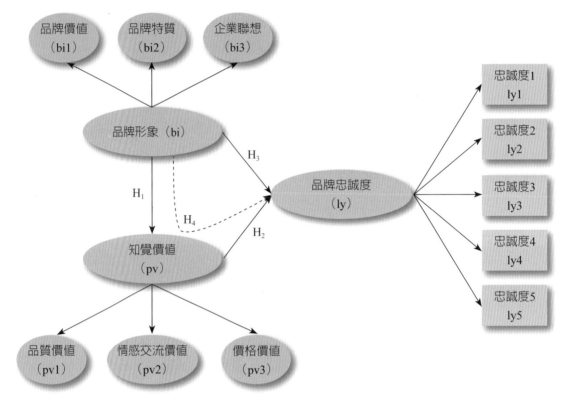

圖5-1　範例論文之概念性模型圖

5-1-3　潛在變數之操作型定義與衡量

　　為了檢驗上述之研究假設，本研究試圖將概念性模型中的研究變數（潛在變數）予以操作化，並建構相對應的問項。根據圖5-1的概念性模型，本論文之研究變數包含品牌形象、知覺價值與品牌忠誠度等三個潛在變數。以下為本研究之研究變數的操作型定義與衡量題項，至於原始問卷的實質題項內容，則請讀者自行參閱附錄一。

一、品牌形象

　　Aaker（1996）曾以消費者對獨特產品類別或品牌聯想來闡釋品牌形象。其認為品牌形象係建構在三種知覺層面上，即品牌對應產品價值、品牌對應個人特質及品牌對應企業聯想。由於此論點較契合本研究之衡量標的與推論，因此本研究將應用Aaker（1996）所主張的品牌形象之構成三要素，即品牌價值（3題）、品牌特質（3

題）與企業聯想（3題）等，作為衡量品牌形象構面的面向與指標，表5-1即為品牌形象之各子構面之操作型定義與衡量題項。

表5-1　品牌形象之各子構面的操作型定義與衡量題項

子構面	操作型定義	衡量題項
品牌價值 bi1	消費者對此一品牌的功能性利益與品質之知覺	1. 85度C的產品風味很特殊（bi1_1）。 2. 85度C的產品很多樣化（bi1_2）。 3. 85度C和別的品牌有明顯不同（bi1_3）。
品牌特質 bi2	消費者對此一品牌的情感連結與自我表現聯想	4. 85度C很有特色（bi2_1）。 5. 85度C很受歡迎（bi2_2）。 6. 我對85度C有清楚的印象（bi2_3）。
企業聯想 bi3	消費者對此一品牌的提供者或生產者的情感連結	7. 85度C的經營者正派經營（bi3_1）。 8. 85度C形象清新（bi3_2）。 9. 85度C讓人聯想到品牌值得信任（bi3_3）。

二、知覺價值

　　知覺價值是因顧客知覺自產品所獲得的利益高於其長期付出的成本而產生的。本研究採用Sweeney and Soutar（2001）所提出的四類知覺價值，即品質價值、情感性價值、價格價值與社會價值等作為知覺價值的衡量基準，並以此發展知覺價值構面的評量問項。然經預試階段，進行探索性因素分析後，情感性價值與社會價值子構面合併，因此正式施測階段知覺價值構面將只包含三個子構面，分別為品質價值（3題）、情感交流價值（4題）與價格價值（4題）。表5-2中已詳列知覺價值構面之操作型定義與衡量題項。

表5-2　知覺價值的操作型定義與衡量題項

構面	操作型定義	衡量題項
品質 價值 pv1	來自對產品的知覺品質或期望效果	1. 我認為85度C的產品，其品質是可以接受的。（pv1_1） 2. 我不會對85度C之產品的品質，感到懷疑。（pv1_2） 3. 85度C之產品的品質，常讓我感到物超所值。（pv1_3）
情感 交流 價值 pv2	來自對於產品的感動與對社會交流的影響力	4. 我會想使用85度C的產品。（pv2_1） 5. 使用85度C的產品後，會讓我感覺很好。（pv2_2） 6. 使用85度C的產品後，能讓其他人對我有好印象。（pv2_3） 7. 我的好友們，和我一樣，都喜歡購買85度C的產品。（pv2_4）

表5-2　知覺價值的操作型定義與衡量題項（續）

構面	操作型定義	衡量題項
價格 價值 pv3	來自長期或短期的投入金錢成本	8. 我認為85度C的產品價格不甚合理。（pv3_1）（反向題） 9. 我認為以此價格購買85度C的產品是不值得的。（pv3_2）（反向題） 10.我認為85度C的產品，CP值很高。（pv3_3） 11.相較於其他價位相近產品，我會選擇購買85度C的產品。（pv3_4）

三、品牌忠誠度

依據文獻分析在本研究中，品牌忠誠度主要將探討顧客受品牌形象與知覺價值之影響，而對品牌之忠誠行為的產出結果。研究目的偏重於實務運用性質，因此參考 Chaudhuri and Holbrook（2001）、Odin, Odin, and Valette-Florence（2001）、Yoo and Donthu（2001）之主張，以單構面之題項衡量消費者對品牌的忠誠行為。其題項內容則包含：品牌忠誠行為、再購意願及衍生行為……等，共五題。表5-3即為品牌忠誠度的操作型定義與衡量題項。

表5-3　品牌忠誠度的操作型定義與衡量題項

構面	操作型定義	衡量題項
品牌 忠誠度 ly	消費者對同一品牌的購買經驗與行為承諾	1. 購買85度C的產品對我來說是最好的選擇（ly1）。 2. 我是85度C的忠實顧客（ly2）。 3. 當我有需求時，我會優先選擇85度C的產品（ly3）。 4. 我願意繼續購買85度C的產品（ly4）。 5. 我會向親朋好友推薦85度C的產品（ly5）。

5-2　範例模型二簡介

本章所將介紹的第二個範例模型，也是一份實際的碩士論文之概念性模型，題名為「遊客體驗、旅遊意象與重遊意願關係之研究」。這篇論文中，各潛在變數的因素結構稍微複雜一點，但也不算太難。在本書中，將以此範例模型當作習題的主要演練對象。

5-2-1　概念性模型

　　本研究透過相關文獻整理、分析、推論與建立假設，引導出遊客體驗對旅遊意象、重遊意願具有正向顯著影響；旅遊意象對重遊意願具有正向顯著影響；遊客體驗會透過旅遊意象而間接顯著正向影響重遊意願等假設。研究中所使用的變數分別為自變數、依變數以及中介變數等三項。自變數為遊客所感受的旅遊體驗，其包含五個子構面，分別為感官體驗、情感體驗、思考體驗、行動體驗與關聯體驗。此外，依變數則為遊客的重遊意願。而處於自變數與依變數之間的中介變數則是遊客所知覺的旅遊意象，其包含四個子構面分別為產品意象、品質意象、服務意象與價格意象等。由此，該研究所建構的遊客重遊意願之概念性模型，其架構將如圖5-2所示。

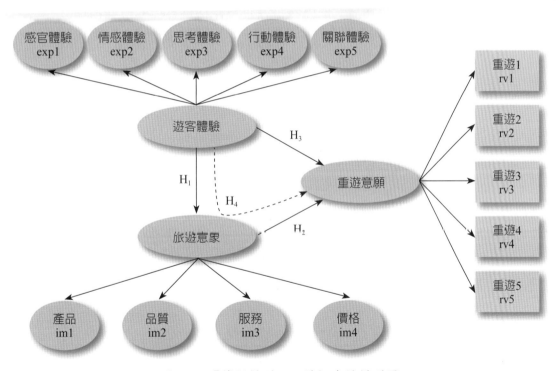

圖5-2　「範例模型二」的概念性模型圖

5-2-2　研究假設

　　圖5-2的概念性模型圖，是由下列的研究假設所組合而成的，研究者期盼能透過市場調查所蒐集的樣本資料，運用驗證性因素分析、結構模型分析（即路徑分析），檢驗這些假設的成立與否，以釐清遊客體驗、旅遊意象與重遊意願間的因果關係，這

些研究假設分述如下：

假設一（H_1）：遊客體驗對旅遊意象有正向顯著的影響力。

假設二（H_2）：旅遊意象對重遊意願有正向顯著的影響力。

假設三（H_3）：遊客體驗對重遊意願有正向顯著的影響力。

假設四（H_4）：遊客體驗會透過旅遊意象而間接的正向顯著影響重遊意願。即，旅遊意象會在遊客體驗與重遊意願的關係間，扮演著中介角色。

5-2-3 潛在變數之操作型定義與衡量

為了檢驗上述之研究假設，本研究試圖將概念性模型中的研究變數（潛在變數）予以操作化，並建構相對應的問項。根據圖5-2的概念性模型，本論文之研究變數包含遊客體驗、旅遊意象與重遊意願等三個潛在變數。以下為本研究之研究變數的操作型定義與衡量題項，至於原始問卷的實質題項內容，則請讀者自行參閱附錄二。

一、遊客體驗

Pine and Gilmore（1999）認為體驗是無法觸摸的，但可以分享與流傳，雖然感受體驗的剎那，時空已成為往事，但是烙印在體驗者心中的感受卻是可以長久流傳的（夏業良、魯煒，2003）。體驗本身是一種內化的感受，很難導出具體的假設，故本研究利用Schmitt（1999）所提出的五項體驗形式：感官體驗、情感體驗、思考體驗、行動體驗及關聯體驗，給予操作型定義，並運用定量的方法，衡量遊客體驗之感受程度，表5-4即為遊客體驗構面之操作型定義與衡量題項。

表5-4　遊客體驗的操作型定義與衡量題項

子構面	操作型定義	衡量題項
感官體驗 exp1	遊客於感官上所體驗到的感受。	1. 秀麗的山水風景，非常吸引我（exp1_1）。 2. 豐富的歷史文物，非常吸引我（exp1_2）。 3. 我覺得這次旅遊，非常富有趣味（exp1_3）。 4. 我覺得這次旅遊，行程豐富精彩（exp1_4）。
情感體驗 exp2	遊客於情感連結上所體驗到的感受。	5. 看到美麗的景緻，令我心情放鬆（exp2_1）。 6. 看到豐富的文物，能激發我思古之情（exp2_2）。 7. 看到美麗的景緻，讓我感到歡樂愉快（exp2_3）。 8. 當地的景色，令我感動（exp2_4）。 9. 當地歷史文物，令我感動（exp2_5）。

表5-4 遊客體驗的操作型定義與衡量題項（續）

子構面	操作型定義	衡量題項
思考體驗 exp3	旅遊後，所引發的思考、聯想或靈感的啟發。	10.透過這次旅遊，頗發人省思，令我有所思考（exp3_1）。 11.透過這次旅遊，引發我的好奇心（exp3_2）。 12.透過這次旅遊，引發我做一些聯想與靈感啟發（exp3_3）。 13.透過這次旅遊，能激發我創意思考（exp3_4）。
行動體驗 exp4	透過旅遊活動，所引發的具體行動。	14.看到美景，我很想分享觀賞的心得（exp4_1）。 15.看到歷史文物，我很想分享觀賞的心得（exp4_2）。 16.看到美景，我很想拍照、錄影留念（exp4_3）。 17.看到歷史建物，我很想拍照、錄影留念（exp4_4）。
關聯體驗 exp5	透過旅遊活動，所引發的認同感。	18.我會想購買與當地相關的紀念品（exp5_1）。 19.透過這次旅遊，讓我產生環境維護的認同感（exp5_2）。 20.會因美麗的景緻，而聯想到西拉雅國家風景區（exp5_3）。 21.透過這次旅遊，西拉雅會成為我平常談論的話題（exp5_4）。

二、旅遊意象

　　本研究所稱之旅遊意象，主要是參考多位學者之研究而整理出產品意象、品質意象、服務意象與價格意象等四個構面作為探討旅遊意象的基礎，表5-5即為旅遊意象構面之操作型定義與衡量題項。

表5-5 旅遊意象的操作型定義與衡量題項

子構面	操作型定義	衡量題項
產品 im1	遊客對旅遊地點的印象。	1. 自然風景優美（im1_1）。 2. 平埔族文化保存良好（im1_2）。 3. 知名度高（im1_3）。
品質 im2	遊客對旅遊地點之相關設施品質的印象。	4. 開車賞景令人愉悅（im2_1）。 5. 整體氣氛令人心情放鬆（im2_2）。 6. 通往本風景區之交通便利（im2_3）。 7. 遊憩安全設施良好（im2_4）。 8. 地方公共服務設施完善（im2_5）。
服務 im3	遊客對旅遊地點之服務品質印象。	9. 整體旅遊環境乾淨（im3_1）。 10.旅遊資訊充足（im3_2）。 11.相關服務人員能提供遊客迅速且即時的服務（im3_3）。 12.區內相關服務人員的服務態度良好（im3_4）。 13.旅遊活動的各項安排均能提供遊客便利（im3_5）。

表5-5　旅遊意象的操作型定義與衡量題項（續）

子構面	操作型定義	衡量題項
價格 im4	遊客對旅遊地點之 相關花費的印象。	14.個人平均旅遊花費價格合理（im4_1）。 15.收費合理（im4_2）。

三、重遊意願

重遊意願意指凡曾到過個案風景區從事體驗活動之遊客，有意願再重遊或推薦他人之機率。本研究主要將根據Jones and Sasser（1995）的研究，將遊客之重遊意願定義為遊客對特定風景區的體驗與行為承諾。而該重遊意願之衡量方式，則將以任何時點詢問遊客未來是否再度重遊個案風景區或推薦他人的意願（Kozak, 2001）。因此，重遊意願之操作型定義與衡量題項將如表5-6。

表5-6　重遊意願的操作型定義與衡量題項

構面	操作型定義	衡量題項
重遊意願 rv	遊客對同一旅遊地 點的體驗與行為承 諾	1. 到西拉雅風景區旅遊，對我來說是最好的選擇（rv1）。 2. 我將會是西拉雅風景區的忠實遊客（rv2）。 3. 有旅遊需求時，我會優先選擇西拉雅風景區（rv3）。 4. 我願意繼續到西拉雅風景區旅遊（rv4）。 5. 我會向親朋好友推薦到西拉雅風景區（rv5）。

5-3　範例模型三簡介

本章所將介紹的第三個範例模型也是一份實際的碩士論文之概念性模型，題名為「景觀餐廳意象、知覺價值與忠誠度：轉換成本的干擾效果」。這篇論文中，主要將檢驗「轉換成本」的干擾效果是否存在？其結構方程模型之分析過程較為進階。在本書中，亦將以此範例模型當作範例或習題的主要演練對象。

5-3-1　概念性模型

本研究透過相關文獻整理、分析、推論與建立假設後，引導出景觀餐廳意象對知覺價值及忠誠度皆具有正向直接顯著的影響力；知覺價值對忠誠度亦具有正向直接

顯著的影響力；轉換成本具干擾效果等假設。自變數爲消費者於景觀餐廳中所感受到的意象（image），其包含六個子構面，分別爲商品、服務、便利、商店環境、促銷及附加服務。此外，依變數則爲消費者的忠誠度；而處於自變數與依變數之間的中介變數則是消費者所認知的知覺價值。最後，本研究亦將檢驗轉換成本的干擾效果。由此，本研究所建構的消費者忠誠度之概念性模型，其架構將如圖5-3所示。

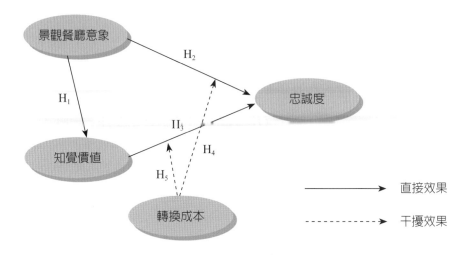

圖5-3　範例模型三的概念性架構圖

5-3-2　研究假設

圖5-3的概念性模型圖，是由下列的研究假設所組合而成，盼能透過市場調查所蒐集的樣本資料，運用驗證性因素分析、結構方程模型分析，檢驗這些假設的成立與否，以探討景觀餐廳意象、知覺價值與忠誠度間的關係，並釐清轉換成本於其間關係的干擾效果，這些研究假設分述如下：

假設一（H_1）：景觀餐廳意象對知覺價值具有正向直接顯著的影響力。

假設二（H_2）：景觀餐廳意象對忠誠度具有正向直接顯著的影響力。

假設三（H_3）：知覺價值對忠誠度具有正向直接顯著的影響力。

假設四（H_4）：轉換成本會干擾景觀餐廳意象與消費者忠誠度間的關係。

假設五（H_5）：轉換成本會干擾知覺價值與消費者忠誠度間的關係。

⬛ 5-3-3　潛在變數之操作型定義與衡量

　　爲了檢驗上述之研究假設，本研究試圖將概念性模型中的研究變數（潛在變數）予以操作化，並建構相對應的問項。根據圖5-3的概念性模型，本論文之研究變數包含景觀餐廳意象、知覺價值、忠誠度與轉換成本等四個潛在變數。以下爲本研究之研究變數的操作型定義與衡量題項，至於原始問卷的實質題項內容，則請讀者自行參閱附錄三。

一、景觀餐廳意象

　　Martineau（1958）認爲在消費者決策中，有一種力量在運作，使消費者傾向惠顧與自我意象一致的商店，他將這種力量稱之爲商店意象。據此，本研究將景觀餐廳意象定義爲一種包含功能性特質、心理層面屬性及長期經驗的態度，本質上是複雜而非單獨的特性，它是消費者心中對景觀餐廳的整體意象，透過與其他餐廳比較後所產生之知覺的主觀想法，並會內化爲個人知覺的整體印象。衡量上，將參考陳榮芳、葉惠忠、蔡玉雯、李麗娟（2006）及Kisang, Heesup, and Tae-Hee（2008）所使用之商店意象的衡量問項，再依古坑華山景觀餐廳現場實察做修改與刪減。因此，將採用商品、服務、便利、商店環境、促銷及附加服務等六個子構面，計二十一個問項，衡量景觀餐廳意象。衡量時，將以李克特（Likert scale）的七點尺度衡量，分別以「極不同意」、「很不同意」、「不同意」、「普通」、「同意」、「很同意」與「極爲同意」區分成七個等級，並給予1、2、3、4、5、6、7的分數，分數越高表示景觀餐廳消費者對餐廳意象的感受同意程度越高。表5-7將顯示出景觀餐廳意象構面之子構面與衡量題項。

表5-7　景觀餐廳意象構面的衡量題項

子構面	衡量題項
商品 im1	1. 餐飲品質好，新鮮度佳（im1_1）。 2. 餐飲商品種類多，選擇性高（im1_2）。 3. 餐飲價格合理（im1_3）。 4. 菜單內容會不定期更換（im1_4）。
服務 im2	5. 服務人員親切有禮，服裝整齊（im2_1）。 6. 服務人員會主動提供餐點之訊息（im2_2）。 7. 服務人員結帳時，快速準確（im2_3）。 8. 服務人員出餐快速，等待食物時間短（im2_4）。

表5-7　景觀餐廳意象構面的衡量題項（續）

子構面	衡量題項
便利 im3	9. 營業時間滿足需要（im3_1）。 10.周邊交通便利，地點易達（im3_2）。 11.停車空間足夠（im3_3）。
商店環境 im4	11.店內裝潢高雅舒適，氣氛良好（im4_1）。 12.燈光音樂宜人（im4_2）。 13.店內環境舒適整潔（im4_3）。 14.走道空間寬敞，不會影響鄰座客人的交談（im4_4）。
促銷 im5	16.配合節慶主題性有促銷活動（im5_1）。 17.發行貴賓卡成立會員俱樂部（im5_2）。 18.提供商品折價券（im5_3）。
附加服務 im6	19.店內提供無線上網（im6_1）。 20.可使用信用卡付款（im6_2）。 21.提供書報雜誌閱讀（im6_3）。

二、知覺價值

　　Zeithaml（1988）定義知覺價值為消費者對產品或服務衡量其「所獲得的東西」和「所付出的代價」後，對產品效用所做的整體性評估，此即指顧客對產品或服務的知覺評價結果，也就是知覺利益（perceived benefits）與知覺成本（perceived costs）之間的抵換結果。本研究所指的知覺價值為消費者在付出的知覺成本（包含貨幣與非貨幣的成本）與獲得的知覺利益之間的落差，為影響消費者購買意願的因素之一。衡量上，將參考Yang and Peterson（2004）所使用之問項作為衡量依據，再依古坑華山景觀餐廳現場實察做修改與刪減，並經過檢測修正問卷，結果共有四題，如表5-8所示。

表5-8　知覺價值構面衡量的題項

構面	衡量題項
知覺價值 pv	1. 和其他同業相較，本餐廳服務或商品非常吸引我（pv1）。 2. 和其他同業相較，本餐廳物超所值（pv2）。 3. 和其他同業相較，本餐廳提供了較多的免費服務（pv3）。 4. 和其他同業相較，本餐廳提供比我預期更高的價值（pv4）。

三、忠誠度

Oliver（1997）將顧客的忠誠度定義為消費者重複購買某商品或使用某特定服務的高度承諾，先產生於消費者態度層面，進而表現於外在購買行為，即使面臨情境改變或是競爭者的影響，仍不會改變對於該產品或服務未來持續性使用的意願與行為。本研究所指之忠誠度為顧客對某產品或服務維持長久關係之承諾，表現於行為或是態度兩方面，其為企業長久獲利之要素之一。衡量上，將參考簡惠珠（2006）所使用之問項作為衡量依據，再依古坑華山景觀餐廳現場實察做修改與刪減，並經過檢測修正問卷共有五題，如表5-9所示。

表5-9　忠誠度構面衡量的題項

構面	衡量題項
忠誠度 ly	1. 本餐廳會是我優先的選擇（ly1）。 2. 我願意再來本餐廳消費（ly2）。 3. 我認為我是本餐廳的忠實顧客（ly3）。 4. 我會向本餐廳申請貴賓卡（ly4）。 5. 我會主動向親朋好友介紹本餐廳（ly5）。

四、轉換成本

Jones et al.（2002）認為影響轉換意願之因素不應只有消費者對品牌的評價，也應該包含消費者在客觀條件的限制下對轉換至其他業者的成本評估。因此，定義轉換成本為能增加轉換困難度或妨礙消費者轉換行為之相關因素，如有形的貨幣成本及無形的時間、精神成本，這些概念統稱為轉換障礙（switch barriers）。在本研究中將轉換成本定義為在產品或服務轉換過程中，所需額外花費之有形或無形成本的評估。衡量上，將參考Yang and Peterson（2004）所使用之問項作為衡量依據，再依古坑華山景觀餐廳現場實察做修改與刪減，並經過檢測修正問卷共有三題，如表5-10所示。

表5-10　轉換成本構面衡量的題項

構面	衡量題項
轉換成本 sc	1. 我覺得轉換到另一間餐廳是費時費力的（sc1）。 2. 轉換到另一間餐廳需花費較高的成本（sc2）。 3. 我覺得要轉換到其他餐廳消費是一件麻煩的事（sc3）。

5-4　Lavaan程式之基本運算子簡介

　　在JASP中，執行結構方程模型分析時，須使用「結構方程模型」模組中的「結構方程模型」功能，但使用此功能時對於模型的建立與執行，都必須由使用者自行撰寫Lavaan程式碼來達成，門檻較高。Lavaan是個R語言套件，主要用於實踐傳統統計學的各種分析技術與進行結構方程模型分析。Lavaan提供了一個方便且靈活的框架，可用於定義和估計各種統計模型，包括潛在變數模型、路徑分析、因素分析、迴歸模型等。此外，一般而言「程式」即為「程式碼」的總稱，故本書中「程式」與「程式碼」這兩個名詞，將會視情況而可互換使用。

　　本小節將對Lavaan的基本運算子進行介紹，待熟悉Lavaan的基本運算子後，再示範如何運用Lavaan程式來建立結構方程模型。Lavaan程式中的基本運算子，整理如表5-11。理解這些基本運算子是在JASP中學習結構方程模型分析的第一步，至為重要。未來，執行結構方程模型分析時，我們將利用表5-11的各種運算子來編寫執行測量模型與結構模型分析的Lavaan程式碼。

表5-11　Lavaan的基本運算子

運算子	運算子範例
#	代表註解、說明文字，將不會被執行。
=~	描述潛在變數和其測量題項或子構面間之測量關係的運算子。「=~」的左側應為潛在變數，右側則為其測量題項或子構面。 例如： 1. 「bi1 =~ a*bi1_1 + b*bi1_2 + c*bi1_3」，代表潛在變數bi1是由bi1_1、bi1_2、bi1_3等三個題項（觀察變數）所測量。a、b、c為參數標籤，可設定或不設定，代表因素負荷量之意，且參數標籤須用「*」和變數分隔。 2. 若bi1、bi2、bi3分別為bi的子構面（屬潛在變數），則「bi =~ bi1 + bi2 + bi3」，代表潛在變數bi是由bi1、bi2、bi3等三個子構面所測量。在此沒有設定參數標籤，代表未來的分析過程中，並不會再利用到各子構面的因素負荷量。
~	描述變數間之因果關係或迴歸關係的運算子。「~」的左側為果，右側為因。 例如： 1. 「ly ~ a*bi + b*pv」代表bi、pv（因，自變數）會同時影響ly（果，依變數）。a、b為參數標籤，可設定或不設定，代表路徑係數之意，且須用「*」和變數分隔。變數可為潛在或觀察變數皆可。 2. 若x1為觀察變數時，則「x1 ~ 1」即代表x1的截距。

表5-11　Lavaan的基本運算子（續）

運算子	運算子範例
~~	描述「~~」之左側變數與右側變數間的共變（即相關）的運算子。 例如： 1. 若bi、pv皆為潛在變數時，「bi ~~ pv」即描述著bi與pv的相關性。 2. 而「bi ~~ bi」，描述著bi的變異數。 3. 若x1、y1同為某潛在變數或不同潛在變數之觀察變數時，「x1 ~~ y1」即描述著x1與y1之測量殘差間的相關性。 4. 而「x1 ~~ x1」即描述著x1之測量殘差的變異數。
a*、b*等英文字母	a、b等英文字母代表參數標籤，通常放在變數前，並以「*」和變數分隔，其值就代表著因素負荷量或路徑（迴歸）係數之意。 例如： 1. 當ly、bi同為潛在變數，或同為觀察變數時，「ly ~ a*bi」中，a即代表bi影響ly時的迴歸係數，即bi對ly的影響力之意。 2. 當ly為潛在變數，x1、x2為觀察變數時，「ly =~ a*x1 + b*x2」中，a即代表著因素負荷量。
:=	用以定義新變數的運算子，新變數名稱須放在「:=」的左側，右側即是該新變數的值或運算式。例如：「bi_pv_ly := a*b」，代表著定義一個新變數「bi_pv_ly」，其值為a、b兩參數標籤的乘積。

5-5　利用Lavaan程式建立測量模型

　　利用Lavaan程式建立模型時，最重要的概念就是依序描述出各個變數的測量關係（=~）、路徑關係（~）與共變關係（~~）。此外，研究者也必須對各主要變數的因素結構有深刻的理解，這樣才能編寫出正確的Lavaan程式。因素結構描述著某主要變數將包含幾個子構面？每個子構面又包含有多少個題項（觀察變數）？只要能掌握各主要變數的因素結構，那麼將可輕而易舉的利用Lavaan程式建立測量模型。

　　圖5-4是個簡單的測量模型圖，測量模型圖又稱為驗證性因素分析圖，其目的為檢驗模型中的各潛在變數的測量是否具有信度、收斂效度與區別效度。在圖5-4中，有兩個潛在變數（F1、F2），這些潛在變數又稱為主構面。明顯的，這兩個主構面都屬於一階的潛在變數，並沒有子構面存在，且這兩個主構面的因素結構也相當簡單。F1主構面包含了兩個觀察變數（x1、x2，或稱題項）；F2主構面亦包含兩個觀察變數（x3、x4）。對這樣的一個測量模型圖建立模型時，其Lavaan程式如圖5-5所示。

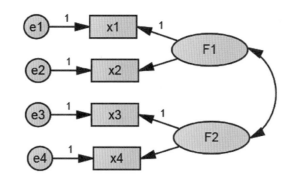

圖5-4　簡單的測量模型圖（使用Amos軟體繪製）

```
#描述F1的因素結構
1    F1 =~ x1 + x2

#描述F2的因素結構
2    F2 =~ x3 + x4
```

圖5-5　圖5-4之測量模型的Lavaan程式

　　由圖5-5可發現，第1列主要是在描述F1主構面是由x1、x2等兩個觀察變數所測量的；而第2列則在描述F2主構面將由x3、x4等兩個觀察變數所測量，這樣就完成了圖5-4的測量模型圖之建模工作了。明顯的，編寫測量模型的Lavaan程式時，只須使用「=~」運算子，描述出模型中各主構面的因素結構即可，而如圖5-4中的F1、F2之共變關係（雙箭頭線）與四個測量誤差（e1到e4）等，在JASP的「結構方程模型」功能中系統都會自動設定，故不用編寫於Lavaan程式中。

範例5-1
參考第5-2節中，範例模型二，論文〈遊客體驗、旅遊意象與重遊意願關係之研究〉的相關說明。試利用Lavaan程式，建立該概念性模型的測量模型，以便未來能執行驗證性因素分析，進而評估各主要構面的信度、收斂效度與區別效度。

　　論文「遊客體驗、旅遊意象與重遊意願關係之研究」的概念性模型圖，如圖5-2。要完成整篇論文的結構方程模型分析，須根據Anderson and Gerbing（1988）及Williams and Hazer（1986）等學者所提出的兩階段法。第一階段先針對各研究構面及其衡量題項進行測量模型分析（即驗證性因素分析），以瞭解各構面的信度、收斂效度及區別效度；第二階段再運用路徑分析技術進行結構模型分析（又稱整體模型分析或路徑分析），以檢驗各構面之因果關係的假設。因此，完整的結構方程模型分析中，研究者必須建立兩個模型，一為測量模型（如圖5-6），另一則為結構模型（如圖5-7）。

　　但範例5-1中，將只會先建立「範例模型二」的測量模型。圖5-6即為「範例模型二」之測量模型的示意圖，其用意只是要幫助讀者能以視覺化的方式，先行瞭解「範例模型二」之測量模型的構造而已。故圖5-6讀者用手畫也可以，甚至是不畫也無妨。

　　從圖5-6中，讀者必須要去瞭解的是，一個標準的測量模型之基本構造為何？基本上，一個測量模型必須包含論文中所有主構面的因素結構、各主構面間的共變關係（雙箭頭線）、各主構面與其衡量指標間的因素負荷量（單向箭頭）、測量誤差（e1至e41）、結構誤差（e51至e59）與尺規設定（因素負荷固定為1的路徑）等六種元素。過往，在結構方程模型分析的專業軟體Amos中，須要將上述的六種元素全部都鉅細靡遺的畫在圖形中，才能算是完成測量模型的界定、識別與建立，其過程相當繁雜且耗時。但是，在JASP的「結構方程模型」功能中，利用Lavaan程式建立測量模型時，只須將論文中所有主構面的因素結構描述清楚就可以了，其餘五種元素系統都會自動設定。

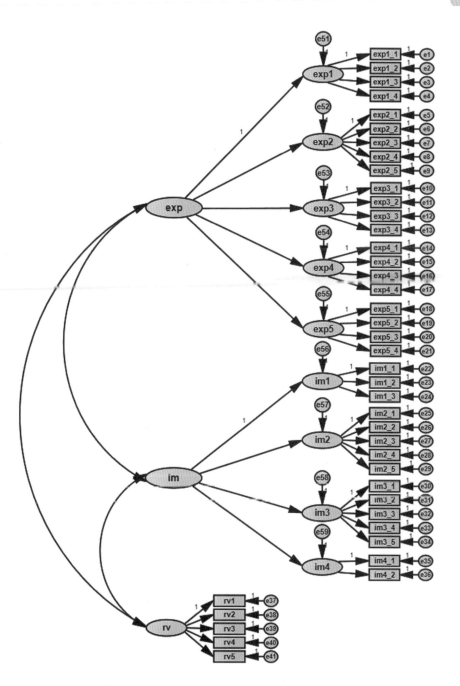

圖5-6 「範例模型二」的測量模型圖（使用Amos軟體繪製）

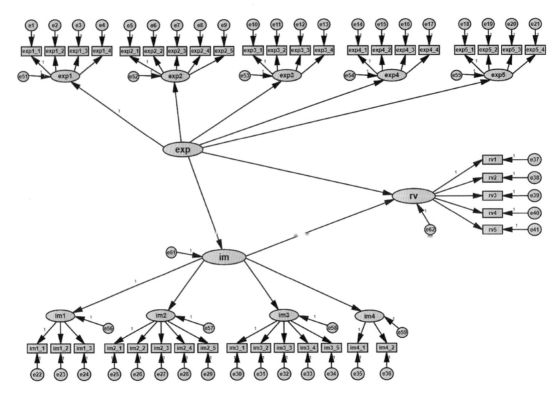

圖5-7 「範例模型二」的結構模型圖（使用Amos軟體繪製）

　　因此，從因素結構來看，「範例模型二」中共有三個主構面，分別為遊客體驗、旅遊意象與重遊意願。遊客體驗、旅遊意象等兩個主構面都包含有子構面，所以屬二階構面，而重遊意願主構面沒有子構面，故屬一階構面。各主構面的因素結構描述如下：

一、遊客體驗主構面

　　參考表5-4，遊客體驗主構面（exp）屬二階主構面，其因素結構中共包含有感官體驗（exp1）、情感體驗（exp2）、思考體驗（exp3）、行動體驗（exp4）與關聯體驗（exp5）等五個子構面。其中，感官體驗（exp1）子構面由四個題項所測量（exp1_1至exp1_4）；情感體驗（exp2）子構面由五個題項所測量（exp2_1至exp2_5）；思考體驗（exp3）子構面由四個題項所測量（exp3_1至exp3_4）；行動體驗（exp4）子構面由四個題項所測量（exp4_1至exp4_4）；關聯體驗（exp5）子構面則由四個題項所測量（exp5_1至exp5_4）。這些階層關係與測量關係組成了遊客體驗

主構面（exp）的因素結構，這個因素結構將來在Lavaan程式中，只須用「=~」運算子就可描述清楚了。

二、旅遊意象主構面

　　參考表5-5，旅遊意象主構面（im）亦屬二階主構面，其因素結構中共包含有產品（im1）、品質（im2）、服務（im3）與價格（im4）等四個子構面。其中，產品（im1）子構面由三個題項所測量（im1_1至im1_3）；品質（im2）子構面由五個題項所測量（im2_1至im2_5）；服務（im3）子構面由五個題項所測量（im3_1至im3_5）；價格（im4）子構面則由兩個題項所測量（im4_1至im4_2）。這些階層關係與測量關係組成了旅遊意象主構面（im）的因素結構，這個因素結構將來在Lavaan程式中，也只須用「=~」運算了就可描述清楚了。

三、重遊意願主構面

　　參考表5-6，重遊意願主構面（rv）屬一階主構面，它沒有子構面，直接由五個題項所測量（rv1至rv5）。

　　釐清各主構面的因素結構後，就可使用Lavaan程式來建立模型了。「範例模型二」之測量模型的Lavaan程式碼，如圖5-8所示，該程式碼並已儲存在範例資料夾中的「ex5-1_程式碼.txt」中了，請讀者自行運用。另外，利用Lavaan程式的詳細建模過程，讀者亦可直接參閱教學影音檔「ex5-1.mp4」（請掃描範例5-1題目旁的QR Code）。

```
# 描述遊客體驗主構面(exp)之各子構面的一階因素結構
1   exp1 =~ exp1_1 + exp1_2 + exp1_3 + exp1_4
2   exp2 =~ exp2_1 + exp2_2 + exp2_3 + exp2_4 + exp2_5
3   exp3 =~ exp3_1 + exp3_2 + exp3_3 + exp3_4
4   exp4 =~ exp4_1 + exp4_2 + exp4_3 + exp4_4
5   exp5 =~ exp5_1 + exp5_2 + exp5_3 + exp5_4

# 描述遊客體驗主構面(exp)之二階因素結構
6   exp =~ exp1 + exp2 + exp3 + exp4 + exp5

#----------------------------------------------------------------
# 描述旅遊意象主構面(im)之各子構面的一階因素結構
7   im1 =~ im1_1 + im1_2 + im1_3
8   im2 =~ im2_1 + im2_2 + im2_3 + im2_4 + im2_5
9   im3 =~ im3_1 + im3_2 + im3_3 + im3_4 + im3_5
10  im4 =~ im4_1 + im4_2

# 描述旅遊意象主構面(im)之二階因素結構
11  im =~ im1 + im2 + im3 + im4

#----------------------------------------------------------------
# 描述重遊意願主構面(rv)之一階因素結構
12  rv = ~ rv1 + rv2 + rv3 + rv4 + rv5
```

圖5-8　「範例模型二」之測量模型的Lavaan程式碼

　　圖5-8中的各列程式碼之意義，建議讀者必須搭配圖5-6與表5-11一起看，比較容易看得懂，具體說明如下：

➤ 第1列：描述exp1子構面是由exp1_1、exp1_2、exp1_3與exp1_4等四個題項所測量。

➤ 第2列：描述exp2子構面是由exp2_1、exp2_2、exp2_3、exp2_4與exp2_5等五個題項所測量。

➤ 第3列：描述exp3子構面是由exp3_1、exp3_2、exp3_3與exp3_4等四個題項所測量。

➤ 第4列：描述exp4子構面是由exp4_1、exp4_2、exp4_3與exp4_4等四個題項所測量。

➤ 第5列：描述exp5子構面是由exp5_1、exp5_2、exp5_3與exp5_4等四個題項所測量。

➤ 第6列：描述exp主構面是由exp1、exp2、exp3、exp4與exp5等五個子構面所測量。

> 第7列：描述im1子構面是由im1_1、im1_2與im1_3等三個題項所測量。
> 第8列：描述im2子構面是由im2_1、im2_2、im2_3、im2_4與im2_5等五個題項所測量。
> 第9列：描述im3子構面是由im3_1、im3_2、im3_3、im3_4與im3_5等五個題項所測量。
> 第10列：描述im4子構面是由im4_1與im4_2等兩個題項所測量。
> 第11列：描述im主構面是由im1、im2、im3與im4等四個子構面所測量。
> 第12列：描述rv主構面是直接由rv1、rv2、rv3、rv4與rv5等五個題項所測量。

　　至於，圖5-6中各主構面的共變（相關）關係、結構誤差、測量誤差、尺規設定等元素，並不用於Lavaan程式中敘述，系統會自動加入這些共變關係。此外，圖5-6中各主構面或子構面的第一個因素負荷量會預設並固定為「1」，這個設定稱為因素尺規（factor scalling），而且是將尺規設定在「因素負荷量」。這是為了使模型能被識別（model identification）所做的設定，模型要能被識別才能執行成功。在JASP的「結構方程模型」功能中，原始的識別狀態下，因素尺規會預設成「因素負荷量」，即設定每一構面（因素）之第一個指標的因素負荷量固定為「1」，但這樣的設定會造成這些指標的標準化因素負荷量無法進行顯著性檢定。因此，為了能針對每個題項的因素負荷量都能進行顯著性檢定，所以因素尺規也可以設定成「因素變異數」（factor variance），也就是將各構面的變異數固定為「1」。有關因素尺規的設定也不須在Lavaan程式中陳述，未來只須在「結構方程模型」功能的「設定面板」中，進行設定即可。明顯的，於測量模型的Lavaan程式中，只要將各主構面、子構面、題項間的關係（即因素結構）描述清楚、完整即可，相當容易理解。比起Amos須畫模型圖而建模的方式，真的是簡單太多了。

5-6　利用Lavaan程式建立結構模型

▶ 範例5-2

參考第5-2節中，範例模型二，論文〈遊客體驗、旅遊意象與重遊意願關係之研究〉的相關說明。試利用Lavaan程式，建立其概念性模型的結構模型（又可稱為整體模型或路徑模型）。

本範例的概念性模型如圖5-2所示。欲參考該概念性模型，而在JASP中利用Lavaan程式建立結構模型前，必先釐清各主構面的因素結構與各主構面間的關係，如因果關係（單向箭頭線）或共變關係（雙向箭頭線）。當然，也可利用手繪或專業軟體輔助的方式，自行建立精確的結構模型圖（如圖5-7），然後再據以建立模型。不過最重要的觀念是，只要能掌握上述兩點，那麼就能輕易的利用Lavaan程式來建立「範例模型二」之結構模型。

因此，編寫Lavaan程式時，將先描述各主構面的因素結構，然後再描述各主構面間的關係即可。各主構面之因素結構的描述，其實在範例5-1中已編碼完成，因此將可直接複製測量模型的Lavaan程式，不必重新編寫。至於各主構面間之關係的描述，則應該參考概念性模型圖與該模型所設定的假設，以釐清各主構面間是屬路徑關係或共變關係。

另外，特別注意一點，若模型中具有多個「潛在自變數」（又稱外生變數），且假設或模型圖中都沒有設定其間的任何關係時，那麼應在Lavaan程式中，為這些潛在自變數間設定共變關係，如此才能符合模型識別的原則，而能順利的執行結構模型分析。例如：圖10-7的概念性模型中，諧和式熱情和強迫式熱情間的共變關係，就是不包含於概念性模型的假設當中，而是研究者為能使模型符合模型識別的原則，而於模型圖中必須加上的共變關係。「範例模型二」之結構模型的Lavaan程式碼，如圖5-9所示，該程式碼並已儲存在範例資料夾中的「ex5-2_程式碼.txt」中了，請讀者自行運用。另外，利用Lavaan程式碼的詳細建模過程，讀者亦可直接參閱教學影音檔「ex5-2.mp4」。

```
前12列語法與測量模型相同


#-------建立結構模型-----------------------------------------
# 描述各主構面間的路徑關係
13   im ~ H1*exp
14   rv ~ H3*exp + H2*im

# 計算旅遊意象(im)的間接效果
15   Ind_H4 := H1*H2

# 計算遊客體驗(exp)對重遊意願(rv)的總效果
16   total_exp_rv := H3 + H1*H2
```

圖5-9　「範例模型二」之結構模型的Lavaan程式碼

　　圖5-9中的各列程式碼之意義，建議讀者必須搭配圖5-2或圖5-7與表5-11一起看，比較容易看得懂，具體說明如下：

➤ 第1列至第12列：這部分的程式碼，都是屬於測量模型的建構。

　　接下來，須再描述結構模型的部分，也就是各主構面路徑關係或共變關係的描述。編寫程式碼的技巧是，先找出模型中的依變數名稱與個數，例如：圖5-2的概念性模型圖中，存在兩個依變數，分別為「旅遊意象（im）」與「重遊意願（rv）」，那麼在Lavaan程式碼中欲描述模型各主構面間的因果關係時，就只須描述出這兩個依變數和其他自變數間的關係就可以了。例如：第13列、第14列。另外，由於自變數雖然有「遊客體驗（exp）」與「旅遊意象（im）」等兩個，但從假設得知，其間已設定路徑關係，故各構面間不用額外設定共變關係。

➤ 第13列：描述出exp會直接影響第一個依變數im，且其影響力（路徑係數）以標籤變數「H1」代表。這是一個因果關係的描述。exp為因（自變數）、im為果（依變數），且其間的因果關係屬概念性模型的第一個假設，標籤變數「H1」即代表其間的路徑係數，也就是代表著其間之因果關係的大小。標籤變數可設與不設都可。但由於後續將計算「exp→im→rv」間的間接效果，為便於計算，因此，在此設定了標籤變數「H1」。

➤ 第14列：描述出exp、im等自變數會影響第二個依變數rv，且exp對rv的影響力以標籤變數「H3」代表，這個因果關係就是概念性模型的第三個假設；而im對rv的影響力則以標籤變數「H2」代表，此因果關係則是概念性模型的第二個假設。

➤ 第15列：計算「im」的間接效果（以自設變數Ind_H4代表），「exp→im→rv」間

的間接效果值等於標籤變數「H1」乘以標籤變數「H2」，計算完成後，將其計算結果指定給變數「Ind_H4」。此間接效果值又稱為中介效果。未來執行結構模型分析時，系統會對這個間接效果變數「Ind_H4」進行檢定，這個檢定就是在確認概念性模型的第四個假設是否獲得支持。

➤ 第16列：計算「遊客體驗（exp）」對「重遊意願（rv）」的總效果，總效果等於直接效果加間接效果。標籤變數「H3」即為「exp→rv」的直接效果，而「exp→im→rv」的間接效果即為「H1×H2」。因此，「exp→rv」的總效果為「H3+H1×H2」。計算完成後，將其計算結果指定給變數「total_exp_rv」。未來執行結構模型分析時，雖然概念性模型中並未對總效果建立假設，但系統仍會對這個總效果變數「total_exp_rv」進行檢定。

至於，圖5-7中各主構面或子構面的第一個因素負荷量會被系統預設並固定為「1」，但這樣的設定會造成這些指標的標準化因素負荷量無法進行顯著性檢定。因此，為了能針對每個題項的因素負荷量都能進行顯著性檢定，所以因素尺規也可設定成「因素變異數」（factor variance），也就是將各構面的變異數固定為「1」。有關因素尺規的設定並不須在Lavaan程式中陳述，未來只須在「結構方程模型」功能的「設定面板」中，進行設定即可。

最後，不管是測量誤差項（圖5-7中的e1至e41）或結構誤差項（圖5-7中的e51至e59、e61、e62），JASP的「結構方程模型」功能也會自動加入這些誤差項，使用者也不用於Lavaan程式中進行編碼。因此，明顯的於結構模型的Lavaan程式中，只要將各主構面、子構面、題項間的關係（即因素結構）描述清楚，再將各主構面間的因果關係設定好，就可完成結構模型的建構了，相當容易理解。比起Amos畫圖建模的方式，更簡捷、更有效率。

習　題

練習5-1

參考第5-2節範例模型二，論文〈遊客體驗、旅遊意象與重遊意願關係之研究〉的相關說明。在範例5-1中，已建立了二階的測量模型。但對於這種二階的測量模型，在執行驗證性因素分析過程中，由於模型中大部分的變異會由一階構面（即子構面）所抽取，故通常二階構面的AVE值（Average Variance Extracted，平均變異抽取量）會偏低，進而將導致二階構面的收斂效度會不符合學術要求。故在不少學術論文中，也經常可以看到雖然模型中包含二階構面，但在進行驗證性因素分析時，仍會以一階測量模型的方式（如圖5-10），來評估構面的信度、收斂效度與區別效度。故請嘗試利用Lavaan程式碼，建立如圖5-10的「範例模型二」之一階的測量模型。

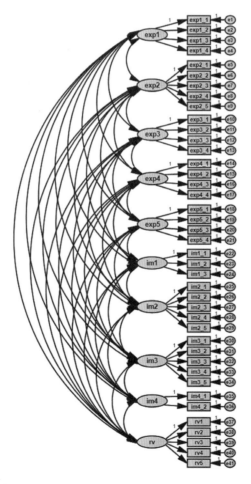

圖5-10　「範例模型二」之一階的測量模型（用Amos軟體繪製）

 **練習5-2**

　　參考第5-3節中，範例模型三，論文〈景觀餐廳意象、知覺價值與忠誠度：轉換成本的干擾效果〉的相關說明。參考圖5-3的概念性模型圖（請省略「干擾效果檢定的部分」），試利用Lavaan程式，建立該概念性模型的測量模型，以便未來能執行驗證性因素分析，進而評估各主要構面的信度、收斂效度與區別效度。

練習5-3

　　參考第5-3節中，範例模型三，論文〈景觀餐廳意象、知覺價值與忠誠度：轉換成本的干擾效果〉的相關說明。參考圖5-3的概念性模型圖（請省略「干擾效果檢定的部分」），試利用Lavaan程式，建立該概念性模型的結構模型（又可稱爲整體模型或路徑模型）。

第 6 章

常態性檢定

　　在進行結構方程模型分析的過程中，常使用最大概似估計法（maximum likelihood estimation，ML法）為主要的參數估計方法。但是使用「ML法」的前提條件是，資料必須滿足常態性假設（normality assumption）。當資料符合常態性假設時，運用「ML法」後，所獲得的參數估計結果或統計推論才能獲得確保（黃芳銘，2002；邱皓政，2004）。

　　常態性的基本假設將涉及單變數常態性（univariate normality）與多元常態性（multivariate normality）。一般而言，單變數呈常態分配（normal distribution）時，多元常態性的假設也會成立，但不一定百分之百會如此（榮泰生，2008）。假若樣本資料無法同時滿足單變數常態性與多元常態性的假設時，一般可先檢驗原始資料是否有偏離值（outliers）存在；若有，則可以剔除之。而若資料已不存在離群值，但仍無法符合常態性假設時，那麼則應放棄使用最大概似估計法，而轉而使用較為穩健（robustness）的估計法，例如：漸進分配自由法（Asymptotically Distribution-Free，ADF法）（黃芳銘，2002；邱皓政，2004）。

6-1 單變數常態性檢定

大多數人應該都聽過或瞭解「常態分配」的意義。譬如說，學生考試的結果一般都是中等成績的人佔大多數，而考的很差或很優異的人就佔少數，這就是一種考試成績符合常態分配的現象。這種「常態分配」的現象，似乎也存在我們的自然環境及人類社會中。對於這種現象，每個人或多或少都能意識到它的存在。具常態性的資料，其分配圖一般如圖6-1所示。這是個多麼漂亮的曲線啊！然而於數學上，它背後的函數表示方式卻是有點複雜，如式6-1。

$$f(x) = \frac{1}{\sigma\sqrt{2\pi}} e^{-\frac{1}{2}(\frac{x-\mu}{\sigma})^2}$$
（式6-1）

π：圓周率（3.1416）　　　e：自然對數底（2.7183）

μ：分配平均數　　　　　　σ：分配標準差

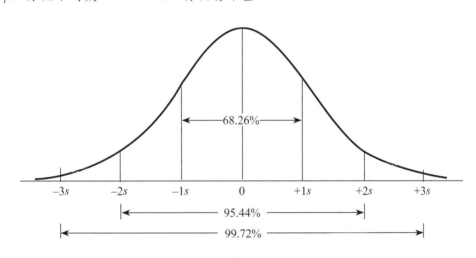

圖6-1　常態分配圖

註：圖形修改自方世榮（2005）。

6-1-1　常態資料的分配特性

統計學中，所謂分配（distribution）是指某變數其所有取值之出現次數（或頻率）的分布狀況。在平面座標中，常以橫軸為變數之各取值，縱軸為次數（或頻率）來呈現分配狀況。例如：常態分配圖中，雖然橫軸也是描述變數之各取值，但它會以

平均數（mean, μ）為中心，且以標準差（standard deviation, σ）為橫軸座標之基本單位；至於縱軸則須描述出在變數之各取值下的次數或頻率。其形狀為覆鐘形的對稱圖形（如圖6-1），且樣本資料的分布概況，還具有以下的特性：

➤ 橫軸座標介於$\mu \pm 1\sigma$的區間內，將包含有全樣本之68.26%的個體。

➤ 橫軸座標介於$\mu \pm 2\sigma$的區間內，將包含有全樣本之95.44%的個體。

➤ 橫軸座標介於$\mu \pm 3\sigma$的區間內，將包含有全樣本之99.72%的個體。

➤ 95%的個體會落在橫軸座標$\mu \pm 1.96\sigma$的區間內。

➤ 99%的個體會落在橫軸座標$\mu \pm 2.58\sigma$的區間內。

6-1-2 常態圖的外觀特徵

常態分配除具有第6-1-1節中所描述的分配特性外，在圖形的外觀上亦具有下列的基本特徵：

1. 常態分配圖形具有單一主峰（single peak），且左、右對稱，其平均數位置在圖形的正中央。越接近平均數的變數值其出現的頻率越高，越遠離平均數的變數值則其出現的頻率越低，且平均數、中位數（median）、眾數（mode）之數值、圖形位置均相同。

2. 當常態分配圖左偏（skew to left）時：圖形尾部會拖向左側延伸，其主峰會偏向右邊，此時，眾數 > 中位數 > 平均數。

3. 當常態分配圖右偏（skew to right）時：圖形尾部會拖向右側延伸，其主峰會偏向左邊，此時，眾數 < 中位數 < 平均數。

6-1-3 單變數之常態性檢測

常態性（normality），是指樣本觀察值（變數值）的分配結構要符合常態分配的特性。有很多進階的統計方法（例如：t 檢定、相關分析、迴歸分析、結構方程模型等），進行分析前都必須先確認樣本資料能符合常態性的前提條件。在本小節中，我們將介紹單一變數之常態性的檢測方法。檢測單一變數的分配是否具有常態性的方法，大致上有三種，分別為：

1. 使用Q-Q圖來觀察變數的常態性。

2. 利用假設檢定來判斷變數的常態性。

3. 運用變數分配的偏態（skewness）和峰度（kurtosis）等統計量。

　　這三種檢測方法都可使用JASP的「描述性統計」功能，來進行分析。「描述性統計」的功能相當強大，它可對變數進行更爲深入、詳盡的特徵分析。主要的應用時機爲：欲對資料的基本性質、量化指標、分配特徵進行初步研究時。在JASP中，研究者只要執行「描述性統計」功能即可對變數進行初步的檢視。也就是說，「描述性統計」功能可在一般描述性統計指標的基礎上，增加能描述資料其他特徵的文字與圖形，使輸出顯得更加細緻與全面化，而這將有助於研究者思考對資料進行進一步分析的方案。具體而言，該功能可以求算變數的集中趨勢統計量、分散程度統計量、分配型態統計量、檢查資料是否有錯誤、考察樣本分配特徵，以及對樣本分配之規律性作初步的考察。

　　樣本分配特徵對統計分析而言，相當重要。研究者總希望能簡單的透過對樣本資料的初步觀察，就能確認其常態性。此外，在一般情況下，過大或過小的資料可能是異常值或是錯誤資料，對這樣的資料要找出來並加以剔除。因爲異常值和錯誤資料往往對分析結果影響很大，導致不能眞實掌握資料的母體特徵。故在本小節的範例中，將示範如何利用「描述性統計」功能，透過各種圖形以及基本統計量等，對資料的常態性進行初步的檢測。

▶ 範例6-1

請開啟資料檔「ex6-1.jasp」，該資料檔中只有一個變數（ZRE），試探討ZRE這個變數是否具有常態性。

　　在本範例中，將利用JASP的「描述性統計」功能，針對「ZRE」這個變數來繪製其常態Q-Q圖，進行「Shapiro-Wilk檢定」、「Kolmogorov-Smirnov檢定」（簡稱K-S檢定）與求取其偏態與峰度值。執行JASP的「描述性統計」功能之詳細操作過程，請讀者自行參閱教學影音檔「ex6-1.mp4」。

一、使用Q-Q圖來觀察變數的常態性

　　欲使用圖形來直觀的判斷資料集是否具常態性時，最簡單的方法大概就是使用常態Q-Q圖（在JASP的設定面板中稱爲分位圖）了，如圖6-2所示。

　　圖6-2爲常態Q-Q圖，如果資料呈常態分配的話，那麼常態Q-Q圖中的資料點應大部分會和代表標準常態分配的對角線重合或於對角線附近上、下分布。由圖6-2可見，雖然「ZRE」變數的分布狀況較爲隨機，但資料基本上大都還是在對角線附近

上、下分布，只是有幾個資料較為偏離而已（在圖6-2中被圈起來的部分）。但整體而言，資料並未出現明顯違反常態分配的情況。

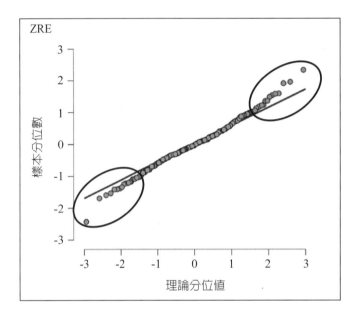

圖6-2　常態Q-Q圖

在一些較為複雜的統計方法中，資料的常態性假設往往是最基本的前提要求。因此，資料的常態性在統計分析過程中佔有舉足輕重的地位。雖然從圖形可以直觀的判斷資料是否符合常態分配，但是為求論文的嚴謹性，對於資料常態性的判定，還是透過較具科學性的「Shapiro-Wilk檢定」或「Kolmogorov-Smirnov檢定」來檢驗會比較妥當。

二、利用假設檢定來判斷資料的常態性

利用圖形雖然可以直觀的協助我們判斷資料的常態性，但是絕對無法取代以精確的數學計算和推理為基礎所發展出來的假設檢定技術。在JASP中，也可以進行資料的常態性檢定，例如：使用「Shapiro-Wilk檢定」或「Kolmogorov-Smirnov檢定」（簡稱K-S檢定）。這些檢定的虛無假設都是：「樣本資料具有常態性」。因此，如果檢定結果中的顯著性大於0.05，那麼就「不能拒絕」虛無假設，而有理由認為樣本資料的分配是具有常態性的。

使用檢定方法時過往文獻建議，當樣本數小於等於50時，可使用Shapiro-Wilk檢

定（Shapiro and Wilk, 1965）；而若樣本數大於50時，則應該採用K-S檢定（Razali and Wah, 2011）。雖是如此，但在JASP的「描述性統計」功能中卻只提供Shapiro-Wilk檢定，若要同時進行「Shapiro-Wilk檢定」和「K-S檢定」則須改用外加模組「Distributions/Normal」功能。雖然Shapiro-Wilk檢定的檢定力高於K-S檢定（Razali and Wah, 2011），但對於樣本數較大時，Shapiro-Wilk檢定的使用，也是有其局限性的。

當然，使用Shapiro-Wilk檢定與K-S檢定來檢定資料的常態性是合理且嚴謹的作法。但是，實務上卻也常發現樣本資料根本無法通過這兩種常態性檢定。然而，在大樣本的情形下（例如：樣本數大於200），直接假定資料呈常態分布，通常也是相當合理的。因為中央極限定理確實傾向於確保許多現實世界的資料是呈現常態分配的。因此，當樣本資料無法通過常態性檢定時，可退而求其次建議使用「分位圖」（即常態Q-Q圖），或許也能為大樣本資料提供符合常態性的佐證。

從表6-1的描述性統計量表中可以看到，對於「ZRE」變數，Shapiro-Wilk檢定的顯著性是0.096，大於0.05，所以不能拒絕虛無假設，亦即沒有足夠的證據顯示可以否定「ZRE」變數的分配是具有常態性的。因此，可以認定原始樣本資料是具有常態性的。

表6-1　描述性統計量表

	ZRE
平均數	6.472×10^{-6}
標準差	0.663
偏度	0.103
偏度標準誤	0.139
峰度	0.858
峰度標準誤	0.276
Shapiro-Wilk	0.992
Shapiro-Wilk檢定之p值	0.096

此外，JASP的外加功能模組中，有一個「Distributions」模組，更是偵測樣本資料之分配特徵的利器，從這個模組中就可同時使用Shapiro-Wilk檢定與K-S檢定來檢定資料的常態性，此兩種檢定之結果如表6-2所示。由表6-2顯見，K-S檢定之顯著性

為0.488，大於0.05。所以也不能拒絕虛無假設，亦即接受「ZRE」變數具有常態性的假設。此外，Shapiro-Wilk檢定之結果，則和表6-1之檢定結果一致。最後，有關於「Distributions」模組的使用方法，亦請參見教學影音檔「ex6-1.mp4」。

表6-2　Distributions模組的Fit Statistics表

Test	Statistic	p
Kolmogorov-Smirnov	0.048	0.488
Shapiro-Wilk	0.992	0.096

三、利用偏態、峰度來判斷資料的常態性

　　一般而言，偏態與峰度係數如果介於±2之間，則可研判資料具有常態性（Mardia, 1985）。然而，這個準則稍嫌嚴格。近年來許多學者、專家，諸如Bollen（1989）、Jöreskog and Sörbom（1989）、Raykov and Widaman（1995）等皆發現，最大概似估計法具有統計學上的強韌性，即使資料有些微偏離常態時，最大概似估計法仍能適用（余民寧，2006）。Curran, West, and Finch等人更在1996年的研究中發現偏態係數介於2.00～3.00之間，且峰度係數介於7.00～21.00之間時，資料可以被認定為具有「中等嚴重」程度的偏離常態分配；而當偏態係數大於3.00且峰度係數大於21.00時，資料可被認定為「相當嚴重」的偏離常態分配（引自余民寧，2006）。而Kline（1998）也指出當變數分配的偏態係數絕對值大於3時，就被視為是極端偏態；峰度（kurtosis）絕對值大於10則被視為是有問題的，若大於20則可以視為是極端的峰度（引自黃芳銘，2004）。

　　一般學者對於偏態和峰度的判斷基準眾說紛紜，但在考量最大概似估計法的穩健性後，些微偏離常態的情況仍可正常估計。故一般認為，若是偏態係數值大於3、峰度係數值大於8，則可研判樣本資料可能無法符合常態性假設（黃芳銘，2002）。因此，Curran, West, and Finch（1996）認為偏態係數絕對值小於2及峰度係數絕對值小於7時，即可認為資料具備常態性。

　　觀察表6-1可發現，「ZRE」變數的偏態值為0.103，而峰度值為0.858。因此，明顯的偏態係數絕對值小於2且峰度係數絕對值小於7，由此亦可判定「ZRE」變數的樣本資料確實是具有常態性的。

　　在本範例中，「ZRE」變數屬「連續型」變數，所以用常態Q-Q圖來直觀判斷其

常態性，或使用Shapiro-Wilk檢定與K-S檢定來檢定常態性，於統計方法的應用上還蠻適合的。但是，在結構方程模型分析中，樣本資料通常都是透過李克特五點量表或李克特七點量表而來，在這種情形下所蒐集回來的樣本資料，本質上應屬於「次序型」的變數，因此使用常態Q-Q圖、Shapiro-Wilk檢定與K-S檢定來檢定常態性時，似乎有其局限性。例如：「ex6-1.jasp」中，另一個變數「bi1_1」，它是經由李克特七點量表所蒐集回來的樣本資料，「bi1_1」變數的常態Q-Q圖，如圖6-3所示。對於這樣的常態Q-Q圖，實在很難用以判斷樣本資料是否具常態性。

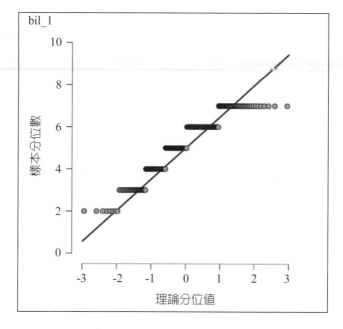

圖6-3　「bi1_1」變數的常態Q-Q圖

所以，在結構方程模型分析中，若樣本資料是透過李克特五點量表或李克特七點量表蒐集而來的情況下，對於單變數的常態性檢驗，建議使用「偏態係數絕對值小於2」及「峰度係數絕對值小於7」作為判斷資料常態性的標準，似較為合理（Curran, West, and Finch, 1996）。

6-2　多元常態性檢定

一般而言，常態性是研究者於資料分析前所必須審慎檢視的基本假設。也就是說，當所處理的資料集中且只有一個連續性變數時，那麼此變數必須符合常態分配；

但是，如果所處理的資料集中卻包含多個連續性變數時，則必須延伸考量多個連續性變數同時存在下的常態性假設，此就稱為多元常態性（multivariate normality）假設。多元常態性意指每一個變數或多個變數的線性組合，皆能符合常態分配的性質（Tabachnick and Fidell, 2001）。

多元常態性的假設在結構方程模型中，具有以下的意涵：(1)資料中的每一個變數的分配在個別考量下是常態的；(2)任何變數間之線性組合的分配亦皆能符合常態分配的性質；(3)兩兩變數間的聯合分配是線性且具變異數同質性的（Kline, 1998）。檢定多元常態性可利用Mardia（1985）的多元偏態與峰度係數（Mardia's coefficients of multivariate skewness and kurtosis，簡稱Mardia係數）。實務運用上有兩個方法：
1. 對Mardia係數（一般常用多元峰度Mardia係數）進行檢定。
2. 比較Mardia係數與觀察變數的數量。

一、對Mardia係數進行檢定

多元常態性意味著樣本中的每一個變數都具有單變數常態性，且諸多變數的線性組合亦具有常態分配（bivariate normal distribution）的性質（Hayduk, 1987）。雖然有很多種可以用來衡量多元常態性的方法，然而在結構方程模型中最常使用的方法為Mardia係數。以標準常態分配下且顯著水準為0.05時，當多元偏態與峰度係數（即Mardia係數）的「z檢定值」的絕對值小於1.96，可將樣本資料視為符合多元常態性（Mardia, 1970）。一般，則常以顯著水準為0.001時，即Mardia係數的「z檢定值」小於3.3來當作判斷多元常態性的準則。

例如：有一個二階的測量模型圖（即驗證性因素分析圖），如圖6-4，經配適資料檔「brand image.jasp」後，其Mardia係數如表6-3（執行過程請參看範例6-2的影音教材「ex6-2.mp4」）。由表6-3顯見，多元峰度的Mardia係數達695.149，其「z檢定值」的絕對值（4.889）大於1.96，且在0.05之顯著水準下，顯著性（機率p值）小於0.001，故顯著，因此，可研判樣本資料並不具有多元常態性。在這種情形下，於結構方程模型中參數估計時，就不能使用最大概似估計法，而必須改用較為穩健（robustness）的估計法，如漸進分配自由法（Asymptotically Distribution-Free，ADF法）或者使用Bollen-Stine bootstrap法（又稱Bollen-Stine p-value correction method）來進行模型配適度卡方值之p值的校正（Bollen and Stine, 1993）。

但是，Gao, Patricia, and Robert（2008）的研究中也曾表明，多元峰度的Mardia係數的「z檢定值」的絕對值只要能小於49.1，則大致上使用最大概似估計法的結構

方程模型中，皆能接受樣本資料已具有多元常態的特質。

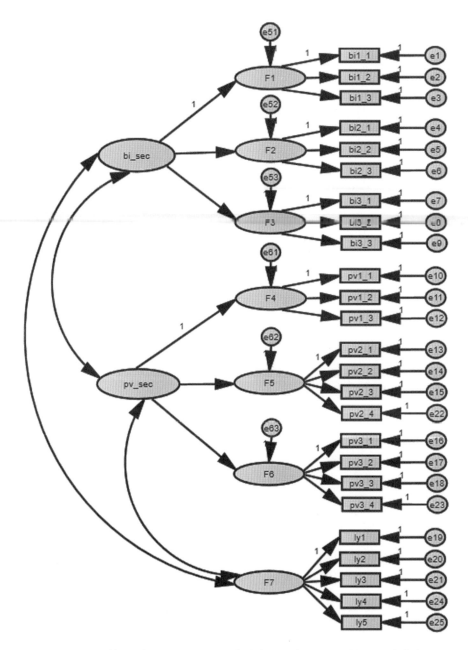

圖6-4　範例模型之驗證性因素分析圖（由Amos軟體所繪製）

表6-3　Mardia係數表

	Coefficient	z	χ^2	自由度	p值
偏度	67.954		3601.554	2925	< .001
峰度	695.149	4.889			< .001

二、比較Mardia係數與觀察變數的數量

對最大概似估計法的穩健性而言，以「z檢定值」來檢定樣本資料的多元常態性，似乎嚴格了點。因此，Bollen（1989）提出當$p(p + 2)$（p為觀測變數的數量）大於「多元峰度的Mardia係數」時，即可確認樣本資料具有多元常態性（Raykov and Marcoulides, 2008）。實務上，在進行結構模型分析時，也常以此準則協助判斷資料是否符合多元常態性之假設。

由圖6-4可知模型的觀察變數（圖中的長方形）總共有25個，因此，$p(p + 2) = 25 \times 27 = 675$，而表6-3中多元峰度的Mardia係數為695.149。因此，$p(p + 2)$小於多元峰度的Mardia係數，因此也再次說明了樣本資料確實不具有多元常態性。

6-3　非常態資料的處理

從單變數常態性與多元常態性檢驗的介紹中，讀者應可理解常態性假設的檢驗是相當嚴謹的。例如：對於多元常態性的檢驗，Kline（1998）認為應符合下列三項要件：第一，資料中的每一個變數的分配在個別檢視下應該是常態的；第二，任何變數間之線性組合的分配亦皆能符合常態分配的性質；第三，兩兩變數間的分配圖是線性且具變異數同質性的。試想這三個條件若要同時成立，那麼進行檢測時的困難度應當是相當高。因此，較簡捷的作法是先直接處理個別變數的常態性，如果個別變數具有非常態性，應先針對個別變數進行必要的處理，最後再針對多元常態性進行檢驗（黃芳銘，2002；邱皓政，2004）。若檢驗結果仍具有非常態性，那麼問題就會很棘手。此時，或許就可根據下列的要點，對樣本資料進行進一步的處理。

一、資料的再檢核與過濾

當樣本資料不具有常態性時，務必對樣本資料進行處理，以避免對於結構方程模型的參數估計產生嚴重的影響。對於非常態性資料的處理，最簡單的方法就是再

次的檢查與過濾樣本資料。因為非常態性現象的發生，往往是因為樣本資料中具有遺漏值、偏離值（outliers）、輸入錯誤、不正確的填答或編碼等現象（黃芳銘，2002）。因此，最直接的方法就是直接開啟原始資料檔，再次檢查到底是哪些樣本造成了非常態性問題。若能確定某些樣本資料是導致偏誤的原因，那麼就可以直接採取刪除的動作。

根據作者的經驗，應用Mahalanobis Distance（馬氏距離）來偵測樣本資料的多元偏離值（multivariate outlier）是種有效刪除偏離值，並且有助於樣本資料傾向於常態分配的方法。在此，所謂的多元偏離值是指，某個樣本它不只在一個變數上具有離群值或極端值（合稱為偏離值），而是在多個變數上同時具有離群值或極端值，在這種情形下，就稱這個樣本屬多元偏離值。在後續的範例6-2中，本書將會示範「馬氏距離」法，以使樣本資料能具有多元常態性。

二、資料的轉換

第二種處理方法為對非常態資料進行數學轉換，以消除偏離值或極端值（extreme value）的影響。雖然這個方法較為傳統，但是效果也不錯，只是無法百分百確認轉換後即可符合常態性罷了（黃芳銘，2002；邱皓政，2004）。對於偏態嚴重的資料，我們可以使用取平方根的轉換方法；也就是說，直接對欲處理的變數開根號，取其值來作為參數估計的輸入資料。此外，或許也可以使用以10為底或以自然對數為底的方式對非常態變數進行對數轉換。

三、使用「穩健」或「拔靴法」等誤差估計方式

美好的事，總是無法如人所願，「歸去看破來切切，卡實在。」如果使用上述兩種方法，仍無法使樣本資料符合常態性假設，那麼改變估計參數的方法或許是個選項（尚有一個選項，放棄），例如：改用較不受常態分配假設影響的估計方法。非常態問題對於結構方程模型中的最大概似估計法影響最為明顯，然而最大概似估計法卻也是結構方程模型分析最常被使用的一種參數估計法（邱皓政，2004）。因此，當多元常態性假設無法獲得支持時，建議放棄使用最大概似估計法來進行結構方程模型分析的念頭，而改使用比較不受分配影響的估計法，例如：在JASP中可改用「穩健」或「拔靴法」（bootstrapping）等誤差估計方式，就可避免須進行常態檢定的麻煩。

6-4 常態性檢定範例

▶ 範例6-2

有一個二階的測量模型圖（即驗證性因素分析圖），如圖6-4，經配適資料檔「brand image.jasp」後，發現樣本資料並不具有多元常態性（如第6-2節的說明），請嘗試利用Mahalanobis Distance（馬氏距離）來偵測樣本資料的偏離值並刪除之，以使樣本資料能具有多元常態性。

　　本範例模型的樣本資料來自「brand image.jasp」，且測量模型已建立好，如圖6-4。然後經執行驗證性因素分析後，發現樣本資料的多元峰度的Mardia係數達695.149，其「z檢定值」的絕對值（4.889），在0.05之顯著水準下，顯著性（機率p值）小於0.001，故顯著（如表6-3），因此，可研判樣本資料並不具有多元常態性（請讀者自行參閱第6-2節的說明或教學影音檔ex6-2.mp4）。在此情形下，研究者嘗試利用Mahalanobis Distance（馬氏距離）來偵測樣本資料的偏離值並刪除之，以期能使樣本資料具有常態性。

一、操作過程

　　要求取資料檔中，每一個樣本點的Mahalanobis Distance（馬氏距離）時，必須使用到統計專業軟體SPSS。因此，需要先將「brand image.jasp」匯出成CSV格式的資料檔後，再由SPSS讀入，這樣才能順利的在SPSS軟體中，對原始資料檔進行作業。利用Mahalanobis Distance（馬氏距離）偵測多元偏離值的詳細操作過程，亦請讀者自行參閱教學影音檔「ex6-2.mp4」。

二、分析結果與結論

　　經使用馬氏距離法偵測多元偏離值後，在0.05的顯著水準下，總共偵測出22個樣本點屬多元偏離值，這22個樣本點刪除後，另存新檔為「brand image_new.jasp」。再配適測量模型，可發現多元峰度的Mardia係數達673.010（如表6-4），其「z檢定值」的絕對值（0.466），小於1.96，且在0.05之顯著水準下，顯著性（機率p值）為0.641，大於0.05，故不顯著，須接受虛無假設（本檢定的虛無假設為：樣本資料具有多元常態性）。因此，可研判樣本資料已具有多元常態性。

表6-4　Mardia係數表

	Coefficient	z	χ^2	自由度	p值
偏度	63.279		3121.780	2925	0.006
峰度	673.010	−0.466			0.641

　　另外，由圖6-4可知模型的觀察變數總共有25個，因此，$p(p + 2) = 25 \times 27 = 675$，而表6-4中多元峰度的Mardia係數為673.010。因此，$p(p + 2)$已大於多元峰度的Mardia係數，因此也再次確認樣本資料已具有多元常態性。

　　基於上述多元常態性分析，在剔除多元偏離值之後，新的樣本資料集中（brand image_new.jasp），各觀察變數已皆能符合單變數常態性與多元常態性，因此可以採用最大概似估計法進行模型的各類參數估計與適配檢定工作了。

習　題

 練習6-1

　　請開啟資料檔為「tourist experience.jasp」。該資料檔中已建立好一個測量模型，試檢測該資料檔的樣本資料是否具有多元常態性？若未具有多元常態性，請嘗試利用Mahalanobis Distance（馬氏距離）來偵測樣本資料的偏離值並刪除之，以使樣本資料能具有常態性。

第 7 章
因素分析

　　研究進行的過程中，研究者為了達成研究目的，往往會考慮到多個變數對最終結果的可能影響力，因而會盡己所能的廣泛蒐集資料。然而，透過資料分析後，研究者也常常發現，這些變數可能會由於某些共同的特徵而可被歸類成好幾個群組，而且每一群組中的變數均具有相同或類似的特徵，且這些變數之間也往往存在著很高的相關性。或許我們可以想像一下，造成這些變數間具有很高相關性的現象，是由於這些變數後面隱含著一個或多個「第三方變數」所導致。

　　對於這些隱藏於變數後面、凝聚變數特質之「第三方變數」的探索，一般會使用因素分析（factor analysis）技術。因此，所謂的因素分析即是一種用於分析影響諸多變數、支配諸多變數的「第三方變數到底有幾個？」且「各第三方變數本質為何？」的一種統計方法。它是一種以「簡化資料」為基本概念的相關分析技術，可用來考察一組變數之間的共變或相關結構，並嘗試能在損失最少原始資訊的情形下，而用數量較少的「第三方變數」來解釋原始變數間的關聯性。這種「第三方變數」在因素分析中常被稱為「成分」（components）或「共同因素」（common factors）。

7-1　探索性因素分析簡介

　　在因素分析過程中，最常被用來萃取出「第三方變數」的方法有兩種：第一種爲「主成份分析法」（principal component analysis），它所萃取出的「第三方變數」，即稱之爲「成分」；另一種則稱之爲「共同因素分析法」（common factor analysis），它所萃取出的「第三方變數」，即稱之爲「共同因素」，且實務上也常把「共同因素分析法」又稱爲探索性因素分析（exploratory factor analysis, EFA）。

　　學界普遍使用的統計專業軟體SPSS，在預設狀態下，執行「因素分析」功能時，其實就是在進行「主成份分析法」，因此萃取出的「第三方變數」應屬「成分」，但一般使用者都把這「成分」理所當然的視爲「共同因素」（簡稱因素）。事實上，「成分」與「共同因素」在概念上是不同的。因素分析的目的在於以較少數的「第三方變數」來代表一組原先較多的變數，這「第三方變數」可能是由原始觀察變數的「線性組合」所構成，也可能是一種能用以解釋原始觀察變數的潛在「構念」（construct，又稱構面或因素）（Hair, Anderson, Tathan, and Black, 1998）。前者即代表一種成分（component），因其只是可觀察變數的線性組合而已，故仍具有可觀察的特徵（屬觀察變數），且成分之間相互獨立沒有關聯性，此與後者（構念）的意涵截然不同。構念是一種不可直接觀察的變數（屬潛在變數），是組成原始觀察變數的元素，其與觀察變數的關係迥異於前者與觀察變數的關係（黃財尉，2003）。由此，不難理解構念（因素）與成分是个同的兩種概念，而這個差異性也促成因素分析狹義但精確的目的定義。前者的這種因素分析就稱爲「主成份分析」，而後者則稱爲「探索性因素分析」。

　　也就是說，「主成份分析」以「成分」的概念爲基礎，其重點在於解釋原始觀察變數的變異量；而「探索性因素分析」則以「構念（因素）」概念爲基礎，其重點則在於解釋「構念（因素）」和原始觀察變數間的相關性（即探討構念之因素結構）（黃財尉，2003）。在這概念下，導致了「主成份分析」和「探索性因素分析」的目的差異。由於，「主成份分析」強調於所萃取出來之「成分」能解釋整體變數之總變異量的比例，因此其目的就是在進行變數之數量上的減縮，期能以最少的成分來取代大部分的原始觀察變數，並能解釋大多數的總變異量（MacCallum, 1999）。而「探索性因素分析」由於關注在變數之間的相關性，因此其目的即在於所萃取出的「構念（因素）」能解釋原始觀察變數間的關係，甚至是能識別出該無法直接測

量之共同因素（或稱潛在變數、或構面、或因素）的特徵、性質與意義（黃財尉，2003）。

　　顯然的，「主成份分析」中，「成分」僅是觀察變數間的線性組合而已，稱不上是潛在的因素或構念（構面）。「主成份分析」所定義的「成分」也只是爲了盡可能的保留原始觀察變數的資訊，而使誤差項最小化，以有助於解釋最大的變異量，亦即主成份分析非常適合用於資料縮減的用途（黃財尉，2003）。事實上，有些學者甚至主張，「主成份分析」根本不是一種因素分析模式（Fabrigar, Wegener, MacCallum, and Stranhan, 1999），而僅是一種遞迴式的資料縮減系統（Steiger, 1990）。而「探索性因素分析」的共同因素則是由原始觀察變數間的共變（或相關）結構所界定出的潛在構念，也因此「探索性因素分析」的主要目的在於探索隱含於觀察變數間的相關結構，這與以資料縮減爲目的的「主成份分析法」顯然不同，其示意圖如圖7-1所示。

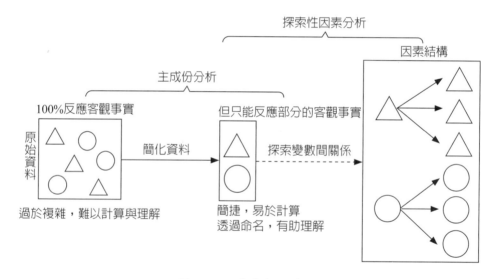

圖7-1　因素分析示意圖

7-2　驗證性因素分析簡介

　　一般而言，研究潛在構念之因素結構的因素分析技術，大致上可分爲探索性因素分析和驗證性因素分析（confirmatory factor analysis, CFA）等兩種。若研究者在進行因素分析前，對於資料的因素結構並未有任何想定或假設，而僅想藉由樣本數據與因素分析技術來探索、發現與確定因素的內部結構與意涵時，這種因素分析策略通

常帶有濃厚的嘗試錯誤與主觀意識之意味，因此，即稱之為探索性因素分析（如圖7-1）。而當研究人員先根據某些理論或者其他的先驗知識對因素的可能個數或者因素結構作出假設，然後利用因素分析技術與實際的樣本資料來檢驗這個「假設的因素結構」是否成立的辨證過程，就稱之為驗證性因素分析（如圖7-2）。

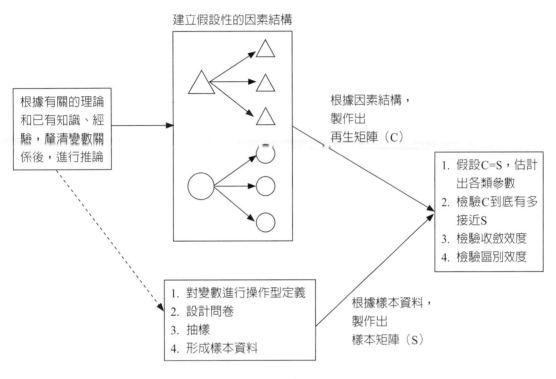

圖7-2　驗證性因素分析示意圖

　　在社會科學研究中，許多變數或概念都是不可直接觀察或只是研究者的理論構想。這些變數或概念一般即稱之為「潛在變數」（又稱構念、構面、因素），例如：人的智商、EQ、人格特質、生活品質、幸福感、滿意度、忠誠度……等。因此，研究者所建立之概念性模型（conceptual model）中的多數變數，很有可能都屬於潛在變數。欲使概念性模型能反映事實，就有必要對概念性模型中的潛在變數作準確的測量。故，為了使潛在變數能有效、可靠地得到表現，就應該對每個潛在變數選用多個指標（觀察變數，即問卷中的題項）來建構量表。量表經抽樣測量後，可獲得一組觀察變數的樣本資料和基於此資料而形成的共變數矩陣（即樣本矩陣），這個共變數矩陣是進行驗證性因素分析的基礎。而概念性模型一經界定後（即因素結構與路徑關係確認後），就可產生另一個由因素結構與路徑關係之未知參數所架構而成的共變矩陣

（即再生矩陣）。此時，為了求解未知參數，就可假設再生矩陣相等於樣本矩陣，進而得以根據觀察資料的共變數矩陣（樣本矩陣），而估計出再生矩陣中的各個未知參數。此外，至於估計的狀況良莠評估，則有賴於對模型進行配適度檢驗，甚至進而可檢驗量表的建構效度（收斂效度與區別效度）。由此可見，驗證性因素分析解決了潛在變數的測量（即指標之信、效度）問題了，而這就是驗證性因素分析方法的基本觀念。

因此，驗證性因素分析是根據一定的理論，而對潛在變數與觀察變數間的關係做出合理的假設，並對這種假設進行統計檢驗的現代統計方法。顯見，驗證性因素分析是在對研究問題有所瞭解的基礎上進行的，這種瞭解可建立在理論研究、實驗研究或兩者結合的基礎上。很多研究也都證實了，驗證性因素分析是檢驗變數多維因素結構的一種很好的統計技術。例如：如果我們在編製量表前已確定了其多維因素結構、確定了因素間的關係，便可以採用驗證性因素分析來驗證量表的建構效度（收斂效度與區別效度）。總之，驗證性因素分析可根據特定的理論對潛在變數與觀察變數的關係做出假設，並對這種假設的合理性進行驗證，是一種輔助理論模型之構建與發展的強而有力工具。

隨著電腦技術的發展，因素分析在社會學、管理學、經濟學等領域中都可廣泛的應用。雖然探索性因素分析和驗證性因素分析都是各類研究中非常重要的方法，但由於諸多學者對這兩種因素分析的理解不盡相同，以致於在研究中這兩種因素分析的正確使用尚未形成共識，甚至還將這兩種因素分析混為一體，而直接影響了科學研究的嚴謹性、科學性。

7-3　探索性與驗證性因素分析的差異

因素分析是一種以「簡化資料」為基本概念的相關分析技術，用來考察一組變數之間的共變或相關結構，並嘗試能在損失最少資訊的情形下，而用數量較少的因素來解釋原始變數間的關聯性，進而探索這些因素的因素結構。一般而言，與因素結構相關的因素分析技術可分為探索性因素分析（EFA）和驗證性因素分析（CFA）兩種。其間的差異分述如下：

一、目的上的差異

EFA的主要目的是為了要去找出影響原始觀察變數的因素及其個數，以及確認各

個因素的「因素結構」。所謂「因素結構」即是在研究某個因素（構面）包含幾個子構面、每個子構面中又包含多少個原始觀察變數（通常為問卷或量表中的題項，一個題項就是一個觀察變數）的議題。而CFA的主要目的則是去驗證事前「根據先驗知識所定義的因素結構」與「實際樣本資料」的配適程度，以試圖檢驗原始觀察變數的因素個數和因素結構是否與預先建立的理論之預期一致。講白話點，在CFA中原始觀察變數的決定、潛在變數（即共同因素）的萃取、每一個觀察變數與潛在變數間的關係（即因素結構），都是依據先驗理論或過往文獻所選出來的與假設出來的，而CFA就是要透過實際蒐集而來的樣本資料，以驗證前述的因素結構是否如預期或與過往文獻一致。

二、作法上的差異

EFA不需先驗資訊，而CFA則有賴於先驗的資訊。EFA是在事先不知道「因素個數與因素結構」的基礎上，完全依據樣本資料，利用統計軟體以一定的規則進行分析，最後得出因素結構的過程。在進行EFA時，由於沒有先驗理論，只能透過因素負荷，然後憑藉著研究者的主觀認知而推論資料的因素結構。在科學研究中，若僅僅從資料的觀點出發（即，純資料導向），則最終應很難得到科學性的結果，甚至可能與已有的理論或經驗相違悖。因此，EFA較適合在完全沒有理論支援的情況下，進行對資料的試探性分析。

而CFA則是以預先建立的理論（如，過往文獻）為基礎，需要事先假設因素結構，其先驗假設是每個因素都能和一些實際的原始觀察變數相對應，以檢驗這種結構是否與蒐集而來的樣本資料之內在結構一致。也就是說，在CFA中，首先要根據先驗資訊判定共同因素的個數與結構，並在假設已知因素結構的情況下，檢驗所蒐集的樣本資料是否能配適這個假設出來的因素結構。

三、應用上的差異

一般而言，EFA主要可應用在兩個方面：(1) 資料化簡；(2) 尋求因素間的基本結構。CFA則允許研究者將原始觀察變數，依據理論或先前假設，建構成和因素結構有關的概念性模型，然後評鑑此概念性模型和實際蒐集的樣本資料間的擬合程度。因此，主要應用於以下四個方面：(1) 驗證量表的因素結構，決定最有效的因素結構；(2) 驗證因素的階層關係；(3) 評估量表的信度和效度；(4) 量表發展。

四、EFA與CFA的結合

從上述的差異性比較可以看出，EFA和CFA是因素分析技術的兩個不可分割的重要成分，兩者不能截然分開，只有結合運用，才能相得益彰，使研究更有深度。Anderson and Gerbing（1988）建議，在發展理論的過程中，首先應透過EFA建立模型，然後再用CFA去檢核與修正模型。

例如：在「第一組樣本」中，先用EFA找出變數之可能因素結構，然後在「另一組樣本」中採用CFA去驗證該先前所探索出來的因素結構。由於這種程序，因為使用到了兩組不同的樣本，並相互比對結果，因此該檢驗程序其實就是一種交叉驗證（cross validation）的過程。這種交叉驗證作為可以保證量表所測之特質的穩定性和可靠性。交叉驗證方法的前提是研究人員對因素結構、觀察變數與因素之間的潛在關係均是未知的或不很清楚。因而先用EFA，得到可能的因素結構結果後，再用「第二組樣本」進行CFA以驗證前階段所得之因素結構的建構效度。但當研究者根據理論及經驗已有一定的先驗知識時，則可省略EFA階段，而直接運用CFA方法。

也就是說，EFA提供了探索、發現模型的機會，其結果可為CFA提供了重要的基礎和保證。兩種因素分析缺少任何一個，都將是不完整的。一般來說，如果研究者沒有堅實的理論基礎支持，有關原始觀察變數之內部結構的探索，一般會先用EFA。待產生一個關於內部結構的理論後，才在此基礎上使用CFA，這樣的作法是比較科學的，但這必須要用到兩組全然不同的樣本資料來做才行。

如果研究者把EFA所得的因素結構，直接使用同一樣本資料，而運用CFA來檢驗，這樣就失去交叉驗證的效果了。在這種情況下，研究者所進行CFA就僅僅是擬合資料的作用而已，而不是檢驗理論結構。此外，如果樣本數量夠大的話，也可以將樣本資料隨機的分成兩半，合理的作法就是先用一半資料做EFA，然後把探索性因素分析後所取得的因素結構，再用「剩下的另一半資料」以CFA來檢驗該因素結構。如果CFA的各種配適指標都非常差，那麼還必須再回頭使用EFA，來找出資料與先前所探索出的因素結構間不一致的原因。

7-4 完整的因素分析流程

一個完整的因素分析流程（或亦可稱為量表發展流程），應包含以下的程序：
1. 根據過往文獻蒐集有關議題的原始觀察變數。例如：研究者想開發一個可以用來

衡量「電信業服務品質」的量表，這時就可參考Parasuraman、Zeithaml及Berry（簡稱PZB）三人於1988年提出的「SERVQUAL」量表（Parasuraman, Zeithaml, and Berry, 1988），或再參考其他更多的服務品質量表，而建立出題項池（item pool），最後再依臺灣電信業的特質，逐題修改題項之遣詞用句而形成問卷初稿。

2. 在預試階段，使用問卷初稿，蒐集小樣本資料（例如：大約60至110個有效樣本），然後再利用「主成份分析法」簡化資料、刪除冗題（不適切的題項），以形成正式問卷。

3. 進入正式施測階段，獲得正式問卷之樣本資料後（有效樣本數應大約爲正式問卷中，題項數的5到10倍），再運用「探索性因素分析」確認因素結構。例如：確認「電信業服務品質」構面包含哪些子構面、每個子構面又包含哪些題項。

4. 接著，以前述所得之因素結構爲假設，蒐集另一份樣本資料（有效樣本數亦應爲正式問卷中，題項數的5到10倍），進行「驗證性因素分析」，以檢定該因素結構的合理性，並評估其信度（reliability）、收斂效度（convergent validity）與區別效度（discriminant validity）。

　　另外，須特別注意的是，在上述第2、3、4點中，所分析的樣本資料，必須完全不同，以收交叉驗證之效，且以這樣的方式、程序去進行各階段的分析，才有其實質效用與價值。

　　在JASP的「因素分析」功能中，分別提供有「主成份分析法」、「探索性因素分析」與「驗證性因素分析」等功能，三者的定位、角色正好爲簡化資料、探索因素結構與驗證因素結構，且其操作性之簡易性或報表的可讀性，相較於過往研究者所熟知的SPSS或Amos軟體，簡直是看不到JASP的車尾燈。因而，在後續章節中，將透過一個範例，帶領讀者實際體驗一次完整的因素分析流程（或亦可稱爲量表發展流程）。

7-5　以主成份分析法刪除冗題

　　實務上，研究者若預期未來的研究過程中，可能會使用到因素分析時，那麼在抽樣的設計上，應注意到樣本大小的問題。根據Gorsuch（1983），要進行因素分析時，樣本大小的決定可遵照下列兩個原則：

1. 題項數與受訪者的比例最好在1：5以上，即樣本數應爲題項數的5倍以上。

2. 受訪者的總數不得少於100，即樣本數不得少於100個。

有了適當的樣本規劃後，再來進行因素分析當可比較順利。在本節範例7-1中，由於研究尙處於預試階段，故有效樣本資料只蒐集了154個。在此問卷預試階段中，將利用因素分析技術來評估問卷諸題項的適切性。

▶ 範例7-1

附錄四為「電信業服務品質問卷」之初稿，共30個題項。在預試階段中，試運用主成份分析法進行項目分析，以刪除不適切題項。雖然該問卷之題項中包含了反向題，但所有反向題皆已反向重新計分完成。此預試階段的樣本資料檔之檔名為「ex7-1.jasp」。

「電信業服務品質問卷」的初稿，主要是參考Parasuraman、Zeithaml及Berry（簡稱PZB）等三人於1988年提出的「SERVQUAL」量表，然後再依臺灣電信業的特質修改而成，共30個題項。原始的「SERVQUAL」量表應包含五個構面，分別為可靠性（reliability）、回應性（responsiveness）、保證性（assurance）、同理心（empathy）與有形性（tangibles）（Parasuraman, Zeithaml, and Berry, 1988）。然而，「電信業服務品質問卷」其調查主題、情境與對象均迥異於原始「SERVQUAL」量表。在此情形下，研究者想透過主成份分析法探索目前的問卷初稿中，是否包含不適切的題項以便能予以刪除，並提升問卷的整體信、效度。

一般而言，研究者在設計好問卷後，進行問卷的正式施測前，為評估問卷初稿是否適切，都會先進行問卷的預試。在預試階段中，當預試問卷資料回收完成後，研究者即可開始使用「項目分析」技術評估問卷中各題項的適切性，以刪除不良的題項（在本書中稱之為冗題），並提升該份問卷的品質。「項目分析」技術包含許多方法，這些方法於本書中只會介紹最常用，也是最有效率的方法，即因素分析法（運用主成份分析技術）。

利用因素分析法（主成份分析法）以刪除不適切題項時，主要是藉由成分負荷量的絕對值大小，來輔助判斷個別題項與成分間之關係的強弱，進而刪除成分負荷量絕對值較低的題項。在此目的下進行分析時，將使用主成份分析之單一成分的原始負荷量來輔助判斷。也就是說，將來執行主成份分析時，將強迫性的只萃取出「1」個成分，如此就可獲得每個題項的成分負荷量。據此，即可篩選出成分負荷量絕對值較低的題項而刪除之。

因此，當欲運用主成份分析法刪除不適切的題項時，常用的判斷原則有兩個，即是：

1. 成分負荷量小於「0.5」的題項，將被刪除。

2. 除此之外，由於當只萃取出一個成分時，共同性爲成分負荷量的平方，所以另一個標準是共同性小於 0.3的題項，亦將被刪除（邱皓政，2004）。在學術性研究中，此共同性準則較爲常用。此外，由於「獨特性」（即殘差）等於「1減共同性」，因此，共同性準則也可轉換爲以「獨特性」來輔助篩選可刪除的題項。即，「獨特性」大於0.7的題項，就可列爲優先考慮刪除的題項。

一、操作步驟

運用主成份分析法以刪除冗題之詳細操作過程，請讀者自行參閱教學影音檔「ex7-1.mp4」。

二、報表解說

當以主成份分析法爲基礎，執行只萃取出一個成分的分析後，將可產生「成分負荷表」（如表7-1）。由於我們只是想藉由主成份分析的結果來刪除冗題，所以在此將只以共同性小於0.3（獨特性大於0.7）的題項爲刪除目標。

表7-1　成分負荷表

	PC1	殘差／獨特性
q1	0.082	0.993
q2	0.148	0.978
q3	0.656	0.570
q4	0.096	0.991
q5	0.150	0.978
q6	0.818	0.332
q7	0.606	0.632
q8	0.740	0.452
q9	0.907	0.177
q10	0.823	0.322
q11	0.648	0.581
q12	0.742	0.449
q13	0.872	0.240

表7-1　成分負荷表（續）

	PC1	殘差／獨特性
q14	0.854	0.271
q15	0.926	0.143
q16	0.886	0.216
q17	0.663	0.561
q18	0.699	0.512
q19	0.651	0.576
q20	0.878	0.229
q21	0.876	0.232
q22	0.674	0.546
q23	0.786	0.383
q24	0.872	0.239
q25	0.644	0.585
q26	0.870	0.243
q27	0.788	0.379
q28	0.691	0.522
q29	0.150	0.977
q30	0.171	0.971

　　觀察表7-1的「成分負荷表」，其中問卷的q1、q2、q4、q5、q29與q30等六題，其「獨特性」都大於0.7（即共同性都小於0.3），代表這些題項與成分間的關係較弱，因此可列為優先考慮刪除的題項。此外，雖然上述分析結果中，q1、q2、q4、q5、q29與q30等六題是建議刪除的題項（冗題），但是要刪除冗題時，請注意以下兩點：

1. 請避免大刀一砍，一次刪六題。正確的作法是一次只刪一題，然後遞迴的、逐次的進行「主成份分析」法，直到沒有「獨特性大於0.7」（共同性小於0.3）的題項為止。

2. 有時也請手下留情。是否「獨特性大於0.7的題項」真的一定要砍？請研究者要記得學術論文中，量表／問卷中所包含的構面、題項，大都是參考過去文獻中的原始題項，然後再依研究主題、對象稍加修改遣詞用句而來的。所以，量表的因素結構基本上是已知的、固定的（白話講就是哪個構面應包含哪些題項是已知的、

固定的）。因此，如果研究者進行項目分析的過程中刪掉某個題項後，結果卻發現量表中原本應具有的因素結構改變了，甚至某個構面消失了或構面中的題項數少於二題。此時，建議最好不要刪除該題項，理由可以這樣寫：「雖第x題其共同性小於0.3應予刪除，然考量不影響來源量表既定的因素結構，故在本研究中對該題項建議仍予以保留。」

7-6 探索性因素分析

在預試階段刪除冗題後，即可建立正式問卷。待正式問卷施測完成後，即可進行「探索性因素分析」。因此，接下來在本小節中將進行「探索性因素分析」，以探索「電信業服務品質」的可能因素結構，並為各因素命名。此外命名完成後，由於新產生的因素結構已與原始「SERVQUAL」量表所包含的五個構面之因素結構有所不同，在此情形下為驗證新因素結構的收斂效度與區別效度（即，建構效度），將以交叉驗證的方式執行檢驗。因此，後續將以新因素結構為假設模型，且額外再蒐集另一組樣本，並運用結構方程模型中的驗證性因素分析，來評估「電信業服務品質」之新因素結構的建構效度。而這交叉驗證的過程，將在本章的第7-7節再來進行。

在JASP中，若僅執行「探索性因素分析」並無法同時檢驗收斂效度與區別效度，而僅能使用因素分析過程中所產生的因素負荷量與累積總解釋變異量來進行收斂效度的評估而已。所以，一般在學術上若只利用「探索性因素分析」來進行效度評估時，這種效度評估通常就稱為「初步的建構效度評估」。

▶ 範例7-2

附錄四為「電信業服務品質問卷」之初稿，經進行完整的項目分析（共使用了七種方法），刪掉不適當的題項後，正式問卷中僅存21個題項（題項編號已重排，如附錄五）。經重新正式施測完成後，共得有效樣本338個，其原始資料如資料檔「ex7-2.jasp」，試進行探索性因素分析，以探索「電信業服務品質」的因素結構，並為各因素命名。此外，請開啟「ex7-2.docx」製作如表7-2的因素分析表，以評估「電信業服務品質」問卷的信度，並掌握其初步的建構效度。

表7-2　電信業服務品質之因素分析表

因素名稱	因素構面內容	因素負荷	轉軸後平方負荷量		Cronbach's α 係數
			特徵值	解釋變異量%	
專業性服務	12.客戶資料保密性	0.939	8.161	40.8	0.973
	17.繳納電費方便性	0.937			
	15.話費維持合理價位	0.932			
	09.協助客戶解決問題能力	0.927			
	10.人員的專業知識	0.922			
	18.即時處理客戶抱怨	0.915			
	13.準時寄發繳費通知	0.722			
	11.計費交易正確性	0.720			
	05.營業時間符合需求	0.625			
服務等候	08.完成服務所花時間	0.899	4.874	24.4	0.971
	04.末服務前的等候時間	0.898			
	06.完成異動作業時間	0.811			
	16.臨櫃排隊等候	0.804			
	02.總修復時間	0.804			
	21.申請業務手續簡便	0.748			
營業設施	07.備有電子佈告欄	0.966	3.524	17.6	0.920
	14.備有報紙雜誌	0.860			
	20.櫃檯清楚標示服務項目	0.558			
	19.備有舒適及足夠座椅	0.558			
	03.備有免費申訴或諮詢電話	0.503			
總解釋變異量：82.800%					
整體Cronbach's α係數：0.976					

　　主成份分析的目標是透過線性組合，而將原始變數轉換爲一組較少數量，且無相關的主要成分（一般也可稱之爲因素），以解釋資料的變異和降低資料的維度。而探索性因素分析的目標則是在於探索資料中潛在的因素結構，識別並解釋觀察到的變數之間的共同因素。顯見，主成份分析主要關注於資料降維和變異解釋，而探索性因素分析則著重於發現潛在因素結構和解釋變數之間的共同性。

　　事實上，當研究的目的在於探索新的潛在構面時，研究者就會致力於發展該構

面的測量題項，這類的研究就是所謂的量表發展（scale development）研究。當然量表發展研究就是一個從無到有的探索過程，無論是採用歸納（inductive）或演繹（deductive）的取向發展量表，研究者均可透過探索性因素分析，從題項池（item pool）中找出潛在構面，以及確認這些構面的因素結構（即，描述構面與其衡量題項的關係）（胡昌亞等，2022）。實作上，「探索性因素分析」與「主成份分析」最大的不同在於，進行探索性因素分析時，宜選擇基於「共同因素模式」（common factor）的因素萃取技術，例如：主軸因素法（principal axis factoring procedure）、最小平方法（least squares approach）、最大概似法（maximum likelihood estimation procedure）以及Alpha因素法（alpha factoring procedure），而較不適合使用「成分」取向的主成份分析法（胡昌亞等，2022）。因此，不難理解探索性因素分析的目的在於從眾多觀察變數（題項）中找共同因素，其優勢為估算過程的誤差較小，且因素負荷量的精確度較高。

從以上的說明不難理解，過往不少研究者在SPSS中，常使用「主成份分析」法來確認構面的因素結構，在方法的使用上的確有可議之處。故在本小節中，將較合理的使用「探索性因素分析」來探索「電信業服務品質」的潛在因素結構。

一、操作步驟

由於目前研究進程，已進入正式問卷階段。故必須再以正式問卷為基礎，重新再蒐集一份樣本資料，以進行「探索性因素分析」。經實際施測後，共獲得有效樣本338個，其原始資料如資料檔「ex7-2.jasp」。

在本範例中，執行「探索性因素分析」時，將以「共同因素模式」（based on FA）為基礎的「平行分析法」（parallel analysis）來決定萃取出的因素個數。「平行分析法」是一種比較原始樣本資料的特徵值與隨機模擬資料的特徵值，而決定因素個數的方法。根據過往文獻顯示，平行分析法所提供的萃取因素結果相當合理。其次，萃取因素的方法則採用「加權最小平方法」（weighted least-squares method, WLS）。最後，當因素經萃取出後，再以「promax」法進行斜交（oblique）轉軸，以使所得因素能更易於解釋和理解。執行「探索性因素分析」的詳細操作過程，請讀者自行參閱教學影音檔「ex7-2.mp4」。

二、報表解說

執行「探索性因素分析」後，即可跑出因素分析之相關報表，報表相當多，限於

篇幅，在此亦僅解釋必要之報表。

（一）檢定樣本資料是否適合進行因素分析

首先，我們將檢定原始變數間，是否存在特定的相關性、是否適合進行因素分析來萃取出共同因素。在此，可借助Bartlett球形檢定（虛無假設：相關係數矩陣為單位矩陣）和KMO值進行分析，如表7-3、表7-4所示。

由表7-3可知，Bartlett球形檢定之卡方統計量的觀測值為14135.008，其對應的顯著性（p值）小於0.001。就檢定概念而言，顯著水準為0.05時，由於p值小於0.05，故應拒絕虛無假設，而認為相關係數矩陣不為單位矩陣，故原始樣本資料適合進行因素分析。此外，由表7-4的「Kaiser-Meyer-Olkin Test」表得知KMO值（即整體MSA）為0.815（大於0.8），依據Kaiser（1958）對KMO值之衡量標準可知，原始樣本資料確實是適合進行因素分析的。

表7-3　Bartlett's Test表

X^2	自由度	p值
14135.008	190.000	<.001

表7-4　Kaiser-Meyer-Olkin Test表

	MSA
整體MSA	0.815
q2	0.663
q4	0.642
q5	0.955
q6	0.666
q7	0.862

註：限於篇幅本表q8以下之內容已進行裁切。

（二）萃取因素

根據原始變數的相關係數矩陣，在本範例中探索性因素分析將應用「加權最小平方方法」（weighted least-squares method），並以「共同因素」（based on FA）為基礎的平行分析法（parallel analysis）來決定萃取出的因素個數。因素經萃取出後，將以

「promax」法進行斜交轉軸，分析結果如表7-5、表7-6與圖7-3所示。

表7-5　因素負荷量表

	因素1	因素2	因素3	殘差／獨特性
q12	0.939			0.064
q17	0.937			(0.304)
q15	0.932			0.073
q9	0.927			0.090
q10	0.922			0.140
q18	0.915			0.240
q13	0.722			(0.366)
q11	0.720			0.100
q5	0.625			0.126
q8		0.899		0.123
q4		0.898		0.125
q6		0.811		0.094
q16		0.804		0.084
q2		0.804		0.102
q21		0.748		0.221
q7			0.966	0.211
q14			0.860	0.228
q20			0.558	0.144
q19			0.558	0.144
q3			0.503	(0.460)

附註：轉軸法為promax。

　　但在此讀者必須注意的是，事實上表7-5、表7-6與圖7-3的分析結果，是進行兩次探索性因素分析後的結果。因為在進行第一次探索性因素分析時，發現「q1」這個題項的因素負荷量小於0.5，未達收斂效度的標準門檻值，因此予以刪除。刪除後剩餘20個題項，再次進行探索性因素分析後，最終得到表7-5、表7-6與圖7-3的分析結果。

　　表7-5為執行第二次探索性因素分析，且經使用「promax」斜交轉軸後，所產生

的因素負荷量表。「殘差／獨特性」欄位是依所設定的萃取條件（在此為基於共同因素的平行分析法）來萃取因素後，所剩餘的殘差（獨特性）。可以清楚的看出，大部分的變數之資訊遺失量較少（小於20%），亦即絕大部分資訊（大於80%）都可被所萃取出的因素所解釋。但只有q3、q13、q17等三個變數的資訊遺失較為嚴重（30%以上）。整體而言，本次因素萃取的效果大致上可以接受。

其次，表7-5亦顯示出，21個變數除了q1因素負荷量較小而被移除外，其餘20個變數共可萃取出三個因素（代號：因素1、因素2與因素3），且並無橫跨兩個因素的變數（代表因素間的交叉負荷量較小），最終各因素所包含的題項如下：

第一個因素（因素1）：包含q12、q17、q15、q9、q10、q18、q13、q11與q5，共九個變數（題項）。

第二個因素（因素2）：包含q8、q4、q6、q16、q2與q21，共六個變數（題項）。

第三個因素（因素3）：包含q7、q14、q20、q19與q3，共五個變數（題項）。

接著，表7-6的因素特徵表描述著因素對原始變數之可解釋變異量的情況。從該表可以很清楚的理解，轉軸前、後各因素之特徵值、可解釋變異量之百分比與總累積可解釋變異量之百分比的變化。由於採用斜交（oblique）的「promax」斜交轉軸法，除轉軸前、後各因素之特徵值、可解釋變異量之百分比會有所差異外，最須特別注意的是，不同於直交轉軸法，使用斜交轉軸法時，最後的總累積可解釋變異量之百分比會存在著些微的差異。當然這種轉軸的目的都是為了使所萃取出的因素，能更易於解釋與命名。

表7-6　因素特徵表

	Eigenvalues	未轉軸解			轉軸解		
		因素負荷量平均數總和	可解釋變異量之百分比	累積	因素負荷量平均數總和	可解釋變異量之百分比	累積
Factor 1	13.935	13.779	0.689	0.689	8.161	0.408	0.408
Factor 2	1.843	1.668	0.083	0.772	4.874	0.244	0.652
Factor 3	1.352	1.170	0.059	(0.831)	3.524	0.176	(0.828)

最後，從圖7-3的陡坡圖來看，橫座標為「因子」數量，縱座標為「特徵值」。虛線三角形點為實際樣本資料所萃取出之因素的特徵值，實線圓點則為隨機模擬資料

（平行分析法）所萃取出之因素的特徵值。由陡坡圖可知，在第三個因素（含）之前，實際樣本資料的因素解釋能力（特徵值）都是高於隨機模擬資料的因素解釋能力的（實際樣本資料線比模擬資料線高）。因此，根據與平行分析法進行比較後的結果，再次說明了只萃取出三個因素是合理的。

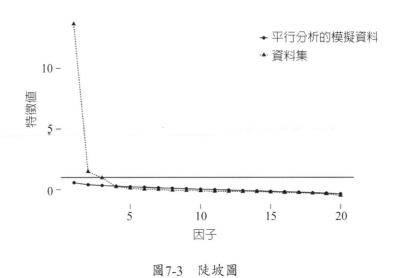

圖7-3　陡坡圖

（三）因素的命名與解釋

　　為使因素具有命名解釋性，本範例採用「promax」法對因素矩陣實施斜交轉軸。同時將轉軸後因素負荷量設定了降冪排序，且因素負荷量小於0.5時將不於報表中顯示，以符合收斂效度原則。轉軸後的因素涵義（因素所包含之題項的綜合性意義）將較為清晰、較具可命名性。由表7-5可知，探索性因素分析結果共可萃取出三個因素，這三個因素的命名與說明如下：

1. 第一個因素（因素1）：專業性服務

　　由表7-5可發現，q12、q17、q15、q9、q10、q18、q13、q11與q5等9個題項變數，在第一個因素上有較高的負荷。也就是說，第一個因素主要解釋了這9個題項變數的意涵（如表7-7的「題項內容」欄位）。觀察這9個題項變數之原始題項內容的意義，可發覺這些題項都是代表著電信業者經營管理的專業服務，因此第一個因素可命名為「專業性服務」。

2. 第二個因素（因素2）：服務等候

其次，q8、q4、q6、q16、q2與q21等6個題項變數，在第二個因素上有較高的負荷，故第二個因素主要解釋了這6個題項變數，而這6個題項變數的原始題項內容之內涵（如表7-7的「題項內容」欄位），都反映著服務等候時間的特質，因此第二個因素將命名為「服務等候」。

3. 第三個因素（因素3）：營業設施

最後，q7、q14、q20、q19與q3等5個題項變數，在第三個因素上有較高的負荷，故第三個因素主要解釋了這5個題項變數，而這5個題項變數的原始題項內容之意涵（如表7-7的「題項內容」欄位），都反映著電信業者之營業設備與服務設施，所以第三個因素將命名為「營業設施」。

（四）探索性因素分析最終結果的呈現

於JASP中，執行完探索性因素分析後所輸出的報表有點複雜，但經由上述系統性的針對因素分析報表進行解說後，相信讀者已可掌握因素分析的精華了。然而在您的報告、專題或論文中，以前述的分析過程來解釋因素分析的結果並不恰當，故建議可將所產生的報表略為整理一下，如此較具可讀性。

一般研究者會將探索性因素分析的結果，整理成如表7-7的因素分析表，表7-7反映出了電信業服務品質的因素結構，即電信業服務品質包含了三個子構面，第一個子構面為「專業性服務」，包含9個題項，其解釋變異量達40.8%，Cronbach's α係數為0.973，屬高信度。第二個子構面為「服務等候」，包含6個題項，其解釋變異量達24.4%，Cronbach's α係數為0.971，亦屬高信度。第三個子構面為「營業設施」，包含5個題項，其解釋變異量達17.6%，Cronbach's α係數為0.920，亦屬高信度。整體而言，總量表的信度（Cronbach's α係數）達0.976，亦屬高信度，代表題項間的內部一致性相當高。

而在各題項之因素負荷量方面則全部都大於0.5，且總累積的可解釋變異量亦達82.800%，此正可以說明本量表的測量亦具有相當不錯的收斂效度，符合初步建構效度的要求。至於區別效度的評估，由於須使用到更進階的統計指標（例如：組合信度、平均變異抽取量）來加以檢驗，因此，在後續的章節中我們再來予以探討。

表7-7　電信業服務品質之因素分析表

因素名稱	題項內容	因素負荷	轉軸後平方負荷量		Cronbach's α 係數
			特徵值	解釋變異量%	
專業性服務	12.客戶資料保密性	0.939	8.161	40.8	0.973
	17.繳納電費方便性	0.937			
	15.話費維持合理價位	0.932			
	09.協助客戶解決問題能力	0.927			
	10.人員的專業知識	0.922			
	18.即時處理客戶抱怨	0.915			
	13.準時寄發繳費通知	0.722			
	11.計費交易正確性	0.720			
	05.營業時間符合需求	0.625			
服務等候	08.完成服務所花時間	0.899	4.874	24.4	0.971
	04.未服務前的等候時間	0.898			
	06.完成異動作業時間	0.811			
	16.臨櫃排隊等候	0.804			
	02.總修復時間	0.804			
	21.申請業務手續簡便	0.748			
營業設施	07.備有電子佈告欄	0.966	3.524	17.6	0.920
	14.備有報紙雜誌	0.860			
	20.櫃檯清楚標示服務項目	0.558			
	19.備有舒適及足夠座椅	0.558			
	03.備有免費申訴或諮詢電話	0.503			
總解釋變異量：82.800%					
整體Cronbach's α係數：0.976					

7-7　驗證性因素分析

　　一般研究者於實證時所設計的問卷，大都是根據理論或文獻的原始量表而來的（具有內容效度）。然而，我們卻常常發現研究者進行探索性因素分析後所得到的因素結構，往往相異於原始量表的因素結構。例如：對於電信業服務品質構面，若研究

者是根據SERVQUAL量表而設計問卷的話，那麼探索性因素分析完應該會有五個子構面，即有形性、可靠性、反應性、確實性與關懷性。然而在範例7-2的實作過程中可發現，研究者的探索性因素分析結果卻只有三個子構面（因素）而已，這樣代誌就有點大條了，因為自打臉了！

然而上述情形，在研究過程中卻是很常見的。很多研究者會將導致此現象的原因，歸因於時空背景、產業因素或抽樣情境的不同。這樣的解釋是不會有什麼大問題，只是比較八股罷了。其實，這都是因為資料的隨機性所引起的。既然探索性因素分析具有試探、摸索的特質，因此對於探索性因素分析結果的解讀、因素命名等，研究者都擁有主觀發言權，發揮您的想像空間，就看您怎麼根據過去的文獻、經驗去解釋、怎麼去自圓其說罷了。

如上述，當然您的指導教授、口試委員或論文審核者不會太難「剃頭」的話，或許解釋、自圓其說等說法就可過關。但是，做研究應該不要賭運氣吧！在已違反原始量表之因素結構的情形下，除了解釋、自圓其說外，研究者該如何脫困呢？或許基於交叉驗證（cross validation）的概念，研究者可使用探索性因素分析所萃取之因素結構為基礎（假設），並以相同的問卷題項，再蒐集另外一組樣本資料，然後運用結構方程模型的驗證性因素分析技術，來驗證先前利用探索性因素分析所萃取之因素結構是具有信度、收斂效度與區別效度的。如此，就是一個解決問題的正確方向，只是比較麻煩要再去蒐集另一份樣本資料罷了。

除了進行驗證性因素分析外，為了證明因素結構的信度、收斂效度與區別效度，尚有兩個基於各題項之因素負荷量所計算出來的統計量（即組合信度與平均變異抽取量），研究者也有必要去理解它們。

7-7-1　組合信度

組合信度（composite reliability，簡稱CR值）與平均變異抽取量（average variance extracted，簡稱AVE值）這兩個統計量是在結構方程模型中，進行驗證性因素分析時才會產生的統計量，且它們都是藉由題項之因素負荷量所計算出來的統計量。通常CR值與AVE值會被應用來評估構面的信度、收斂效度與區別效度。

組合信度又稱為建構信度（construct reliability）。組合信度為構面（因素）的信度指標，可用來衡量構面之所屬題項的內部一致性，其性質類似Cronbach's α係數。CR值越高表示這些題項間的內部一致性越高。一般學者建議構面的CR值宜大於0.6

（Bagozzi and Yi, 1988）。

組合信度的計算公式如下：

$$CR = \frac{(\Sigma\lambda)^2}{[(\Sigma\lambda)^2 + \Sigma(\theta)]} \qquad （式7\text{-}1）$$

CR：組合信度

λ：題項在所屬構面上的標準化因素負荷量

θ：題項的測量誤差，$\theta = 1 - \lambda^2$

　　基本上，由式7-1的公式應可理解，組合信度主要是基於題項之標準化因素負荷量所計算出來的。在計算上算是蠻複雜的，也或許有些讀者根本更不知如何計算起。不過不用擔心，在JASP中執行驗證性因素分析後，報表會自動計算出「Coefficient ω」係數值，此值即為CR值。另外，為方便起見CR值與AVE值的求算，本書已有提供Excel程式碼輔助運算，該Excel檔案之檔名為「cr_ave.xlsx」且已放在本章的範例資料夾中，請讀者自行取用。

▌7-7-2　平均變異抽取量

　　構面的平均變異抽取量，代表著該構面之所屬各題項對該構面之變異的平均解釋能力。也就是說，AVE值的數值大小，將呈現出構面的總變異量有多少是來自於各題項的變異量。其計算公式如下：

$$AVE = \frac{\Sigma\lambda^2}{[\Sigma\lambda^2 + \Sigma(\theta)]} \qquad （式7\text{-}2）$$

AVE：平均變異抽取量

λ：題項在所屬構面上的標準化因素負荷量

θ：題項的測量誤差，$\theta = 1 - \lambda^2$

　　基本上，平均變異抽取量的計算公式也相當複雜。在JASP中執行驗證性因素分析後，報表也會自動的計算出AVE值，相當的體貼。另外，為方便起見CR值與AVE值的求算，本書亦已有提供Excel程式碼輔助運算，該Excel檔案之檔名為「cr_ave.xlsx」且已放在本章的範例資料夾中，請讀者自行取用。

7-7-3 驗證性因素分析的範例

▶ 範例7-3

附錄五為「電信業服務品質問卷」之正式問卷，該問卷之初稿主要是參考SERVQUAL量表建構而成。然經進行主成份分析與探索性因素分析後，卻發現所得之因素結構迥異於SERVQUAL量表。今為驗證該因素結構確實具有信度、收斂效度與區別效度，乃重新再蒐集樣本資料一份（樣本數278個），其檔名為「ex7-3.jasp」，試進行驗證性因素分析後彙整表格，以評鑑該因素結構的配適度，並評估其信度、效度，以確認「電信業服務品質」的因素結構。

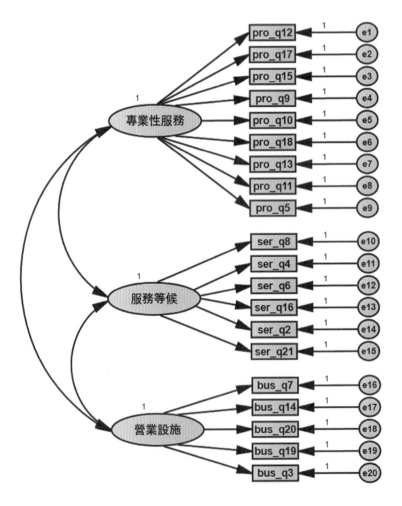

圖7-4　電信業服務品質之因素結構的測量模型圖（由Amos軟體所繪製）

　　建立測量模型（即驗證性因素分析模型）的方法爲：將模型中所涉及的主要變數之因素結構，依序、逐個描述清楚（或繪圖），然後再於各個主要變數間，建立兩兩變數間的共變（相關）關係。因此，根據探索性因素分析所得的因素結構（表7-7），繪製成測量模型圖（又稱驗證性因素分析圖）後，如圖7-4所示。在該模型中共包含三個一階構面（主要變數），分別爲「專業性服務」（包含9個題項或稱9個指標）、「服務等候」（包含6個題項）與「營業設施」（包含5個題項），這些一階構面都屬於潛在變數。須注意的是，測量模型中各一階構面間的關係，必須以代表「共變性」（即相關性，以雙向箭頭線代表）來描述。如圖7-4中，有三個一階構面，因此須畫出三條（C_2^3）代表共變關係（即相關關係）的雙向箭頭線。此外，e1至e20即代表各題項的殘差。另外，在原始的識別狀態下，因素尺規（factor scalling）會預設成「因素負荷量」，即設定每一構面（因素）之第一個指標的因素負荷量固定爲「1」，但這樣的設定會造成這些指標的標準化因素負荷量無法進行顯著性檢定。因此，在本範例中爲了能針對每個題項的因素負荷量都能進行顯著性檢定，所以因素尺規將設定成「因素變異數」（factor variance），也就是將各構面的變異數固定爲「1」，如圖7-4中各橢圓形（構面）上方的「1」。

一、操作步驟

　　經範例7-2的「探索性因素分析」後，初步確認「電信業服務品質」的因素結構如表7-7所示。明顯的，「電信業服務品質」將包含三個子構面（分別爲專業性服務、服務等候與營業設施），共20個題項。爲達交叉驗證之效，研究者乃重新再蒐集樣本資料一份（樣本數278個），並對各題項代碼（題項變數名稱）重新編碼，屬「專業性服務」之題項於原始題項代碼前加上「pro_」、屬「服務等候」之題項於原始題項代碼前加上「ser_」、屬「營業設施」之題項於原始題項代碼前加上「bus_」，從而建立新的資料檔「ex7-3.jasp」。爲能嚴謹的評估該因素結構的信度、收斂效度與區別效度，因此，研究者將針對該資料檔進行「驗證性因素分析」。

　　其次，在JASP中執行「驗證性因素分析」的方式有兩種，第一種方式是執行「因素／驗證性因素分析」功能；第二種方式是執行「結構方程模型」搭配「Lavaan」程式（如第5-5節的範例5-1）。如果研究者要驗證的測量模型中，二階構面的數量小於等於「1」時，則執行第一種方式的驗證性因素分析會比較簡單，且評估信、效度用的CR值與AVE值也會於報表中直接呈現出來。但若測量模型中具有兩個（含）以上的二階構面時，則須以第二種方式來執行驗證性因素分析，且CR值與

AVE值須由使用者自行運算。Lavaan（latent variable analysis，意為潛在變數分析）是一個在統計學和結構方程模型中使用的R語言套件。Lavaan提供了一個方便且靈活的框架，可用於定義和估計各種統計模型，包括潛在變數模型、路徑分析、因素分析、迴歸模型等。由於本範例中，測量模型（如圖7-4）中只包含三個一階子構面，所以執行驗證性因素分析時，將使用上述的第一種方式。故在JASP中，只要執行「因素／驗證性因素分析」功能，就可以順利的進行驗證性因素分析了。詳細操作過程，請讀者自行參閱教學影音檔「ex7-3.mp4」。

二、報表解說

在JASP中，完成設定與執行「驗證性因素分析」的過程，大約只需3到5分鐘。同樣的驗證性因素分析模型，若在著名的結構方程分析軟體Amos中建模並執行的話，保守估計需要30至60分鐘才能得到最終結果。但最令人訝異的是，兩者之執行結果的卡方值與對各觀察變數之因素負荷量的估計竟完全相同（於「驗證性因素分析」功能的設定面板中，選取模仿EQS軟體時），顯見JASP功能與計算能力之強大。在JASP中，執行驗證性因素分析後當可產生許多報表，為有系統的表達輸出結果，讀者可將這些報表彙整成符合一般論文格式之表格或圖形。總共需要彙整出三種表格，即：測量模型配適度指標檢核表、驗證性因素分析摘要表與區別效度檢定表。這三種表格的空白表格，本書已先製作好放在範例資料夾中，其檔名為「評鑑測量模型所須的表格.docx」，請讀者因應不同模型自行修改、取用。

在測量模型分析（即驗證性因素分析）中，除檢驗假設性的因素結構與樣本資料的配適程度外，亦將評估模型中兩種重要的建構效度指標：收斂效度及區別效度。因此，對測量模型的報表進行評鑑與解說時，我們可以參考圖3-4，而將整個評鑑與解說過程分為六個主要階段：

階段一：檢驗單變數常態性與多元常態性（使用最大概似估計法進行估計時）。

階段二：檢驗違犯估計。

階段三：檢驗測量模型配適度。

階段四：評估信度。

階段五：評估收斂效度。

階段六：評估區別效度。

（一）檢驗單變數常態性與多元常態性

在結構方程模型分析的過程中，常使用最大概似估計法（maximum likelihood estimation，ML法）為主要的參數估計方法。但是使用ML法的前提條件是，資料必須滿足單變數常態性與多元常態性的假設。當資料符合常態性的假設時，運用ML法後，所獲得的參數估計結果或統計推論才能獲得確保（黃芳銘，2002；邱皓政，2004）。為了降低研究複雜性與迴避違反多元常態性的風險，Yuan and Hayashi（2006）建議，可使用具有「穩健性」（robust）的方法或使用拔靴法（bootstrap）來估計標準誤差。因此，在本範例中將採納Yuan and Hayashi（2006）的建議，於設定驗證性因素分析的過程中，將選擇具有「穩健性」（robust）的方法來估計標準誤差，以避免須進行多元常態性檢定所衍生出的複雜度與降低因資料違反多元常態性而對標準誤之估計的不當影響。

（二）檢驗違犯估計

所謂違犯估計（offending estimate）是指模型中所估計出來的參數已超出可接受的範圍，亦即模型獲得不適當的解（黃芳銘，2002）。若發生違犯估計的情形，那就表示整個模型的估計是不正確的，因此必須另行處理。一般常發生的違犯估計有以下兩種現象：

1. 有負的殘差變異數存在。
2. 標準化因素負荷量超過或人接近1（大於0.95）。

執行完「驗證性因素分析」後，首先觀察各題項的殘差變異數，由表7-8的「殘差變異數表」的「標準化解（all）」欄位可發現，各題項的標準化殘差變異數介於0.042～0.359之間，全屬正。其次，再觀察表7-9的「因素負荷量表」的「標準化解（all）」欄位，可發現所有題項的標準化因素負荷量介於0.801～0.979之間，雖只有一個題項（pro_q12）的標準化因素負荷量超出0.95（觀察變數pro_q12），但所有題項的標準化因素負荷量皆顯著，故大致上可研判測量模型並沒有違犯估計的問題。

表7-8　殘差變異數表

指標	估計	標準誤	z值	p	95%信賴區間		標準化解（all）
					下界	上界	
pro_q12	0.048	0.009	5.387	<.001	0.030	0.065	0.042
pro_q17	0.429	0.029	14.800	<.001	0.372	0.485	0.350
pro_q15	0.403	0.029	13.931	<.001	0.346	0.460	0.301
pro_q9	0.466	0.029	15.895	<.001	0.408	0.523	0.341
pro_q10	0.452	0.029	15.441	<.001	0.394	0.509	0.336
pro_q18	0.403	0.029	14.092	<.001	0.347	0.459	0.319
pro_q13	0.409	0.029	14.314	<.001	0.353	0.465	0.336
pro_q11	0.390	0.029	13.562	<.001	0.333	0.446	0.311
pro_q5	0.453	0.029	15.505	<.001	0.396	0.510	0.334
ser_q8	0.406	0.035	11.523	<.001	0.337	0.475	0.288
ser_q4	0.449	0.039	11.437	<.001	0.372	0.525	0.335
ser_q6	0.428	0.036	11.977	<.001	0.358	0.498	0.330
ser_q16	0.460	0.038	12.070	<.001	0.386	0.535	0.342
ser_q2	0.402	0.035	11.478	<.001	0.333	0.471	0.285
ser_q21	0.433	0.040	10.754	<.001	0.354	0.512	0.314
bus_q7	0.509	0.042	12.022	<.001	0.426	0.593	0.359
bus_q14	0.423	0.036	11.752	<.001	0.353	0.494	0.313
bus_q20	0.431	0.038	11.362	<.001	0.357	0.506	0.319
bus_q19	0.531	0.043	12.466	<.001	0.448	0.615	0.359
bus_q3	0.432	0.040	10.783	<.001	0.354	0.511	0.275

表7-9　因素負荷量表

因子	指標	估計	標準誤	z值	p	95%信賴區間		標準化解（all）
						下界	上界	
專業性服務	pro_q12	1.043	0.035	30.181	<.001	0.975	1.111	(0.979)
	pro_q17	0.893	0.046	19.378	<.001	0.803	0.983	0.806
	pro_q15	0.968	0.045	21.327	<.001	0.879	1.057	0.836
	pro_q9	0.948	0.047	20.275	<.001	0.857	1.040	0.812
	pro_q10	0.945	0.045	20.923	<.001	0.856	1.033	0.815

表7-9　因素負荷量表（續）

因子	指標	估計	標準誤	z值	p	95%信賴區間		標準化解（all）
						下界	上界	
服務等候	pro_q18	0.928	0.046	20.372	<.001	0.839	1.018	0.825
	pro_q13	0.899	0.049	18.445	<.001	0.804	0.995	0.815
	pro_q11	0.930	0.045	20.772	<.001	0.842	1.018	0.830
	pro_q5	0.950	0.045	20.920	<.001	0.861	1.039	0.816
	ser_q8	1.001	0.049	20.381	<.001	0.905	1.097	0.844
	ser_q4	0.945	0.050	18.920	<.001	0.847	1.042	0.816
	ser_q6	0.932	0.051	18.125	<.001	0.831	1.033	0.819
	ser_q16	0.941	0.049	19.291	<.001	0.846	1.037	0.811
	ser_q2	1.005	0.048	21.105	<.001	0.912	1.099	0.846
	ser_q21	0.973	0.051	19.224	<.001	0.873	1.072	0.828
營業設施	bus_q7	0.954	0.051	18.703	<.001	0.854	1.054	0.801
	bus_q14	0.963	0.046	21.010	<.001	0.873	1.053	0.829
	bus_q20	0.960	0.046	20.654	<.001	0.869	1.051	0.825
	bus_q19	0.974	0.050	19.517	<.001	0.876	1.072	0.801
	bus_q3	1.067	0.049	21.728	<.001	0.971	1.163	0.851

（三）檢驗測量模型配適度

　　測量模型（即，驗證性因素分析模型）必須由所蒐集的樣本資料驗證其配適度。評鑑模型之配適度的優劣與否，是驗證性因素分析的重要工作，且這些配適程度亦代表著測量模型的外在品質。配適度可藉由有許多的指標來加以評估。Hair et al.（1998）將其分爲三種類型：絕對配適指標、增量配適指標及精簡配適指標等。在JASP中執行驗證性因素分析後，可將所產生「卡方檢驗」表、「配適指標」表與「其他配適指標」表彙整至表7-10的「測量模型配適度指標檢核表」中，以便能檢驗樣本資料與測量模型的配適度。唯有測量模型的配適度佳，後續的各種參數估計結果才有意義。

　　由表7-10可知，測量模型之配適度的卡方值爲210.465，機率p值爲0.013，小於0.05，表示研究者所提的測量模型和實際資料的配適情形不佳。但由於卡方檢定本身易受樣本數大小的影響，因此Bagozzi and Yi（1988）認爲不可只參考卡方值，而應

同時考量樣本的大小，故建議使用卡方值與自由度之比值（即Normed Chi-Square）來取代卡方值以檢定模型的配適度。在本範例中，卡方值與自由度之比值為1.260（小於3），表示模型與資料的配適度佳（Bagozzi and Yi, 1988）。再從絕對配適指標、增量配適指標及精簡配適指標等來看，各指標皆能符合良好配適度的標準（Hu and Bentler, 1999）。因此，研判測量模型之配適品質應已符合一般學術研究的要求。在模型良好的配適情形下，亦可稱該模型的外在品質頗佳。

表7-10　測量模型配適度指標檢核表

統計檢定量		標準值	模型配適度	檢定結果
絕對配適指標	χ^2	越小越好	210.465（df=167, p=0.013）	不符標準值
	χ^2/df	小於3	1.260	符合標準值
	GFI	大於0.9	0.932	符合標準值
	SRMR	小於0.08	0.032	符合標準值
	RMSEA	小於0.08	0.031	符合標準值
增量配適指標	NFI	大於0.9	0.958	符合標準值
	NNFI	大於0.9	0.990	符合標準值
	CFI	大於0.9	0.991	符合標準值
	RFI	大於0.9	0.952	符合標準值
	IFI	大於0.9	0.991	符合標準值
精簡配適指標	PNFI	大於0.5	0.842	符合標準值
	CN	大於200	261.797	符合標準值

（四）評估信度

在已證明測量模型配適良好（即，外在品質佳）後，接下來就可評估測量模型的內在品質了。評估內在品質時，將評鑑測量模型的信度、收斂效度與區別效度。一般而言，因素結構之信度、收斂效度與區別效度在學術論文之統計分析部分佔有舉足輕重的地位，它是一切進階統計分析的基礎。評估時，需要用到許多的統計量或準則，這些統計量或準則彙整如表7-11。

表7-11　評估信、效度的準則依據

項目	準則	依據
信度	Cronbach's α係數大於0.7	Hee（2014）
收斂效度	標準化因素負荷量大於0.5，且顯著	Hair et al.（1998）、Hulland（1999）
	CR值大於0.6	Fornell and Larcker（1981）、Bagozzi and Yi（1988）
	AVE值大於0.50	Fornell and Larcker（1981）
區別效度（Fornell-Larcker準則）	每一個構面的AVE平方根應大於該構面與其他構面間的相關係數。	Hair et al.（2010）

　　首先彙整JASP報表中的「因素負荷量表」、「Average variance extracted」表與「Reliability」表，而形成表7-12的「驗證性因素分析摘要表」。接下來，將評估各構面之信度，由表7-12的「驗證性因素分析摘要表」可知，三個潛在構面的Cronbach's α係數分別為0.954、0.929與0.912，皆大於0.7，且量表整體之Cronbach's α係數為0.961，亦大於0.7（Hee, 2014），顯見電信業服務品質及其三個子構面的衡量皆具內部一致性，信度相當高。

表7-12　驗證性因素分析摘要表

二階構面	一階構面	題項代碼	因素負荷量	Cronbach's α	CR值	AVE值
電信業服務品質	專業性服務	pro_q12	0.979*	0.954	0.958	0.700
		pro_q17	0.806*			
		pro_q15	0.836*			
		pro_q9	0.812*			
		pro_q10	0.815*			
		pro_q18	0.825*			
		pro_q13	0.815*			
		pro_q11	0.830*			
		pro_q5	0.816*			
	服務等候	ser_q8	0.844*	0.929	0.929	0.685
		ser_q4	0.816*			
		ser_q6	0.819*			

表7-12　驗證性因素分析摘要表（續）

二階構面	一階構面	題項代碼	因素負荷量	Cronbach's α	CR值	AVE值
電信業服務品質	服務等候	ser_q16	0.811*	0.929	0.929	0.685
		ser_q2	0.846*			
		ser_q21	0.828*			
	營業設施	bus_q7	0.801*	0.912	0.913	0.676
		bus_q14	0.829*			
		bus_q20	0.825*			
		bus_q19	0.801*			
		bus_q3	0.851*			
整體Cronbach's α係數：0.961						

（五）評估收斂效度

收斂效度與區別效度合稱為建構效度，它們是衡量模型內在品質的重要指標。收斂效度主要測試以一個變數發展出的多題問項，最後是否仍會收斂於一個因素（構面）中。評估收斂效度時，必須同時滿足下列的準則（參考表7-11）：

1. 題項變數的標準化因素負荷量必須大於0.5，且顯著（Hair et al., 1998; Hulland, 1999）。

2. 組合信度必須大於0.6（Fornell and Larcker, 1981; Bagozzi and Yi, 1988）。

3. 每個子構面或主構面的平均變異抽取量必須大於0.5（Fornell and Larcker, 1981）。

由表7-12可知：

1. 20個題項變數的標準化因素負荷量，介於0.801～0.979之間，故皆大於0.5，且於 t 檢定時顯著（Hair et al., 1998; Hulland, 1999）。

2. 三個一階潛在構面（因素）的組合信度分別為0.958、0.929與0.913，皆大於0.6（Fornell and Larcker, 1981; Bagozzi and Yi, 1988）。

3. 三個一階潛在構面（因素）的平均變異抽取量分別為0.700、0.685與0.676，皆大於0.5（Fornell and Larcker, 1981）。

經由收斂效度的三項準則檢測後，各參數值皆符合收斂效度的準則，因此，可推論三個潛在構面（因素）應已具有收斂效度。

（六）評估區別效度

區別效度的概念是不同構面間的題項，其相關程度應該要低。亦即，區別效度是指對兩個以上之不同構面間進行評估，若兩兩構面經相關分析後其相關程度很低，則表示此兩個構面間具有區別效度（Churchill, 1979; Anderson and Gerbing, 1988）。在區別效度檢定方面，Hair et al.（2010）等學者建議的判斷準則，為所有構面的AVE平方根應大於該構面與其他構面間的相關係數。基於此，彙整JASP報表中的「因素共變數」表與「Average variance extracted」表而製作成表7-13的「區別效度檢定表」（又稱Fornell-Larcker準則表），以方便評鑑區別效度。表7-13的「區別效度檢定表」中，列與行須依序列出各子構面的名稱或代號，對角線上之儲存格中的數字為AVE平方根，而對角線下之儲存格中的數字則為相關係數，由於模型中各子構面的標準差為「1」（由JASP中的「因素變異數」表得知），故「因素共變數」表中的「估計」或「標準化（all）」欄位的各共變數值即代表各構面間的相關係數。

本研究將依據Fornell-Larcker準則評估構面間的區別效度。雖然「電信業服務品質」屬二階因素結構，但依據Fornell-Larcker準則評鑑區別效度時，並不要求二階構面與其所屬的各一階構面間須具區別效度（Hair et al., 2014）。也就是說，並不用去檢核二階構面（電信業服務品質）的AVE平方根是否都大於其與各一階構面間的相關係數。因此，對於Fornell-Larcker準則的運用，將只針對一階子構面（三個）來進行評鑑即可。

觀察表7-13之各一階構面的區別效度檢定表可發現，三個構面之AVE值平方根全部都大於該值下方的相關係數，因此，符合Fornell and Larcker（1981）對區別效度檢驗所訂定的規則，故本研究認為所有的子構面間皆已具有區別效度。綜合而言，測量模型中各構面的測量上，皆已具有信度、收斂效度，且各構面間亦具有區別效度。因此，研判測量模型的外在品質亦相當良好。

表7-13　區別效度檢定表

構面	題項數	相關係數		
		A	B	C
A. 專業性服務（pro）	9	**0.837**[1]		
B. 服務等候（ser）	6	0.655	**0.828**	
G. 營業設施（bus）	5	0.735	0.700	**0.822**

註1：對角線之值為各子構面之AVE值的平方根，該值應大於非對角線之值。

三、總結

社會科學領域的研究者，經常會蒐集實證性的量化資料來驗證某些理論或假設。為了要維持驗證過程之嚴謹性，首要條件必先去確認測量工具的信度與效度（楊國樞等，2002）。因此，在應用進階統計分析方法之前，本研究將先針對「電信業服務品質」分別評估其因素結構的信度（內部一致性）、構面的收斂效度與構面間的區別效度。

首先，由表7-10得知測量模型和樣本資料的配適程度良好，亦無違犯估計的問題（表7-8、表7-9）。因此，研判測量模型之配適品質應已符合一般學術研究的要求，故模型外在品質頗佳。

接下來，評估模型的內在品質，即評估模型中各構面的信、效度。在問卷的內部一致性方面，觀察表7-12，「電信業服務品質」之因素結構中各子構面的Cronbach's α係數值分別為0.954、0.929與0.912，全部都大於0.7，整體量表的Cronbach's α係數值亦達0.961，明顯超過0.7，表示「電信業服務品質」量表具有高信度（Hee, 2014）。

接著，再來檢驗範例論文中各構面的收斂效度。收斂效度主要在評估一個構面所屬的多題題項，其變異解釋能力是否能充分的解釋構面的變異。由表7-12可見，三個一階潛在構面（因素）的CR值分別為0.958、0.929與0.913，皆大於0.6（Fornell and Larcker, 1981; Bagozzi and Yi, 1988）。接著，20個題項變數的標準化因素負荷量，則介於0.801～0.979之間，故皆大於0.5，且於 t 檢定時，亦皆顯著（Hair et al., 1998; Hulland, 1999）。最後，三個一階潛在構面（因素）的平均變異抽取量則分別為0.700、0.685與0.676，皆大於0.5（Fornell and Larcker, 1981）。故經由收斂效度的三項準則檢測後，各參數值皆符合收斂效度的準則，因此，可推論三個一階潛在構面（因素）應已具有收斂效度。

最後，再來評估構面間的區別效度。觀察表7-13的區別效度檢定表可發現，三個構面之AVE值平方根全部都大於該值下方的相關係數，因此，符合Fornell and Larcker（1981）對區別效度檢驗所訂定的規則，故本研究認為所有的子構面間皆已具有區別效度。

經過上述的信、效度檢驗後，本研究對於「電信業服務品質」的測量工具（即量表）已證實是具有信度的。此外，「電信業服務品質」中的各子構面除具有收斂效度外，構面間亦具有區別效度，代表測量模型的外在品質頗佳，且其因素結構應如圖

7-5或如表7-14所示。整體而言，運用正式問卷中的三個子構面、共20個題項來測量「電信業服務品質」，是可信且有效的。顯示「電信業服務品質」之問卷與因素結構，已適合後續研究之引用或利用了。

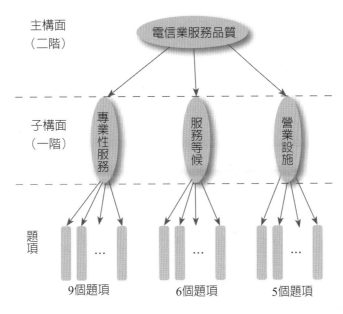

圖7-5　電信業服務品質的因素結構圖

表7-14　電信業服務品質的因素結構表

二階構面	一階構面	題項代碼	題項內容
電信業服務品質	專業性服務	pro_q12	12.客戶資料保密性
		pro_q17	17.繳納電費方便性
		pro_q15	15.話費維持合理價位
		pro_q9	09.協助客戶解決問題能力
		pro_q10	10.人員的專業知識
		pro_q18	18.即時處理客戶抱怨
		pro_q13	13.準時寄發繳費通知
		pro_q11	11.計費交易正確性
		pro_q5	05.營業時間符合需求
	服務等候	ser_q8	08.完成服務所花時間
		ser_q4	04.未服務前的等候時間
		ser_q6	06.完成異動作業時間
		ser_q16	16.臨櫃排隊等候
		ser_q2	02.總修復時間
		ser_q21	21.申請業務手續簡便
	營業設施	bus_q7	07.備有電子佈告欄
		bus_q14	14.備有報紙雜誌
		bus_q20	20.櫃檯清楚標示服務項目
		bus_q19	19.備有舒適及足夠座椅
		bus_q3	03.備有免費申訴或諮詢電話

習 題

練習7-1

假設研究者要發展一份「醫院服務品質」量表，因此乃根據SERVQUAL量表
（Parasuraman, Zeithaml, and Berry, 1988）而設計問卷初稿，「醫院服務品質」量表
之問卷初稿的因素結構如表7-15，而問卷初稿的原始題項請參考附錄六。

表7-15   「醫院服務品質」量表之問卷初稿的因素結構

衡量之變數	問項題號	問項設計之依據
有形性	1～6	
可靠性	7～12	
回應性	13～18	Parasuraman, Zeithaml, and Berry（1988）
保證性	19～24	
同理心	25～30	

接著，我們開始從某家醫院對病患進行問卷調查，請依序回答下列問題：

1. 首先我們蒐集了100份有效問卷，當作預試資料。請針對這筆資料（.../exercise/
   chap7/sq_預試.jasp）進行項目分析，以刪除品質不佳的題項（冗題）。進行項目
   分析時，請使用因素分析法加以檢驗，並製作如表7-16的彙整表。

表7-16   因素分析法刪除冗題

題目內容	獨特性	刪除否
q1		
q2		
q3		
⋮		
⋮		
q30		

2. 待刪除完品質不佳的題項後，重新編排問卷而成為正式問卷。然後再重新進行問卷調查，共蒐集了326份有效問卷（題項的10倍以上），試對這筆樣本資料（sq_正式_1.jasp）進行探索性因素分析，以確認「醫院服務品質」的因素結構是否與SERVQUAL量表相同，而具有五個子構面。若「醫院服務品質」的因素結構與SERVQUAL量表不同時，那麼請您為探索性因素分析所萃取出的因素命名，且以這些因素當作服務品質的新子構面，並製作探索性因素分析結果表，如表7-17。

表7-17　「醫院服務品質」之因素分析表

因素名稱	題項	因素負荷	轉軸後平方負荷量		Cronbach's α
			特徵值	解釋變異量%	
因素一	q1				
	q2				
	q3				
因素二	⋮				
	⋮				
	⋮				
因素三	⋮				
	⋮				
	q23				
總解釋變異量：					
整體信度：					

3. 由於，探索性因素分析所得的因素結構與SERVQUAL量表不同，因此有必要運用結構方程模型的驗證性因素分析技術，來證明研究者所發展出來的「醫院服務品質」量表亦具有信度、收斂效度與區別效度。所以，我們必須蒐集另外一組樣本以收交叉驗證之效。若重新進行問卷調查後，亦蒐集了326份有效問卷，試對這份新的資料（sq_正式_2.jasp）進行驗證性因素分析，以驗證因素結構的有效性，並說明醫院服務品質量表的信度、收斂效度與區別效度（須製作測量模型之驗證性分析表、測量模型配適度指標檢核表與區別效度檢定表）。

第 8 章

結構方程模型分析

　　根據Anderson and Gerbing（1988）及Williams and Hazer（1986）等學者的建議，完整的結構方程模型分析時應分為兩個階段：第一階段為測量模型分析（又稱驗證性因素分析）；第二階段則為結構模型分析（又稱潛在變數的路徑分析）。也就是說，在進行結構方程模型分析時，必須先在第一階段的測量模型分析中，運用驗證性因素分析技術證明模型中各潛在變數的測量是具有信度、收斂效度及區別效度之後，才可進行第二階段的結構模型分析。而結構模型分析的主要目的則在於驗證模型中各個潛在變數間的因果關係，亦即主要針對模型中的潛在變數進行路徑分析，以檢驗結構模型的配適程度與驗證各潛在變數間的相互影響效果。

　　驗證性因素分析的相關概念已於第7章中有所說明，在此不再贅述。本章中，主要將對結構模型分析的概念作介紹，並以一個範例來示範結構方程模型分析的兩階段過程。

8-1　潛在變數的路徑分析

結構方程模型是針對傳統迴歸模型和路徑分析的不足，而將因素分析引入路徑分析後，所發展出來的一種有關於潛在變數之因果關係分析的模型。於上個世紀70年代，在Jöreskog（1973）、Keesling（1972）、Wiley（1973）等統計學家的努力下，由因素分析所代表的「潛在變數研究模型」與路徑分析所代表的「傳統線性迴歸模型」，終於得到了有效的整合，致使結構方程模型的理論逐步蓬勃發展，並在心理學、計量經濟學、教育學、管理科學等學術領域中逐漸獲得普遍性的應用。且在數值分析技術和電腦科學的帶動下，其理論和方法在20世紀80年代末期逐漸成熟，並得以更加廣泛的應用。

潛在變數的路徑分析（path analysis of latent variable）又稱爲結構模型分析，它是一種多變量統計方法，用於探索和評估多個潛在變數之間的因果關係模型。在潛在變數的路徑分析中，主要將涉及兩種類型的變數：觀察變數和潛在變數。研究者測量得到的觀察變數（例如：問卷中的每一個題項）是真正能被分析與計算的基本元素；而潛在變數則是一種由觀察變數所間接測量出來的變數。結構方程模型分析中，潛在變數的變異會受到某一個或某幾個觀察變數的影響。因此，觀察變數又被稱爲是潛在變數的觀測指標或外顯變數。

潛在變數的路徑分析（結構模型分析）與傳統的路徑分析（觀察變數的路徑分析）最主要的不同點在於，有無涉及潛在變數的處理，沒有涉及潛在變數的即爲傳統的路徑分析，傳統的路徑分析其變數性質都是屬於觀察變數，因此研究者對於所關心的概念都是屬於可以實際加以測量得到的觀察變數，且會假設這些觀察變數都沒有測量誤差。而有涉及到潛在變數之處理的分析，即爲潛在變數的路徑分析。潛在變數的路徑分析更適用於處理複雜的因果關係模型，並允許引入潛在變數的概念，以期能以更好的方式，捕捉諸多「現象」背後的複雜性意涵。除了上述的差異外，其分析過程兩者並無不同。迴歸分析、觀察變數的路徑分析與潛在變數的路徑分析等三種線性因果模型的異同比較，如表8-1。

表8-1　三種線性因果模型的異同比較

模型	迴歸模型	觀察變數的路徑分析	潛在變數的路徑分析
因果關係類型	單向	單向（遞迴模型）、雙向（非遞迴模型）	單向（遞迴模型）、雙向（非遞迴模型）
效應類型	直接效果	直接效果、間接效果	直接效果、間接效果
變數類型	觀察變數	觀察變數	潛在變數
誤差設定	自變數無誤差，依變數可以有誤差項	自變數無誤差，依變數可以有誤差項	自變數、依變數都可以有誤差項
參數估計	使殘差平方和最小	使殘差平方和最小	使樣本共變異數矩陣與模型共變異數矩陣的差異最小
檢驗統計量	t、F、R^2	t、F、R^2、Wald	χ^2/df、GFI、AGFI、CFI、NFI等
專用電腦處理軟體	SPSS、SAS、R、JASP	Process、Amos、JASP	Amos、Lisrel、JASP、EQS
樣本量要求	小	較大	大
適用領域	簡單因果關係的研究	有中介變數或雙向的因果關係	自變數存在誤差、潛在變數間存在複雜的因果關係

8-2　結構方程模型分析的第一階段

　　在本節中將透過一個範例，帶領讀者實際操作一次結構方程模型分析的兩階段過程，結構方程模型分析的執行過程是相當繁雜的，故在此範例中所有的操作過程，都將盡量以影音檔呈現。

▶ 範例8-1

請參考附錄一中，範例論文〈品牌形象、知覺價值與品牌忠誠度關係之研究〉的正式問卷與第5-1節中有關該範例論文的相關說明。該論文的原始資料檔為「brand image.jasp」。研究者依據其問卷結構（圖8-1）與範例論文之研究目的，經理論推導三個主構面之因果關係後，乃建立四個關係假設，整合這些假設後，進而提出該範例論文的概念性模型圖，如圖8-2。試進行驗證性因素分析並評鑑範例論文之測量模型，以評估範例模型中，各主要構面的信度、收斂效度與區別效度。

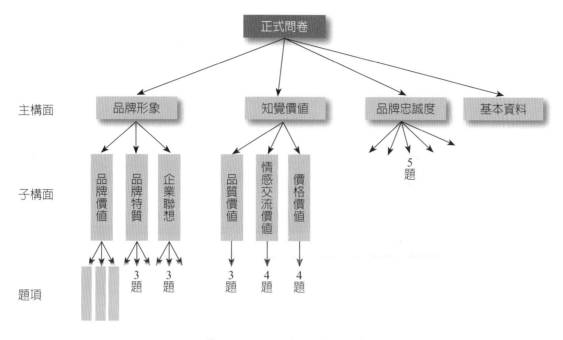

圖8-1 範例論文之正式問卷的因素結構圖

　　範例論文〈品牌形象、知覺價值與品牌忠誠度關係之研究〉的正式問卷與詳細內容說明，請讀者參考附錄一與第5-1節的相關說明。將該問卷之因素結構繪製成樹狀圖（如圖8-1）後，將更容易理解該問卷之構造。由圖8-1可知，範例論文中共包含三個主構面：

一、第一個為「品牌形象」主構面（bi）

　　該主構面中包含三個子構面，分別為：品牌價值（bi1），包含3個題項（bi1_1～bi1_3）；品牌特質（bi2），包含3個題項（bi2_1～bi2_3）；企業聯想（bi3），亦包含3個題項（bi3_1～bi3_3）。

二、第二個為「知覺價值」主構面（pv）

　　該主構面也包含了三個子構面，分別為：品質價值（pv1），包含3個題項（pv1_1～pv1_3）；情感交流價值（pv2），包含4個題項（pv2_1～pv2_4）；價格價值（pv3），亦包含4個題項（pv3_1～pv3_4）。雖然題項中包含反向題（例如：pv3_1、pv3_2），但皆已反向重新計分完成。

三、第三個為「品牌忠誠度」主構面（ly）

該主構面為單一構面，沒有子構面，共包含5個題項（ly1～ly5）。

依題意，我們將建立四個假設（論文中，須寫對立假設），整合這些假設後，進而提出該範例論文的概念性模型圖，如圖8-2。

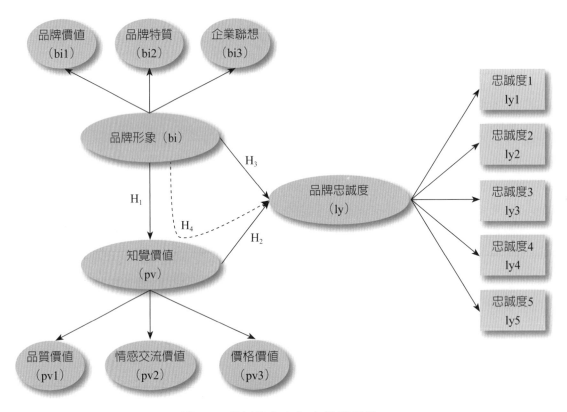

圖8-2　範例論文之概念性模型圖

假設一（H_1）：品牌形象對知覺價值具有直接正向的影響力。

假設二（H_2）：知覺價值對品牌忠誠度具有直接正向的影響力。

假設三（H_3）：品牌形象對品牌忠誠度具有直接正向的影響力。

假設四（H_4）：知覺價值會於品牌形象與品牌忠誠度的關係間，扮演著中介角色。

8-2-1 範例說明與操作過程

由圖8-2的概念性模型圖讀者應不難理解，範例論文的終極目標就是在探討品牌形象、知覺價值與品牌忠誠度等三個主構面間的因果關係，也就是在驗證假設一至假設四是否成立。對於這種具有潛在變數的概念性模型，要去檢驗各潛在變數間的因果關係時，到目前為止，只有使用結構方程模型分析才能解決此類的問題。但是要驗證這些因果關係前，必須先確保模型中品牌形象、知覺價值與品牌忠誠度等三個主構面的測量是可信且有效的，而這也就是Anderson and Gerbing（1988）及Williams and Hazer（1986）等學者所提出的兩階段法之基本概念。即，進行結構方程模型分析時，應把完整的分析過程拆解成兩個階段：第一階段先解決各潛在變數的測量問題，也就是先評鑑測量模型（進行驗證性因素分析），以瞭解各主構面的信度、收斂效度及區別效度；第二階段再評鑑結構模型（進行潛在變數的路徑分析），以驗證各主構面間之因果關係的假設檢定。基於此，在本章中範例8-1將先進行測量模型的評鑑，範例8-2再來進行結構模型的評鑑。

評鑑測量模型時，將使用「驗證性因素分析」技術，來檢驗模型中各主構面的信度、收斂效度及區別效度。檢驗時，須要用到許多的統計量或準則，這些統計量或準則已彙整如表8-2。

表8-2 評估信、效度的準則依據

項目	準則	依據
信度	Cronbach's α係數大於0.7	Hee（2014）
收斂效度	標準化因素負荷量大於0.5，且顯著	Hair et al.（1998）、Hulland（1999）
	CR值大於0.6	Fornell and Larcker（1981）、Bagozzi and Yi（1988）
	AVE值大於0.50	Fornell and Larcker（1981）
區別效度（Fornell-Larcker準則）	每一個構面的AVE平方根應大於該構面與其他構面間的相關係數	Hair et al.（2010）

觀察表8-2，可發現要完整的檢驗信度、收斂效度及區別效度，則必須先取得Cronbach's α係數、各題項的標準化因素負荷量、CR值、AVE值與各構面間的相關係數，這些統計量都可在驗證性因素分析的過程中取得。只是對如圖8-2的概念性模型

圖，該如何來進行驗證性因素分析才是重點。為什麼呢？因為圖8-2的概念性模型圖中包含了兩個二階的主構面，這將使驗證性因素分析的執行變得相當複雜。

由圖8-1的正式問卷結構圖可知，在本範例中將有兩個二階主構面（品牌形象、知覺價值）與一個一階主構面（品牌忠誠度）。對於這樣的狀況，可算是驗證性因素分析過程中，最複雜的情況了。對於這樣具有多個二階構面的模型，進行驗證性因素分析時，在文獻上可找到三種作法：第一種是全模型法、第二種是一階構面法、第三種是主構面法。對於這三種作法，將分別介紹如下：

一、全模型法

所謂全模型法就是依據各主構面的因素結構（不管階層），而直接將所有主構面的因素結構全都繪製在同一個測量模型圖當中，然後再進行驗證性因素分析。以本範例而言，全模型法的測量模型圖（驗證性因素分析圖），如圖8-3所示。

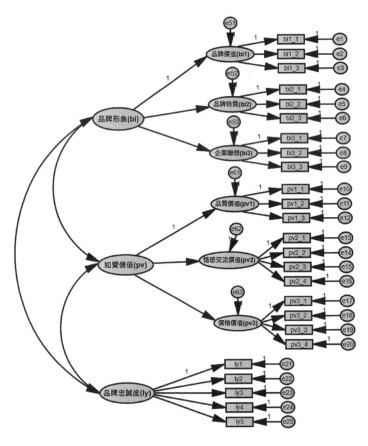

圖8-3　全模型法的測量模型圖（由Amos軟體所繪製）

在圖8-3之全模型法的測量模型圖（驗證性因素分析圖）中，包含了範例論文中所有主構面的因素結構，且各個主構面間兩兩須設定共變關係（即設定相關）。由於模型中包含了兩個二階因素結構，模型的複雜度高，故未來執行完驗證性因素分析後，可能發生的狀況有：模型配適度不佳，這將導致所估計出的參數不值得信賴，或者標準化因素負荷量、CR值、AVE值等統計量無法超越信、效度評估時的準則門檻（表8-2）。尤其是二階主構面的AVE值通常會有偏低的現象，而導致二階構面的收斂效度會不符合學術要求。

雖然，全模型法的測量模型具有上述的困難點，但卻是個比較沒爭議的驗證性因素分析方式。因此，在學術研究上當以此法為第一首選。在JASP中，由於全模型法的測量模型中包含了兩個二階因素結構，因此無法以「因素／驗證性因素分析」功能的拖、拉、點、選方式來進行分析。而必須使用「結構方程模型」功能，再搭配Lavaan程式碼的方式來執行驗證性因素分析（如第5-5節中的範例5-1）。執行全模型法的驗證性因素分析之詳細操作與彙整表格的過程，讀者可自行參閱教學影音檔「ex8-1_全模型法.mp4」。

二、一階構面法

在全模型法的測量模型之驗證性因素分析過程中，由於模型中大部分的變異會由一階構面所抽取，故通常二階構面的AVE值會偏低，進而將導致二階構面的收斂效度，在大部分的情形下都會不符合學術要求。這種現象普遍存在二階的測量模型中，它應是一種自然且可理解的現象。故在不少學術論文中也經常可以看到，雖然模型中包含數個二階構面，但在進行驗證性因素分析時，仍會以一階測量模型的方式（即一階構面法），來評估構面的信度、收斂效度與區別效度。以本範例而言，一階構面法的驗證性因素分析圖，如圖8-4所示。

明顯的，在圖8-4之一階構面法的測量模型圖中，只包含了範例論文中所有的一階構面之因素結構，二階主構面的角色不見了，且各個一階構面間兩兩須設定共變關係（即設定相關）。這種一階構面法的驗證性因素分析方式，應該是學術研究中最常見的驗證性因素分析方式。因為使用一階構面法時，只要樣本資料不至於太差的話，其模型的配適度應都能符合學術性要求，且對於信、效度的評估也都能符合表8-2的準則門檻。

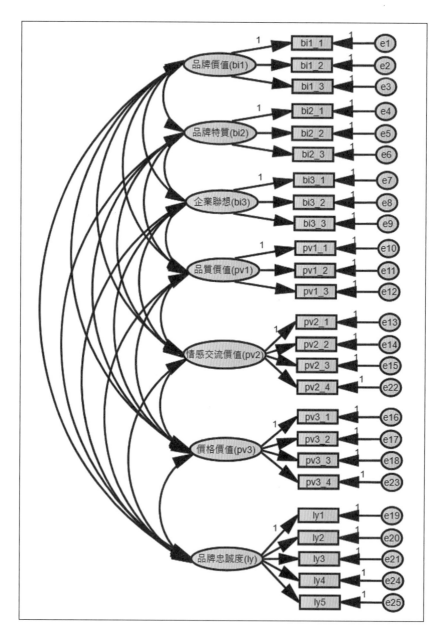

圖8-4　一階構面法之測量模型圖（由Amos軟體所繪製）

　　此外，在JASP中執行一階構面法的驗證性因素分析時，只要執行「因素／驗證性因素分析」功能，就能以拖、拉、點、選的方式輕鬆完成分析，毫無困難度可言。執行一階構面法的驗證性因素分析之詳細操作與彙整表格的過程，讀者可自行參閱教學影音檔「ex8-1_一階構面法.mp4」。

三、主構面法

在主構面法中，將針對模型中的各主構面，依據其因素結構個別的進行驗證性因素分析。以本範例而言，模型中共有三個主構面，因此就必須繪製三個測量模型圖，並執行驗證性因素分析三次，如圖8-5、圖8-6與圖8-7所示。執行主構面法的驗證性因素分析之詳細操作與彙整表格的過程，讀者可自行參閱教學影音檔「ex8-1_主構面法.mp4」。

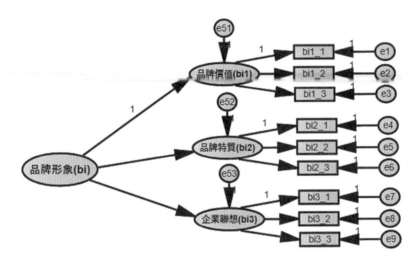

圖8-5　品牌形象主構面之驗證性因素分析圖（由Amos軟體所繪製）

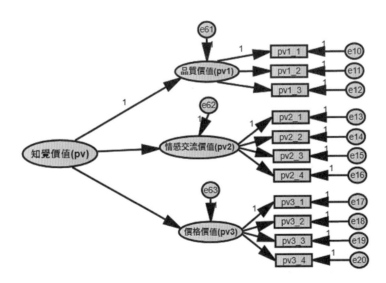

圖8-6　知覺價值主構面之驗證性因素分析圖（由Amos軟體所繪製）

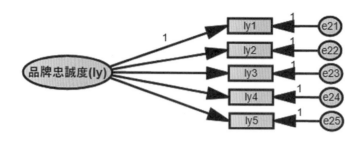

圖8-7　品牌忠誠度主構面之驗證性因素分析圖（由Amos軟體所繪製）

在全模型法、一階構面法萬一都無法通過模型配適度檢驗或不符合表8-2的信、效度準則要求時，使用主構面法大概就是脫困的最佳良策。雖然，主構面法會產生爭議，但也有其合理性。畢竟驗證性因素分析的主要目的，在於驗證各主構面的信度、收斂效度及區別效度。而主構面法中針對各個主構面，單獨的進行驗證性因素分析，不也正好符合檢驗各主構面信、效度的需求嗎？只是這過程中並無法應用統計方法，檢驗各主構面間的區別效度罷了。然而，讀者應理解在結構方程模型的研究中，各主構面的測量已皆有所本，也就是說，各主構面皆有其各自的特徵、意涵，且其題項、使用量表也都是參酌過往學者研究而得，因此，各主構面間也應自然具有區別效度。

此外，在JASP中執行主構面法的各個驗證性因素分析時，也是只要執行「因素／驗證性因素分析」功能（因圖8-5至圖8-7的各模型圖中，最多只有一個二階構面），就能以拖、拉、點、選的方式輕鬆完成所有的驗證性因素分析工作了。

具備上述的認知後，作者建議當面對這種含二階主構面的複雜模型圖時，進行驗證性因素分析時，最好能遵守如圖8-8的流程策略。

圖8-8之流程策略的說明如下：

1. 先以一階構面法執行驗證性因素分析。

2. 若一階構面法的驗證性因素分析結果，配適度良好且信、效度良好，則可再執行全模型法的驗證性因素分析。若全模型法的驗證性因素分析結果，配適度良好且信、效度也良好時，則可將一階構面法的報表和全模型法的報表一起呈現在論文中，否則就只呈現一階構面法的報表就好。

3. 若一階構面法的驗證性因素分析結果，配適度不佳或信、效度不佳，則就退而執行主構面法的驗證性因素分析。若主構面法的驗證性因素分析結果，配適度良好且信、效度也良好時，則可呈現主構面法的報表。否則，代表該樣本資料一事無成，放棄使用結構方程模型來進行分析也無妨。

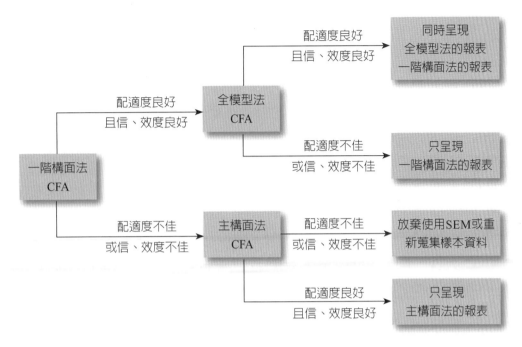

圖8-8　執行驗證性因素分析圖的流程策略

　　由於範例論文具有兩個二階構面，故進行驗證性因素分析時，可參考圖8-8的流程策略。故在本範例中，將先評估模型中所有一階構面（一階構面法）的信、效度，再評估二階構面（全模型法）的信、效度。因此，必須進行兩次的驗證性因素分析。所有一階構面的驗證性因素分析模型（一階構面法），於JASP中只要使用「因素／驗證性因素分析」功能，即可進行驗證性因素分析。至於二階構面（全模型法）的驗證性因素分析，如果模型中只有一個二階構面時，也可使用「因素／驗證性因素分析」功能，但若有兩個以上的二階構面同時存在時，則因「因素／驗證性因素分析」功能無法同時描述兩個以上的二階構面，因此則必須在「結構方程模型」功能中搭配Lavaan程式碼的使用，才能順利的進行驗證性因素分析。

　　其次，必須理解的是，使用「因素／驗證性因素分析」功能時，報表中會顯示出評估信、效度的重要指標CR值與AVE值。但使用「結構方程模型」功能搭配Lavaan程式碼時，研究者必須根據各構面指標的標準化因素負荷量，而自行求算CR值與AVE值。但為方便起見，CR值與AVE值的求算，本書已有提供Excel程式碼輔助運算，該Excel檔案之檔名為「cr_ave.xlsx」，且已放在本章的範例資料夾中，請讀者自行取用。

　　執行一階構面法與全模型法的驗證性因素分析之詳細操作與彙整表格的過程，讀

結構方程模型分析：JASP的應用

者可直接參閱教學影音檔「ex8-1_一階構面法.mp4」（請掃描圖8-9）與「ex8-1_全模型法.mp4」（請掃描圖8-12）。

8-2-2　評鑑測量模型前的準備工作

　　執行驗證性因素分析後當可產生許多報表，為有系統的表達輸出結果，讀者可將這些報表彙整成符合一般論文格式之表格或圖形。總共須要彙整出三種表格，即：測量模型配適度指標檢核表（表8-5）、測量模型的驗證性因素分析摘要表（表8-6）與區別效度檢定表（表8-7）。這三種表格的空白表格，本書已先製作好放在範例資料夾中，其檔名為「評鑑測量模型所須的表格.docx」，請讀者因應不同模型自行修改、取用。此外，執行一階構面法的驗證性因素分析之詳細操作與彙整表格的過程，讀者可自行參閱教學影音檔「ex8-1_一階構面法.mp4」，其QR Code如圖8-9，請讀者自行掃描。

圖8-9　ex8-1_一階構面法.mp4

8-2-3　一階構面測量模型（使用一階構面法）的評鑑

　　依據Anderson and Gerbing（1988）及Williams and Hazer（1986）等學者的建議，進行完整的結構方程模型分析時，應分為兩個階段：第一階段先評鑑測量模型，以瞭解各構面的信度、收斂效度及區別效度；第二階段再評鑑結構模型（即路徑模型），以驗證各構面間之因果關係的假設檢定。因此，首要工作將進行測量模型的評鑑，評鑑前須先執行「驗證性因素分析」以輸出評鑑時所需的相關數據或統計量。由於範例模型的主構面間包含兩個二階構面，因此，遵照圖8-8的策略流程圖，在此將以先「一階構面法」、後「全模型法」的方式進行驗證性因素分析。故首先在本階段中，將先執行「一階構面法」的驗證性因素分析，其模型圖如圖8-4。執行後所獲數

164

據將進行測量模型評鑑，參考圖3-4，評鑑時將分為六個階段來進行：

　　階段一：檢驗單變數常態性與多元常態性（使用最大概似估計法進行估計
　　　　　　時）。

　　階段二：檢驗違犯估計。

　　階段三：檢驗模型配適度。

　　階段四：檢驗信度。

　　階段五：檢驗收斂效度。

　　階段六：檢驗區別效度。

（一）檢驗單變數常態性與多元常態性

　　在本範例中，將採納Yuan and Hayashi（2006）的建議，於設定驗證性因素分析的過程中，將選擇具有「穩健性」（robust）的方法來估計標準誤差，以避免須進行多元常態性檢定所衍生出的複雜度與降低因資料違反多元常態性而對標準誤之估計的不當影響。因此，既已選定「穩健性」的方法來估計標準誤差，故可不用進行單變數常態性與多元常態性的檢定。但若讀者執意要使用最大概似估計法進行估計時，那麼可參考第6章的說明，先進行單變數常態性與多元常態性的檢定。

（二）檢驗違犯估計

　　所謂違犯估計（offending estimate）是指在測量模型或結構模型中，所估計出來的參數已超出可接受的範圍，亦即模型獲得不適當的解（黃芳銘，2002）。若發生違犯估計的情形，那就表示整個模型的估計是不正確的，因此必須另行處理。一般常發生的違犯估計有以下兩種現象：

1. 有負的殘差變異數存在。

2. 標準化因素負荷量超過或太接近1（大於0.95）。

　　使用「一階構面法」的測量模型（簡稱一階測量模型）之模型圖，如圖8-4所示。在該模型中共包含七個一階構面，模型中的bi1、bi2、bi3即為二階構面品牌形象（bi）的三個子構面；而pv1、pv2、pv3則為二階構面知覺價值（pv）的三個子構面。須注意的是，測量模型中各一階構面間的關係，必須以代表「共變性」（即相關性，以雙向箭頭線代表）來描述。如圖8-4中，有七個一階構面，因此須畫出28條（C_2^7）代表共變關係（即相關關係）的雙向箭頭線。

　　執行完一階構面法的「驗證性因素分析」後（請參閱教學影音檔「ex8-1_一階

構面法.mp4」），首先觀察殘差變異數，由表8-3的「殘差變異數表」之「標準化解（all）」欄位可發現，殘差變異數介於0.121～0.326之間，全屬正。其次，再觀察表8-4的「因素負荷量表」之「標準化解（all）」欄位，可發現所有題項的標準化因素負荷量介於0.821～0.938之間，並沒有超過或太接近1的現象，由此可研判，一階測量模型並沒有違犯估計的問題。

表8-3　殘差變異數表

指標	估計	標準誤	z值	p	95%信賴區間		標準化解（all）
					下界	上界	
bi1_1	0.590	0.067	8.776	<.001	0.458	0.721	0.326
bi1_2	0.600	0.086	6.939	<.001	0.430	0.769	0.306
bi1_3	0.473	0.066	7.223	<.001	0.345	0.602	0.240
bi2_1	0.263	0.044	5.931	<.001	0.176	0.350	0.121
bi2_2	0.338	0.055	6.122	<.001	0.230	0.446	0.157
bi2_3	0.419	0.048	8.789	<.001	0.326	0.513	0.201
bi3_1	0.366	0.081	4.548	<.001	0.208	0.524	0.149
bi3_2	0.306	0.045	6.781	<.001	0.217	0.394	0.146
bi3_3	0.399	0.065	6.112	<.001	0.271	0.527	0.198
pv1_1	0.500	0.055	9.088	<.001	0.392	0.608	0.214
pv1_2	0.432	0.050	8.589	<.001	0.333	0.530	0.192
pv1_3	0.505	0.057	8.831	<.001	0.393	0.618	0.212
pv2_1	0.414	0.042	9.752	<.001	0.331	0.497	0.150
pv2_2	0.471	0.042	11.192	<.001	0.388	0.553	0.177
pv2_3	0.458	0.044	10.420	<.001	0.372	0.544	0.174
pv2_4	0.606	0.090	6.761	<.001	0.431	0.782	0.231
pv3_1	0.552	0.068	8.077	<.001	0.418	0.686	0.200
pv3_2	0.545	0.051	10.689	<.001	0.445	0.645	0.207
pv3_3	0.495	0.072	6.907	<.001	0.354	0.635	0.193
pv3_4	0.692	0.090	7.659	<.001	0.515	0.869	0.252
ly1	0.474	0.040	11.706	<.001	0.395	0.553	0.179
ly2	0.534	0.043	12.427	<.001	0.449	0.618	0.201
ly3	0.423	0.037	11.497	<.001	0.351	0.496	0.161
ly4	0.459	0.038	12.032	<.001	0.384	0.534	0.181
ly5	0.466	0.036	13.037	<.001	0.396	0.536	0.190

表8-4　因素負荷量表

因子	指標	估計	標準誤	z值	p	95%信賴區間		標準化解（all）
						下界	上界	
bi1	bi1_1	1.104	0.065	16.936	<.001	0.976	1.232	0.821
	bi1_2	1.167	0.065	17.935	<.001	1.039	1.294	0.833
	bi1_3	1.226	0.064	19.216	<.001	1.101	1.351	0.872
bi2	bi2_1	1.384	0.053	26.113	<.001	1.280	1.488	0.938
	bi2_2	1.346	0.056	23.823	<.001	1.235	1.457	0.918
	bi2_3	1.290	0.058	22.330	<.001	1.176	1.403	0.894
bi3	bi3_1	1.446	0.055	26.333	<.001	1.339	1.554	0.923
	bi3_2	1.337	0.056	24.076	<.001	1.228	1.446	0.924
	bi3_3	1.271	0.053	23.959	<.001	1.167	1.375	0.895
pv1	pv1_1	1.356	0.063	21.382	<.001	1.231	1.480	0.887
	pv1_2	1.350	0.061	22.097	<.001	1.230	1.469	0.899
	pv1_3	1.373	0.062	22.020	<.001	1.250	1.495	0.888
pv2	pv2_1	1.532	0.058	26.468	<.001	1.419	1.646	0.922
	pv2_2	1.479	0.062	23.863	<.001	1.358	1.601	0.907
	pv2_3	1.476	0.059	24.927	<.001	1.360	1.592	0.909
	pv2_4	1.420	0.061	23.253	<.001	1.300	1.540	0.877
pv3	pv3_1	1.488	0.060	24.981	<.001	1.371	1.605	0.895
	pv3_2	1.446	0.058	24.864	<.001	1.332	1.560	0.891
	pv3_3	1.438	0.056	25.581	<.001	1.328	1.548	0.898
	pv3_4	1.435	0.065	21.937	<.001	1.307	1.563	0.865
ly	ly1	1.474	0.056	26.241	<.001	1.364	1.584	0.906
	ly2	1.455	0.060	24.157	<.001	1.337	1.573	0.894
	ly3	1.485	0.058	25.501	<.001	1.371	1.599	0.916
	ly4	1.440	0.061	23.735	<.001	1.321	1.559	0.905
	ly5	1.409	0.060	23.628	<.001	1.292	1.526	0.900

（三）檢驗模型配適度

模型配適度代表著模型的外在品質，檢驗模型配適度時須從四個面向著手，即卡方值、絕對配適指標、增量配適指標及精簡配適指標。這些指標中以卡方值最為重

要，因為模型配適度檢驗的虛無假設是「模型與樣本資料配適」，因此必須以卡方適合度檢驗來進行檢定。而且在此檢定中，研究者都是期待檢定結果是「不顯著的」，這樣才能接受「模型與樣本資料配適」的假設。至於絕對、增量與精簡等配適指標只是輔助卡方檢定，以研判模型是否配適的指標而已。

據此，觀察表8-5的「配適度指標檢核表」，一階構面測量模型之配適度的卡方值為325.772，機率p值為0.002，小於0.05，故不可接受「模型配適樣本資料」的虛無假設，表示研究者所提的概念性模型和實際樣本資料的配適情形不佳。但由於卡方統計量本身受樣本數大小的影響，因此，Bagozzi and Yi（1988）認為不可只參考卡方值，而應同時考量樣本的大小，故建議使用卡方值與自由度之比值（即Normed Chi-Square）來取代卡方值以檢定模型的配適度。在本範例中，卡方值與自由度之比值為1.283，已小於配適標準值3（Bagozzi and Yi, 1988），因此表示一階構面測量模型與資料的配適度佳。

再從絕對配適指標、增量配適指標及精簡配適指標等輔助性配適指標來看，各指標皆已能符合良好配適度的標準。因此，研判一階構面測量模型之外在品質應已符合一般學術研究的要求。

表8-5　一階構面測量模型的配適度指標檢核表

統計檢定量		標準值	範例模型
絕對配適指標	χ^2	越小越好	325.772（df=254, p=0.002）
	χ^2/df	小於3	1.283*
	GFI	大於0.9	0.926*
	SRMR	小於0.08	0.026*
	RMSEA	小於0.08	0.030*
增量配適指標	NFI	大於0.9	0.958*
	NNFI	大於0.9	0.989*
	CFI	大於0.9	0.990*
	RFI	大於0.9	0.950*
	IFI	大於0.9	0.990*
精簡配適指標	PNFI	大於0.5	0.811*
	CN	大於200	285.307*

註：*表示合乎標準值。

（四）檢驗信度

在已證明一階構面測量模型配適良好後，接下來就可評估一階構面測量模型的內在品質了。評估內在品質時，將評鑑一階構面測量模型的信度、收斂效度與區別效度。一般而言，構面的信度、收斂效度與區別效度在學術論文之統計分析部分佔有舉足輕重的地位，它是一切進階統計分析的基礎。評估時，需要用到許多的統計量或準則，這些統計量或準則已彙整如表8-2。

首先評估各一階構面之信度，由彙整好的表8-6之「驗證性因素分析摘要表」可知，七個一階潛在構面的Cronbach's α係數介於0.879～0.957之間，皆大於0.7，且量表整體之Cronbach's α係數為0.928，亦大於0.7（Hee, 2014），顯見各一階子構面的衡量皆具內部一致性，信度相當高。

（五）檢驗收斂效度

收斂效度主要評估以一個變數所發展出的多題問項，其題項意涵最後是否仍會收斂於該因素（構面）中。評估構面之收斂效度時，必須同時滿足下列的準則（參考表8-2）：

1. 題項變數的標準化因素負荷量必須大於0.5，且顯著（Hair et al., 1998; Hulland, 1999）。

2. 組合信度（CR值）必須大於0.6（Fornell and Larcker, 1981; Bagozzi and Yi, 1988）。

3. 每個子構面或主構面的平均變異抽取量（AVE值）必須大於0.5（Fornell and Larcker, 1981）。

由表8-6的「驗證性因素分析摘要表」可知：

1. 25個題項變數的標準化因素負荷量介於0.821～0.938之間，故皆大於0.5，且都顯著（Hair et al., 1998; Hulland, 1999）。

2. 七個一階潛在構面（因素）的組合信度介於0.881～0.957之間，皆大於0.6（Fornell and Larcker, 1981; Bagozzi and Yi, 1988）。

3. 七個一階潛在構面（因素）的平均變異抽取量介於0.711～0.841之間，皆大於0.5（Fornell and Larcker, 1981）。

經由收斂效度的三項準則檢測後，各統計量值皆能符合收斂效度的準則，因此，可推論七個一階潛在構面應皆已具有收斂效度。

表8-6　一階構面測量模型之驗證性因素分析摘要表

一階構面	指標	標準化因素負荷量	Cronbach's α	CR值	AVE值
品牌價值（bi1）	bi1_1	0.821*	0.879	0.881	0.711
	bi1_2	0.833*			
	bi1_3	0.872*			
品牌特質（bi2）	bi2_1	0.938*	0.940	0.941	0.841
	bi2_2	0.918*			
	bi2_3	0.894*			
企業聯想（bi3）	bi3_1	0.923*	0.938	0.939	0.837
	bi3_2	0.924*			
	bi3_3	0.895*			
品質價值（pv1）	pv1_1	0.887*	0.920	0.920	0.794
	pv1_2	0.899*			
	pv1_3	0.888*			
情感交流價值（pv2）	pv2_1	0.922*	0.947	0.947	0.817
	pv2_2	0.907*			
	pv2_3	0.909*			
	pv2_4	0.877*			
價格價值（pv3）	pv3_1	0.895*	0.936	0.937	0.787
	pv3_2	0.891*			
	pv3_3	0.898*			
	pv3_4	0.865*			
品牌忠誠度（ly）	ly1	0.906*	0.957	0.957	0.818
	ly2	0.894*			
	ly3	0.916*			
	ly4	0.905*			
	ly5	0.900*			
整體信度：0.928					

註：*表示在$\alpha = 0.05$時，顯著。

（六）檢驗區別效度

最後，再來評估一階構面間的區別效度。本研究將依據Fornell-Larcker準則來評估構面間的區別效度。觀察表8-7的區別效度檢定表可發現，各一階構面之AVE值平方根全部都大於該構面與其他構面間的相關係數（即表8-7的對角線中，各AVE值平方根下方的相關係數）。因此，符合Fornell and Larcker（1981）對區別效度檢驗所訂定的規則。故本研究認為所有的一階構面間，皆已具有區別效度。

表8-7　一階構面測量模型之區別效度檢定表

構面	相關係數						
	A	B	C	D	E	F	G
A. 品牌價值（bi1）	**0.843**						
B. 品牌特質（bi2）	0.439	**0.917**					
C. 企業聯想（bi3）	0.581	0.386	**0.915**				
D. 品質價值（pv1）	0.303	0.201	0.203	**0.891**			
E. 情感交流價值（pv2）	0.230	0.266	0.197	0.405	**0.904**		
F. 價格價值（pv3）	0.233	0.268	0.268	0.400	0.468	**0.887**	
G. 品牌忠誠度（ly）	0.422	0.338	0.317	0.329	0.407	0.408	**0.904**

註：對角線之值為此一潛在變數之平均變異抽取量（AVE）的平方根，該值應大於其下方，非對角線之值（即相關係數）。

（七）一階構面測量模型評鑑之總結

經一階構面測量模型評鑑後，從模型的配適度、各題項的標準化因素負荷量、信度、收斂效度與區別效度的驗證結果來看，整體而言，使用「一階構面法」的測量模型其配適度佳，且各構面亦具有信度、收斂效度，而構面間亦具有區別效度。因此，一階構面模型的內、外在品質俱佳。在這種情況下，根據圖8-8的策略流程，接下來將再評鑑使用「全模型法」之二階構面測量模型。至於，「主構面法」的驗證性因素分析則在本範例中，將不會予以執行。但是，對於執行「主構面法」的驗證性因素分析之詳細操作與彙整表格的過程，讀者亦可自行參閱教學影音檔「ex8-1_主構面法.mp4」（請掃描圖8-10）。

圖8-10　ex8-1_主構面法.mp4

■ 8-2-4　二階構面測量模型（使用全模型法）的評鑑

在評鑑使用「一階構面法」之測量模型後，可發現無論是模型的配適度（外在品質）或信、效度（內在品質），都已能符合學術要求了。接下來，將針對「使用全模型法的二階構面測量模型」（簡稱二階測量模型）進行驗證性因素分析。由於範例模型中包含了兩個二階構面（如圖8-3），因此進行「全模型法」的驗證性因素分析時，只能使用「結構方程模型」功能搭配Lavaan程式碼來執行。執行「全模型法」之驗證性因素分析的Lavaan程式碼相當簡單，基本上就是將各一階、二階構面的因素結構，依序分別使用Lavaan的基本運算子來描述清楚就可以了。

一、編寫二階構面測量模型的Lavaan程式

在JASP中執行驗證性因素分析時，也可使用「結構方程模型」模組中的「結構方程模型」功能，但使用此功能時各種分析的執行，須由使用者自行撰寫Lavaan程式碼，門檻較高。Lavaan是個R語言套件，主要用於實踐傳統統計學的各種分析技術與進行結構方程模型分析。Lavaan提供了一個方便且靈活的框架，可用於定義和估計各種統計模型，包括潛在變數模型、路徑分析、因素分析、迴歸模型等。

二階測量模型於執行驗證性因素分析後，也須將所得數據彙整成「測量模型配適度指標檢核表」（表8-10）、「測量模型之驗證性因素分析摘要表」（表8-11）與「區別效度檢定表」（表8-12）等三張表格，以利後續之「二階測量模型評鑑」。進行「二階測量模型評鑑」時，其方式也是須經歷如第8-2-3節中所介紹的六個階段。二階測量模型之Lavaan程式製作，只要根據圖8-3的「全模型法的測量模型圖」，再參酌表5-11「Lavaan的基本運算子」，應該就可輕鬆的編寫出其Lavaan程式。二階測量模型之Lavaan程式如圖8-11所示。該程式已儲存在範例資料夾中的「ex8-1_全模型

法_程式碼.txt」檔案中，基本上，這個Lavaan程式應該很容易就可理解，各列程式碼的說明如下：

```
  # 描述品牌形象之各一階構面的測量指標
1 bi1 =~ bi1_1 + bi1_2 + bi1_3
2 bi2 =~ bi2_1 + bi2_2 + bi2_3
3 bi3 =~ bi3_1 + bi3_2 + bi3_3

  # 描述知覺價值之各一階構面的測量指標
4 pv1 =~ pv1_1 + pv1_2 + pv1_3
5 pv2 =~ pv2_1 + pv2_2 + pv2_3 + pv2_4
6 pv3 =~ pv3_1 + pv3_2 + pv3_3 + pv3_4

  # 描述品牌忠誠度的測量指標
7 ly =~ ly1 + ly2 + ly3 + ly4 + ly5

  # 描述品牌形象與知覺價值等二階構面之測量指標
8 bi =~ bi1 + bi2 + bi3
9 pv=~ pv1 + pv2 + pv3
```

圖8-11　執行二階測量模型之程式碼

圖8-11中的各列程式碼之意義，建議讀者必須搭配圖8-3與表5-11一起看，比較容易看得懂，具體說明如下：

- 第1列：描述bi1子構面是由bi1_1、bi1_2與bi1_3等3個題項所測量。
- 第2列：描述bi2子構面是由bi2_1、bi2_2與bi2_3等3個題項所測量。
- 第3列：描述bi3子構面是由bi3_1、bi3_2與bi3_3等3個題項所測量。
- 第4列：描述pv1子構面是由pv1_1、pv1_2與pv1_3等3個題項所測量。
- 第5列：描述pv2子構面是由pv2_1、pv2_2、pv2_3與pv2_4等4個題項所測量。
- 第6列：描述pv3子構面是由pv3_1、pv3_2、pv3_3與pv3_4等4個題項所測量。
- 第7列：描述ly主構面是直接由ly1、ly2、ly3、ly4與ly5等5個題項所測量。
- 第8列：描述bi主構面（二階構面）是由bi1、bi2與bi3等3個子構面所測量。
- 第9列：描述pv主構面（二階構面）是由pv1、pv2與pv3等3個子構面所測量。

基本上，在Lavaan程式中，只要將概念性模型中的各主構面的因素結構，使用「=~」運算子描述清楚，就可以建立測量模型了。至於，圖8-3中各主構面間的共變（相關）關係，並不用於Lavaan程式中加以描述，JASP的「結構方程模型」功能會自動加入這些共變關係。

此外，圖8-3中各主構面或子構面的第一個因素負荷量會預設並固定為「1」，

這個設定稱為因素尺規（factor scalling），而且是將尺規設定在「因素負荷量」。這是為了使模型能被識別（model identification）所做的設定，模型要能被識別才能被執行成功。在JASP的「結構方程模型」功能中，原始的識別狀態下因素尺規會預設成「因素負荷量」，即設定每一構面（因素）之第一個指標的因素負荷量固定為「1」，但這樣的設定會造成這些指標的標準化因素負荷量無法進行顯著性檢定。因此，在本範例中，為了能針對每個題項的因素負荷量都能進行顯著性檢定，所以因素尺規將改設定成「因素變異數」（factor variance），也就是將各構面的變異數固定為「1」。有關因素尺規的設定也不須在Lavaan程式中陳述，未來只須在「結構方程模型」功能的「設定面板」中，進行設定即可。

最後，不管是測量誤差項（圖8-3中的e1至e25）或結構誤差項（圖8-3中的e51至e53、e61至e63），JASP的「結構方程模型」功能也會自動加入這些誤差項，使用者也不用於Lavaan程式中進行編碼。因此，明顯的，利用Lavaan程式建立測量模型時，只要將各主構面、子構面、題項間的關係（即因素結構）描述清楚、完整即可，相當容易理解。比起Amos須以畫模型圖的方式來建立測量模型，真的是簡單太多了。

二、全模型驗證性因素分析之執行與報表彙整

執行全模型驗證性因素分析之詳細操作與彙整表格的過程，讀者可直接參閱教學影音檔「ex8-1_全模型法.mp4」（請掃描圖8-12）。

圖8-12　　ex8-1_全模型法.mp4

執行驗證性因素分析後，所獲數據亦將進行測量模型評鑑，評鑑時將分為六個階段來進行：

階段一：檢驗單變數常態性與多元常態性（使用最大概似估計法進行估計時）。

階段二：檢驗違犯估計。

階段三：檢驗模型配適度。

階段四：檢驗信度。

階段五：檢驗收斂效度。

階段六：檢驗區別效度。

（一）檢驗單變數常態性與多元常態性

在本範例中，將選擇具有「穩健性」（robust）的方法來估計標準誤差。因此，可不用進行單變數常態性與多元常態性的檢定。

（二）檢驗違犯估計

執行完「全模型法」之二階的「驗證性因素分析」後，首先觀察殘差變異數，由表8-8「殘差變異數表」的「標準化／所有」欄位可發現，殘差變異數介於0.120～0.328之間，且全都屬於正。其次，再觀察表8-9的「二階因素負荷量表」的「所有」欄位（代表標準化因素負荷量），可發現品牌形象（bi）的三個二階指標（bi1、bi2、bi3）、知覺價值（pv）的三個二階指標（pv1、pv2、pv3）、品牌忠誠度的五個一階指標（ly1、ly2、ly3、ly4、ly5）等指標的標準化因素負荷量介於0.569～0.916之間，並沒有超過或太接近1的現象；同時，讀者須注意的是，在二階測量模型中所估計出來的一階標準化因素負荷量（表8-9中，沒有被框起來的因素負荷量），和使用「一階構面法」所估計出來的標準化因素負荷量（如表8-6），幾乎是一模一樣的，這也再次說明了縱使模型中包含了二階構面，但仍只使用「一階構面法」進行驗證性因素分析的合理性。由以上兩點說明（殘差變異數與標準化因素負荷量），可研判二階測量模型並沒有違犯估計的問題。

表8-8　殘差變異數表

| 變數 | 估計 | 標準誤 | z值 | p值 | 95%信賴區間 | | 標準化 | | |
					Lower	Upper	所有	潛在變數	內生
bi1_1	0.592	0.064	9.227	<.001	0.466	0.717	0.328	0.592	0.328
bi1_2	0.598	0.068	8.827	<.001	0.465	0.731	0.306	0.598	0.306
bi1_3	0.467	0.064	7.310	<.001	0.342	0.593	0.237	0.467	0.237
bi2_1	0.260	0.040	6.543	<.001	0.182	0.338	0.120	0.260	0.120
bi2_2	0.341	0.042	8.116	<.001	0.259	0.424	0.159	0.341	0.159
bi2_3	0.416	0.045	9.349	<.001	0.329	0.504	0.201	0.416	0.201

表8-8　殘差變異數表（續）

變數	估計	標準誤	z值	p值	95%信賴區間		標準化		
					Lower	Upper	所有	潛在變數	內生
bi3_1	0.362	0.048	7.614	<.001	0.269	0.455	0.148	0.362	0.148
bi3_2	0.307	0.040	7.582	<.001	0.227	0.386	0.147	0.307	0.147
bi3_3	0.398	0.043	9.190	<.001	0.314	0.483	0.198	0.398	0.198
pv1_1	0.497	0.059	8.374	<.001	0.381	0.613	0.213	0.497	0.213
pv1_2	0.430	0.055	7.757	<.001	0.321	0.539	0.192	0.430	0.192
pv1_3	0.506	0.061	8.352	<.001	0.387	0.625	0.212	0.506	0.212
pv2_1	0.415	0.048	8.643	<.001	0.321	0.509	0.151	0.415	0.151
pv2_2	0.470	0.050	9.351	<.001	0.371	0.568	0.177	0.470	0.177
pv2_3	0.457	0.049	9.272	<.001	0.360	0.553	0.174	0.457	0.174
pv2_4	0.602	0.058	10.293	<.001	0.487	0.717	0.230	0.602	0.230
pv3_1	0.551	0.060	9.194	<.001	0.433	0.668	0.200	0.551	0.200
pv3_2	0.543	0.058	9.341	<.001	0.429	0.657	0.207	0.543	0.207
pv3_3	0.491	0.054	9.030	<.001	0.385	0.598	0.192	0.491	0.192
pv3_4	0.692	0.068	10.111	<.001	0.558	0.827	0.253	0.692	0.253
ly1	0.473	0.047	10.038	<.001	0.381	0.566	0.179	0.473	0.179
ly2	0.531	0.051	10.381	<.001	0.431	0.632	0.201	0.531	0.201
ly3	0.422	0.044	9.676	<.001	0.337	0.508	0.161	0.422	0.161
ly4	0.457	0.045	10.069	<.001	0.368	0.546	0.181	0.457	0.181
ly5	0.464	0.045	10.215	<.001	0.375	0.553	0.190	0.464	0.190

表8-9　二階因素負荷量表

潛在	指標	估計	標準誤	z值	p值	95%信賴區間		標準化		
						Lower	Upper	所有	潛在變數	內生
bi	bi1	1.000	0.000			1.000	1.000	0.810	0.810	0.810
	bi2	0.882	0.119	7.430	<.001	0.649	1.115	0.569	0.569	0.569
	bi3	1.125	0.138	8.176	<.001	0.855	1.395	0.694	0.694	0.694
bi1	bi1_1	1.000	0.000			1.000	1.000	0.820	1.101	0.820
	bi1_2	1.058	0.064	16.509	<.001	0.933	1.184	0.833	1.165	0.833
	bi1_3	1.114	0.064	17.270	<.001	0.987	1.240	0.873	1.226	0.873

表8-9　二階因素負荷量表（續）

潛在	指標	估計	標準誤	z值	p值	95%信賴區間		標準化		
						Lower	Upper	所有	潛在變數	內生
bi2	bi2_1	1.000	0.000			1.000	1.000	0.938	1.383	0.938
	bi2_2	0.971	0.034	28.166	<.001	0.903	1.038	0.917	1.342	0.917
	bi2_3	0.932	0.035	26.421	<.001	0.863	1.001	0.894	1.288	0.894
bi3	bi3_1	1.000	0.000			1.000	1.000	0.923	1.445	0.923
	bi3_2	0.923	0.034	27.452	<.001	0.857	0.989	0.924	1.334	0.924
	bi3_3	0.878	0.034	25.538	<.001	0.811	0.945	0.895	1.269	0.895
ly	ly1	1.000	0.000			1.000	1.000	0.906	1.471	0.906
	ly2	0.988	0.039	25.150	<.001	0.911	1.065	0.894	1.453	0.894
	ly3	1.008	0.038	26.833	<.001	0.934	1.081	0.916	1.483	0.916
	ly4	0.977	0.038	25.969	<.001	0.903	1.051	0.905	1.438	0.905
	ly5	0.956	0.037	25.603	<.001	0.883	1.029	0.900	1.407	0.900
pv	pv1	1.000	0.000			1.000	1.000	0.626	0.626	0.626
	pv2	1.226	0.162	7.548	<.001	0.908	1.545	0.680	0.680	0.680
	pv3	1.212	0.161	7.529	<.001	0.896	1.527	0.692	0.692	0.692
pv1	pv1_1	1.000	0.000			1.000	1.000	0.887	1.354	0.887
	pv1_2	0.995	0.044	22.421	<.001	0.908	1.082	0.899	1.348	0.899
	pv1_3	1.011	0.046	21.973	<.001	0.921	1.102	0.887	1.370	0.887
pv2	pv2_1	1.000	0.000			1.000	1.000	0.922	1.529	0.922
	pv2_2	0.966	0.036	26.932	<.001	0.895	1.036	0.907	1.477	0.907
	pv2_3	0.963	0.036	27.083	<.001	0.894	1.033	0.909	1.473	0.909
	pv2_4	0.928	0.038	24.639	<.001	0.854	1.001	0.877	1.419	0.877
pv3	pv3_1	1.000	0.000			1.000	1.000	0.895	1.486	0.895
	pv3_2	0.972	0.041	23.478	<.001	0.891	1.053	0.891	1.444	0.891
	pv3_3	0.967	0.040	23.939	<.001	0.888	1.046	0.899	1.436	0.899
	pv3_4	0.964	0.044	22.019	<.001	0.878	1.049	0.865	1.432	0.865

（三）檢驗模型配適度

　　觀察表8-10，二階測量模型之配適度的卡方值為339.384，機率p值為0.002，小於0.05，故顯著。表示研究者所提的概念性模型和實際樣本資料的配適狀況不佳。

但Bagozzi and Yi（1988）認爲不可只參考卡方值，而應同時考量卡方值與自由度之比值來取代卡方值以檢定模型的配適度。在本範例中，卡方值與自由度之比值爲1.276，小於標準值3，表示二階測量模型與樣本資料的配適度佳。此外，二階測量模型的各類配適度指標和使用「一階構面法」的一階測量模型的配適度指標（表8-5）是非常相近的。也就是說，使用較簡單的「一階構面法」並不會折損模型的配適度。

再從絕對配適指標、增量配適指標及精簡配適指標等來看，各指標皆能符合良好配適度的標準。因此，研判二階測量模型之外在品質應已能符合一般學術研究對模型配適度的要求。

表8-10　二階測量模型的配適度指標檢核表

統計檢定量		標準值	範例模型
絕對配適指標	χ^2	越小越好	339.384（df=266, p=0.002）
	χ^2/df	小於3	1.276*
	GFI	大於0.9	0.973*
	SRMR	小於0.08	0.035*
	RMSEA	小於0.08	0.030*
增量配適指標	NFI	大於0.9	0.956*
	NNFI	大於0.9	0.989*
	CFI	大於0.9	0.990*
	RFI	大於0.9	0.950*
	IFI	大於0.9	0.990*
精簡配適指標	PNFI	大於0.5	0.848*
	CN	大於200	285.922*

註：*表示合乎標準值。

（四）檢驗信度

首先評估各二階構面之信度，由表8-11可知二階測量模型中，品牌形象（bi）、知覺價值（pv）與品牌忠誠度（ly）等三個主構面的Cronbach's α係數分別爲0.891、0.910與0.957，皆大於0.7，且量表整體之Cronbach's α係數爲0.928，亦大於0.7（Hee, 2014），顯見各二階子構面的衡量皆具內部一致性，信度相當高。必須注意的是，在「結構方程模型」功能中，以Lavaan程式執行驗證性因素分析後，報表中並不提供

Cronbach's α、CR值、AVE值等數據，故Cronbach's α須額外運用「信度分析」功能求取；而CR值與AVE值，則必須根據各指標的標準化因素負荷量，然後利用範例資料夾中，作者所設計的「cr_ave.xlsx」來輔助求取。

表8-11　二階測量模型之驗證性因素分析摘要表

二階構面	指標	標準化因素負荷量	Cronbach's α	CR值	AVE值
品牌形象（bi）	bi1	0.810*	0.891	0.736	0.487
	bi2	0.569*			
	bi3	0.694*			
知覺價值（pv）	pv1	0.626*	0.910	0.705	0.444
	pv2	0.680*			
	pv3	0.692*			
品牌忠誠度（ly）	ly1	0.906*	0.957	0.957	0.818
	ly2	0.894*			
	ly3	0.916*			
	ly4	0.905*			
	ly5	0.900*			
整體信度：0.928					

註：*表示在α = 0.05時，達統計之顯著水準。

（五）檢驗收斂效度

對於收斂效度的評估，亦將遵照表8-2的準則。由表8-11的驗證性因素分析摘要表可知：

1. 二階測量模型中，品牌形象（bi）、知覺價值（pv）與品牌忠誠度（ly）等三個主構面的標準化因素負荷量介於0.569～0.916間，故皆大於0.5，且都顯著（Hair et al., 1998; Hulland, 1999）。

2. 品牌形象（bi）、知覺價值（pv）與品牌忠誠度（ly）等三個主構面的組合信度（CR值）分別為0.736、0.705、0.957，皆大於0.6（Fornell and Larcker, 1981; Bagozzi and Yi, 1988）。

3. 品牌形象（bi）、知覺價值（pv）與品牌忠誠度（ly）等三個主構面的平均變異抽取量（AVE值）分別為0.487、0.444、0.818，顯見兩個二階構面的解釋變異能力

（平均變異抽取量）略小於0.5，較「不符合」收斂效度之評估準則。會造成此現象的主要原因在於，模型中大部分的變異會由一階構面所抽取，故二階構面之指標的標準化因素負荷量會偏小，導致二階構面的AVE值會偏低，進而無法通過收斂效度的準則要求。

經由收斂效度的三項準則檢測後，除平均變異抽取量較不符合收斂效度之評估準則外，其餘各參數值皆符合收斂效度的準則。因此，就「全模型法」之二階驗證性因素分析的結果，可推論二階測量模型的收斂效度稍差。

（六）檢驗區別效度

最後，再來評估構面間的區別效度。本研究將依據Fornell-Larcker準則評估構面間的區別效度。觀察表8-12的區別效度檢定表可發現，三個主構面之AVE值平方根全部都大於該值下方的相關係數，因此，符合Fornell and Larcker（1981）對區別效度檢驗所訂定的規則，故本研究認為所有的主構面間皆已具有區別效度。

表8-12　二階測量模型之區別效度檢定表

構面	相關係數		
	A	B	C
A. 品牌形象（bi）	**0.698**		
B. 知覺價值（pv）	0.501	**0.666**	
C. 品牌忠誠度（ly）	0.513	0.585	**0.904**

註：對角線之值為此一潛在變數之平均變異抽取量（AVE）的平方根，該值應大於非對角線之值。

（七）全模型法的二階測量模型評鑑之總結

經「全模型法」的二階測量模型評鑑後，從模型的配適度、標準化因素負荷量、信度、收斂效度與區別效度的驗證結果來看，整體而言，除收斂效度稍差外，其餘信度、區別效度都可達到一般學術論文對構面之信、效度要求。在此情形下，未來於論文中呈現模型的配適度、信度、收斂效度與區別效度時，仍建議以「一階構面法」之驗證性因素分析結果，來揭露相關的分析數據會比較理想。

8-2-5 測量模型評鑑之評論

感覺上,每次使用「全模型法」來進行二階測量模型評鑑時,都好像是在做「心酸的」!評鑑結果都不會太令人滿意。此外,因為在「全模型法」的二階驗證性因素分析結果中,其配適度指標、一階之測量指標的標準化因素負荷量,其實都幾乎和使用「一階構面法」時一模一樣。且「全模型法」中,二階主構面的AVE值會偏低,導致其收斂效度不佳。在這種情形下,作者建議當模型中包含二階構面時,為了評估構面的信度、收斂效度與區別效度,只進行一階的測量模型評鑑(一階構面法),應是可被接受的。

其次,對於二階構面能否運用降維(dimensionality reduction)技術,而將其轉換為一階構面呢?所謂降維技術,其實就是一種「將潛在變數轉換為觀察變數」的技術。如果在已經確認一階構面是具有信度、收斂效度及區別效度的情形下,那麼將「潛在變數轉換為觀察變數」應是可行的。因為,當一個構面具有高信度、良好的收斂效度和區別效度時,這意味著它的各個指標在測量該構面時都提供了相似的資訊,並且能夠區分出其他構面。在這種情況下,使用各構面所屬的衡量題項得分之平均值作為該構面的得分,然後再以這些構面的得分來進行建模就會比較合理。而這個求取各構面得分的意義,就是在將潛在變數轉化為觀察變數。

例如:一階的品牌價值(bi1)子構面,包含三個題項(bi1_1~bi1_3),則可由這三個題項得分進行平均運算後,將所得的值指定給bi1這個變數,這樣就可以將原本屬潛在變數的「品牌價值(bi1)」轉換為觀察變數bi1了,其餘子構面也可依相同的方式轉換。最後把bi1、bi2、bi3當成是二階的「品牌形象」的測量指標。這樣的過程中,「品牌形象」就不再有子構面了,而只有三個轉換來的指標。由此,「品牌形象」就被降維為一階構面了。實施降維的好處是,執行驗證性因素分析時,就可以使用「因素/驗證性因素分析」功能,而可不使用較複雜的「結構方程模型」功能與編寫Lavaan程式。

以本範例模型為例,降維後的二階測量模型圖,如圖8-14。執行降維後的二階測量模型之詳細操作與彙整表格的過程,讀者可直接參閱教學影音檔「ex8-1_二階降維.mp4」(請掃描圖8-13)。

圖8-13　ex8-1_二階降維.mp4

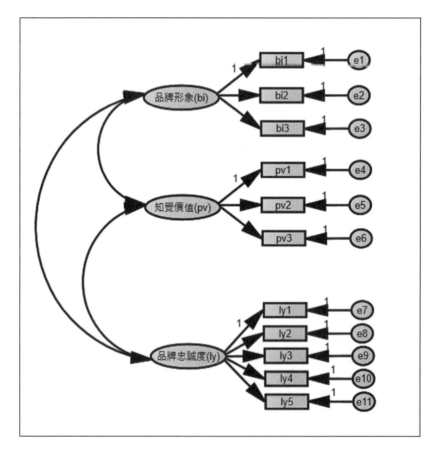

圖8-14　降維後的二階測量模型之模型圖（由Amos軟體所繪製）

　　降維後的驗證性因素分析結果與第8-2-4節中未降維的二階測量模型（使用全模型法）的結果進行比較後可發現，降維後的二階測量模型其配適度比原始的二階測量模型好（如表8-13）。而在參數估計方面，兩模型所估計出的參數之差異性並不大（如表8-14）。但是，綜合而言雖然降維了，但其AVE值仍會偏低。

表8-13　原始與降維的二階測量模型之配適度指標檢核表

統計檢定量		標準值	原始二階測量模型	降維後的二階測量模型
絕對配適指標	χ^2	越小越好	339.386（df=266, p=0.002）	41.379（df=41, p=0.454）*
	χ^2/df	小於3	1.276*	1.009*
	GFI	大於0.9	0.973*	0.976*
	SRMR	小於0.08	0.035*	0.026*
	RMSEA	小於0.08	0.030*	0.005*
增量配適指標	NFI	大於0.9	0.956*	0.981*
	NNFI	大於0.9	0.989*	1.000*
	CFI	大於0.9	0.990*	1.000*
	RFI	大於0.9	0.950*	0.975*
	IFI	大於0.9	0.990*	1.000*
精簡配適指標	PNFI	大於0.5	0.848*	0.732*
	CN	大於200	285.922*	437.233*

註：*表示合乎標準值。

表8-14　原始與降維的二階測量模型之參數估計比較

二階構面	指標	原始二階測量模型			降維後的二階測量模型		
		標準化因素負荷量	CR值	AVE值	標準化因素負荷量	CR值	AVE值
品牌形象（bi）	bi1	0.810*	0.736	0.487	0.759*	0.699	0.435
	bi2	0.569*			0.557*		
	bi3	0.694*			0.669*		
知覺價值（pv）	pv1	0.626*	0.705	0.444	0.603*	0.682	0.419
	pv2	0.680*			0.664*		
	pv3	0.692*			0.667*		
品牌忠誠度（ly）	ly1	0.906*	0.957	0.818	0.906*	0.957	0.818
	ly2	0.894*			0.894*		
	ly3	0.916*			0.916*		
	ly4	0.905*			0.905*		
	ly5	0.900*			0.900*		

註：*表示在 $\alpha = 0.05$ 時，達統計之顯著水準。

　　參酌以上的分析比較，將來讀者欲進行驗證性因素分析時，無論您的概念性模型具有多少個二階構面，在此仍建議就直接使用「一階構面法」來呈現驗證性因素分析結果就好，這樣比較容易獲得良好的驗證性因素分析結果，且也比較容易獲得論文審核者的青睞。因此以本範例為例，將來於論文中呈現驗證性因素分析的結果時，只要根據表8-3、表8-4、表8-5、表8-6與表8-7，進行如第8-2-3節所介紹的六個評鑑階段即可。

8-3　結構方程模型分析的第二階段

範例8-2

請參考附錄一中，範例論文〈品牌形象、知覺價值與品牌忠誠度關係之研究〉的正式問卷與第5-1節中有關該範例論文的相關說明。該論文的原始資料檔為「brand image.jasp」。在第8-2-3節中已證明概念性模型中，各構面皆具有信度與收斂效度，且各構面間亦具有區別效度後。接下來，試進行結構模型分析（即潛在變數的路徑分析）與評鑑，以確認並檢定各構面間的因果關係。

　　對於本範例，在第8-2節使用一階構面法進行驗證性因素分析後，已證明概念性模型中，各構面皆具有信度與收斂效度，且各構面間亦具有區別效度。接下來，將根據Anderson and Gerbing（1988）及Williams and Hazer（1986）等學者的建議，將進行第二階段的結構模型分析（即潛在變數的路徑分析），以驗證各構面間之因果關係的假設檢定。

8-3-1　範例說明與操作過程

　　結構模型分析又稱為潛在變數的路徑分析，簡稱路徑分析。參考圖8-2的概念模型圖，繪製本範例的結構模型圖，如圖8-15所示。明顯的，結構模型圖中「品牌形象」、「知覺價值」屬二階構面，而「品牌忠誠度」則屬一階構面。這種具二階構面的模型圖通常執行後，各潛在構面間的因果關係雖然可以進行檢定與驗證，但結構模型的配適度「可能甚差」，導致無法對結構模型分析製作結論。畢竟結構模型配適度佳，是合理驗證各潛在構面之因果關係的前提條件，但在這種情形下放棄現有模型也太可惜了。

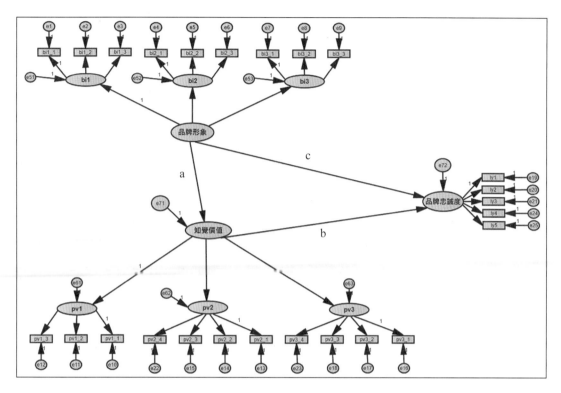

圖8-15　結構模型圖（由Amos軟體所繪製）

　　或許，在模型配適度較差的情境下，運用第8-2-5節所論及之降維技術仍有一線生機。使用降維技術後的模型圖，如圖8-16所示。圖8-16中，主要就是針對屬二階構面的「品牌形象」、「知覺價值」來進行降維的。當然如前所述，所謂降維技術，其實就是一種「將潛在變數轉換爲觀察變數」的技術。以「品牌形象」爲例，其作法就是將二階構面「品牌形象」簡化爲只有含「品牌價值（bi1）」、「品牌特質（bi2）」與「企業聯想（bi3）」等三個衡量指標的一階構面，且每個衡量指標的值，即爲其所包含之題項的平均值，而另一個同屬二階構面的「知覺價值（pv）」的降維方式，作法也類似。因此除了模型圖的改變外，資料檔中也要確保已含有bi1、bi2、bi3、pv1、pv2、pv3等六個變數。如此，使用降維技術的結構模型才能順利的執行。

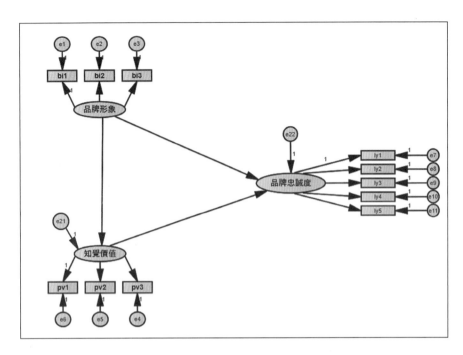

圖8-16　降維後的結構模型圖（由Amos軟體所繪製）

　　具備上述的認知後，在此將先在JASP中使用「結構方程模型」功能搭配Lavaan程式碼，來執行圖8-15中之結構模型的路徑分析。萬一如果配適度太差的話，則將改用如圖8-16的降維圖來執行路徑分析。圖8-15之結構模型分析的Lavaan程式，如圖8-18。結構模型分析的Lavaan程式並不難懂，需要解說的部分都已經在程式碼中以備註的方式有所說明，讀者若能再參照表5-11之Lavaan基本運算子，應可輕易理解圖8-18中的Lavaan程式。此外，該程式碼也已儲存在檔案「ex8-2_程式碼.txt」中。結構模型分析之詳細操作與彙整表格之過程，讀者可直接參閱教學影音檔「ex8-2.mp4」（請掃描圖8-17）。

圖8-17　ex8-2.mp4

```
     # 描述品牌形象之二階測量模型
1    bi1=~bi1_1+bi1_2+bi1_3
2    bi2=~bi2_1+bi2_2+bi2_3
3    bi3=~bi3_1+bi3_2+bi3_3
4    bi=~bi1+bi2+bi3

     # 描述知覺價值之二階測量模型
5    pv1=~pv1_1+pv1_2+pv1_3
6    pv2=~pv2_1+pv2_2+pv2_3+pv2_4
7    pv3=~pv3_1+pv3_2+pv3_3+pv3_4
8    pv=~pv1+pv2+pv3

     # 描述品牌忠誠度之測量模型
9    ly=~ly1+ly2+ly3+ly4+ly5

     # 描述各主構面間的路徑關係
10   pv~a*bi
11   ly ~c*bi+b*pv

     # 計算知覺價值的中介效果
12   medi_bi_pv_ly:=a*b

     # 計算品牌形象對品牌忠誠度的總效果
13   total_bi_ly:=c+a*b
```

圖8-18　執行結構模型分析之程式碼

　　圖8-18中各列程式碼之意涵，建議讀者必須搭配圖8-15與表5-11一起看，比較容易看得懂，具體說明如下：

➢ 第1列：描述bi1子構面是由bi1_1、bi1_2與bi1_3等3個題項所測量。

➢ 第2列：描述bi2子構面是由bi2_1、bi2_2與bi2_3等3個題項所測量。

➢ 第3列：描述bi3子構面是由bi3_1、bi3_2與bi3_3等3個題項所測量。

➢ 第4列：描述bi主構面（二階構面）是由bi1、bi2與bi3等三個子構面所測量。明顯的，第1列至第4列完整的描述出「品牌形象（bi）」這個二階主構面的測量模型了。

➢ 第5列：描述pv1子構面是由pv1_1、pv1_2與pv1_3等3個題項所測量。

➢ 第6列：描述pv2子構面是由pv2_1、pv2_2、pv2_3與pv2_4等4個題項所測量。

➢ 第7列：描述pv3子構面是由pv3_1、pv3_2、pv3_3與pv3_4等4個題項所測量。

➢ 第8列：描述pv主構面（二階構面）是由pv1、pv2與pv3等3個子構面所測量。因此，在第5列至第8列則描述出「知覺價值（pv）」這個二階主構面的測量模型了。

➢ 第9列：描述ly主構面是直接由ly1、ly2、ly3、ly4與ly5等5個題項所測量。

上述的九列程式碼，都屬於測量模型的建構，接下來，須再描述結構模型的部分，也就是各主構面間之路徑關係的描述。描述前，須先找出模型中的依變數名稱與個數，例如：圖8-15的模型圖中有兩個依變數，分別為「品牌形象（bi）」與「知覺價值（pv）」，那麼在Lavaan程式中，就須描述出這兩個依變數和其他自變數間的關係，例如：第10列、第11列。

➢ 第10列：描述出bi會影響pv，且其影響力以標籤變數「a」代表。這是一個因果關係的描述。bi為因（自變數）、pv為果（依變數），標籤變數「a」則是代表「bi→pv」間的路徑係數。

➢ 第11列：描述出bi、pv等自變數同時會影響ly，且bi對ly的影響力以標籤變數「c」代表；而pv對ly的影響力則以標籤變數「b」代表。這些標籤的設定，通常是要應用於後續的影響效果之計算。

➢ 第12列：計算pv的間接效果（以變數medi_bi_pv_ly儲存），「bi→pv→ly」的間接效果等於「bi→pv」的路徑係數（標籤變數「a」）乘以「pv→ly」的路徑係數（標籤變數「b」）。計算完成後，並將其計算結果指定給變數「medi_bi_pv_ly」，且此間接效果值又可稱之為中介效果（mediating effect）。

➢ 第13列：計算「品牌形象（bi）」對「品牌忠誠度（ly）」的總效果，總效果等於直接效果加間接效果。標籤變數「c」即為「bi→ly」的直接效果，而「bi→pv→ly」的間接效果即為「a*b」。故總效果為「c + a*b」，並以變數「total_bi_ly」儲存計算後的結果。

至於，圖8-15中各主構面或子構面的第一個指標的因素負荷量會被系統預設並固定為「1」（即尺規設定為「因素負荷量」），但這樣的設定會造成這些指標的標準化因素負荷量無法進行顯著性檢定。因此在本範例中，為了能針對每個題項的因素負荷量都能進行顯著性檢定，所以因素尺規將改設定成「因素變異數」（factor variance），也就是將各構面的變異數固定為「1」。有關因素尺規的設定也不須在Lavaan程式中陳述，未來只須在「結構方程模型」功能的「設定面板」中，進行設定即可。

最後，不管是測量誤差項（圖8-15中的e1至e25）或結構誤差項（圖8-15中的e61至e63、e71、e72），系統也會自動加入這些誤差項，使用者也不用於Lavaan程式中進行編碼。因此，明顯的，於結構模型的Lavaan程式中，只要將各主構面、子構面、題項間的關係（即因素結構）利用「=~」運算子描述清楚，再將各主構面間的因果關係利用「~」運算子設定好，就可完成結構模型的建構了，相當容易理解。比起

Amos畫圖建模的方式，更簡捷、更有效率。

8-3-2　評鑑結構模型前的準備工作

　　執行結構模型的路徑分析後，當可產生許多報表，為有系統的表達輸出結果，必須進行彙整報表的工作，這些報表包含「結構模型的配適度指標檢核表」（表8-17）、「結構模型配適圖」（圖8-19）與「路徑係數與效果摘要表」（表8-18）等二表一圖。這些二表一圖的空白表格已儲存在範例資料夾裡的檔案「評鑑結構模型所須的表格.docx」中。其次，對於各種報表的彙整工作將會在教學影音檔「ex8-2.mp4」（請掃描圖8-17）中有所說明，請讀者務必觀看。

8-3-3　結構模型的評鑑

　　經結構模型的路徑分析，而彙整出上述的二表一圖後，即可依下列三個階段來評鑑結構模型：

階段一：檢驗違犯估計，檢驗模型的估計過程中是否具有違犯估計的情形發生。

階段二：結構模型之配適指標評鑑，檢驗模型的各種配適指標。

階段三：路徑係數與效果之假設檢定，檢定概念性模型中的假設是否成立。

（一）檢驗違犯估計

　　模型評鑑之前，需先確立所估計的參數並未違反統計所能接受的範圍。亦即，估計過程沒有不適當解的產生。若產生不適當解的現象，就代表已經違犯估計了，而這就表示模型的估計出現問題，必須先行處理。一般常發生的違犯估計有以下兩種現象：

1. 有負的誤差變異數存在。

2. 標準化係數超過或太接近1（大於0.95）。

　　觀察表8-15之「殘差變異數表」的「標準化／所有」欄位，可發現殘差的變異數介於0.120～0.328之間，且全為正。另由表8-16之「因素負荷量表」的「所有」欄位亦可發現，所有參數的標準化迴歸加權係數（因素負荷量）介於0.569～0.938之間，並沒有超過或太接近1的現象。由此可研判，模型並不存在違犯估計的問題，故後續的所有參數估計值應是可靠的。

表8-15　殘差變異數表

變數	估計	標準誤	z值	p值	95%信賴區間		標準化		
					Lower	Upper	所有	潛在變數	內生
bi1_1	0.592	0.064	9.227	<.001	0.466	0.717	0.328	0.592	0.328
bi1_2	0.598	0.068	8.827	<.001	0.465	0.731	0.306	0.598	0.306
bi1_3	0.467	0.064	7.310	<.001	0.342	0.593	0.237	0.467	0.237
bi2_1	0.260	0.040	6.543	<.001	0.182	0.338	0.120	0.260	0.120
bi2_2	0.341	0.042	8.116	<.001	0.259	0.424	0.159	0.341	0.159
bi2_3	0.416	0.045	9.349	<.001	0.329	0.504	0.201	0.416	0.201
bi3_1	0.362	0.048	7.614	<.001	0.269	0.455	0.148	0.362	0.148
bi3_2	0.307	0.040	7.582	<.001	0.227	0.386	0.147	0.307	0.147
bi3_3	0.398	0.043	9.190	<.001	0.314	0.483	0.198	0.398	0.198
pv1_1	0.497	0.059	8.374	<.001	0.381	0.613	0.213	0.497	0.213
pv1_2	0.430	0.055	7.757	<.001	0.321	0.539	0.192	0.430	0.192
pv1_3	0.506	0.061	8.352	<.001	0.387	0.625	0.212	0.506	0.212
pv2_1	0.415	0.048	8.643	<.001	0.321	0.509	0.151	0.415	0.151
pv2_2	0.470	0.050	9.351	<.001	0.371	0.568	0.177	0.470	0.177
pv2_3	0.457	0.049	9.272	<.001	0.360	0.553	0.174	0.457	0.174
pv2_4	0.602	0.058	10.293	<.001	0.487	0.717	0.230	0.602	0.230
pv3_1	0.551	0.060	9.194	<.001	0.433	0.668	0.200	0.551	0.200
pv3_2	0.543	0.058	9.341	<.001	0.429	0.657	0.207	0.543	0.207
pv3_3	0.491	0.054	9.030	<.001	0.385	0.598	0.192	0.491	0.192
pv3_4	0.692	0.068	10.111	<.001	0.558	0.827	0.253	0.692	0.253
ly1	0.473	0.047	10.038	<.001	0.381	0.566	0.179	0.473	0.179
ly2	0.531	0.051	10.381	<.001	0.431	0.632	0.201	0.531	0.201
ly3	0.422	0.044	9.676	<.001	0.337	0.508	0.161	0.422	0.161
ly4	0.457	0.045	10.069	<.001	0.368	0.546	0.181	0.457	0.181
ly5	0.464	0.045	10.215	<.001	0.375	0.553	0.190	0.464	0.190

表8-16 因素負荷量表

| 潛在 | 指標 | 估計 | 標準誤 | z值 | p值 | 95%信賴區間 | | 標準化 | | |
						Lower	Upper	所有	潛在變數	內生
bi	bi1	1.000	0.000			1.000	1.000	0.810	0.810	0.810
	bi2	0.882	0.119	7.430	<.001	0.649	1.115	0.569	0.569	0.569
	bi3	1.125	0.138	8.176	<.001	0.855	1.395	0.694	0.694	0.694
bi1	bi1_1	1.000	0.000			1.000	1.000	0.820	1.101	0.820
	bi1_2	1.058	0.064	16.509	<.001	0.933	1.184	0.833	1.165	0.833
	bi1_3	1.114	0.064	17.270	<.001	0.987	1.240	0.873	1.226	0.873
bi2	bi2_1	1.000	0.000			1.000	1.000	0.938	1.383	0.938
	bi2_2	0.971	0.034	28.166	<.001	0.903	1.038	0.917	1.342	0.917
	bi2_3	0.932	0.035	26.421	<.001	0.863	1.001	0.894	1.288	0.894
bi3	bi3_1	1.000	0.000			1.000	1.000	0.923	1.445	0.923
	bi3_2	0.923	0.034	27.452	<.001	0.857	0.989	0.924	1.334	0.924
	bi3_3	0.878	0.034	25.538	<.001	0.811	0.945	0.895	1.269	0.895
ly	ly1	1.000	0.000			1.000	1.000	0.906	1.471	0.906
	ly2	0.988	0.039	25.150	<.001	0.911	1.065	0.894	1.453	0.894
	ly3	1.008	0.038	26.833	<.001	0.934	1.081	0.916	1.483	0.916
	ly4	0.977	0.038	25.969	<.001	0.903	1.051	0.905	1.438	0.905
	ly5	0.956	0.037	25.603	<.001	0.883	1.029	0.900	1.407	0.900
pv	pv1	1.000	0.000			1.000	1.000	0.626	0.626	0.626
	pv2	1.226	0.162	7.548	<.001	0.908	1.545	0.680	0.680	0.680
	pv3	1.212	0.161	7.529	<.001	0.896	1.527	0.692	0.692	0.692
pv1	pv1_1	1.000	0.000			1.000	1.000	0.887	1.354	0.887
	pv1_2	0.995	0.044	22.421	<.001	0.908	1.082	0.899	1.348	0.899
	pv1_3	1.011	0.046	21.973	<.001	0.921	1.102	0.887	1.370	0.887
pv2	pv2_1	1.000	0.000			1.000	1.000	0.922	1.529	0.922
	pv2_2	0.966	0.036	26.932	<.001	0.895	1.036	0.907	1.477	0.907
	pv2_3	0.963	0.036	27.083	<.001	0.894	1.033	0.909	1.473	0.909
	pv2_4	0.928	0.038	24.639	<.001	0.854	1.001	0.877	1.419	0.877
pv3	pv3_1	1.000	0.000			1.000	1.000	0.895	1.486	0.895
	pv3_2	0.972	0.041	23.478	<.001	0.891	1.053	0.891	1.444	0.891
	pv3_3	0.967	0.040	23.939	<.001	0.888	1.046	0.899	1.436	0.899
	pv3_4	0.964	0.044	22.019	<.001	0.878	1.049	0.865	1.432	0.865

（二）結構模型之配適指標評鑑

要驗證模型中的各種因果關係之假設前，必須先評鑑模型的整體配適程度。觀察表8-17，結構模型之配適卡方值為339.384，機率p值為0.002，小於0.5，故顯著，表示研究者所提的概念性模型和實際資料的配適情形不佳。但Bagozzi and Yi（1988）認為不可只參考卡方值，而應同時考量樣本的大小，故建議使用卡方值與自由度之比值來取代卡方值以評估模型的配適度。在本範例中，卡方值與自由度之比值為1.276，小於標準值3，表示模型與資料的配適度佳。

表8-17 結構模型的配適度指標檢核表

統計檢定量		標準值	範例模型
絕對配適指標	χ^2	越小越好	339.384（df=266, p=0.002）
	χ^2/df	小於3	1.276*
	GFI	大於0.9	0.973*
	SRMR	小於0.08	0.035*
	RMSEA	小於0.08	0.030*
增量配適指標	NFI	大於0.9	0.956*
	NNFI	大於0.9	0.989*
	CFI	大於0.9	0.990*
	RFI	大於0.9	0.950*
	IFI	大於0.9	0.990*
精簡配適指標	PNFI	大於0.5	0.848*
	CN	大於200	285.922*

註：*表示合乎標準值。

再從絕對配適指標、增量配適指標及精簡配適指標等輔助性指標來看，各指標皆能符合良好配適度的標準。因此，研判結構模型之配適度應已符合一般學術研究對模型配適度的要求。

此外，眼尖的讀者應可發現，表8-17中的數據與「表8-10的二階測量模型的配適度指標檢核表」完全一模一樣。這是可以預期的，因為「二階測量模型」與「結構模型」之差異，只是將「二階測量模型」中連接各主構面的雙向箭頭線（代表相關性）置換成單向箭頭線（代表因果關係）而已。換句話說，兩種模型中的各主構面本身

的測量模型都一樣，只是因應分析目的之不同，在驗證性因素分析（測量模型）中以「相關性」來描述主構面間的關係；而路徑分析（結構模型）中，則以「因果關係」來描述主構面間的關係。

（三）路徑係數與效果之檢定

經由路徑分析後，本研究所建構之品牌形象、知覺價值與品牌忠誠度關係之模型路徑圖，如圖8-19所示，圖中實線代表檢定後之顯著路徑（若為灰色表示不顯著），單向箭頭旁的數字即為路徑係數，路徑係數若顯著則會在係數旁打上「*」，代表顯著。另依據實證分析結果，各路徑的路徑係數與影響效果詳如表8-18所示。

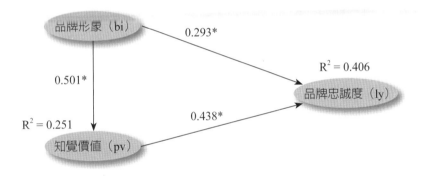

圖8-19　結構模型配適圖

表8-18　路徑係數與效果摘要表

效果	迴歸係數		R^2	z值	95%信賴區間	
	非標準化	標準化			下界	上界
Indirect effect						
品牌形象→知覺價值→品牌忠誠度（H_4）	0.285*	0.220*		3.829	0.139	0.431
Direct effect						
品牌形象→知覺價值（H_1）	0.579*	0.501*	0.251	5.486	0.372	0.786
知覺價值→品牌忠誠度（H_2）	0.492*	0.438*	0.406	4.695	0.287	0.697
品牌形象→品牌忠誠度（H_3）	0.380*	0.293*		3.414	0.162	0.599
Total effect						
品牌形象→品牌忠誠度	0.665*	0.513*		6.913	0.477	0.854

註：「*」表示在95%信賴區間內不包含0，即顯著之意。

1. 假設一（H_1）：品牌形象對知覺價值有顯著的正向影響。

品牌形象對知覺價值的標準化路徑係數為0.501，信賴區間為[0.372, 0.786]，不包含0，顯示路徑係數估計值顯著，故本研究之假設一（H_1）成立。表示若消費者對個案公司的品牌形象認同度越高，則消費者所感受的知覺價值也越高。且品牌形象對知覺價值的解釋能力（R^2）為0.251，已達一般可接受之水準（大於0.25）。

2. 假設二（H_2）：知覺價值對品牌忠誠度有顯著的正向影響。

知覺價值對品牌忠誠度的標準化路徑係數為0.438，信賴區間為[0.287, 0.697]，不包含0，顯示路徑係數估計值顯著，故本研究之假設二（H_2）成立，表示消費者對個案公司所感受的知覺價值越高，則品牌忠誠度也越高。此外，品牌形象與知覺價值對品牌忠誠度的解釋能力（R^2）為0.406，已屬中高程度之解釋能力。

3. 假設三（H_3）：品牌形象對品牌忠誠度有顯著的正向影響。

品牌形象對品牌忠誠度的路徑係數為0.293，信賴區間為[0.162, 0.599]，不包含0，顯示路徑係數估計值顯著，故本研究之假設三（H_3）成立，表示若消費者對個案公司的品牌形象認同度越高，則消費者對個案公司的品牌忠誠度也越高。此外，品牌形象與知覺價值對品牌忠誠度的解釋能力（R^2）為0.406，已屬中高程度之解釋能力。

4. 假設四（H_4）：知覺價值會於品牌形象與品牌忠誠度的關係間，扮演著中介角色。

由表8-18的「Indirect effect」部分可觀察出，「知覺價值」的標準化間接效果值為0.220，信賴區間為[0.139, 0.431]，不包含0，顯示間接效果值顯著，故本研究之假設四（H_4）成立。其次，因為「品牌形象→品牌忠誠度」的直接效果值為0.293，且仍顯著。因此，亦可推論「知覺價值」的中介效果類型應為部分中介效果。最後，亦可發現，「品牌形象→品牌忠誠度」的標準化總效果值為0.513，信賴區間為[0.477, 0.854]，不包含0，故顯著，顯見「品牌形象」對「品牌忠誠度」確實具有舉足輕重的影響力。

8-3-4 結構模型評鑑之總結

經進行結構模型之路徑分析後，結構模型的配適度良好，且四個假設都成立。另由影響效果分析中亦可發現，對於消費者的品牌忠誠度而言，影響最大的因素是知覺價值，其次是品牌形象，且品牌形象會透過知覺價值的中介效果而影響品牌忠誠度。

最後，品牌形象對品牌忠誠度的總效果亦相當高。

顯見，消費者的品牌忠誠度主要源自對企業組織有良好的正面形象，Biel（1992）認為品牌形象的構成因素之一，即是產品或服務提供者的形象，也就是企業形象，再轉化為品牌權益。其實，品牌形象早已被企業列為發展行銷策略非常重要之成分。不僅是行銷之基礎戰術，亦是長期建立品牌優勢上不可或缺之地位（Aaker and Keller, 1990; Keller, 1993; Keller, 2001）。由於品牌形象在品牌意涵上的重要性，因此能確切提供經理人在企業發展行銷策略之整體評估。以大型企業而言，品牌形象與企業組織的聯想連結，最適合發展企業背書型的品牌延伸策略，以企業作為品牌的背書者（Aaker, 1997），而驅使消費者作出購買產品或服務之決策時，如同感受到有大型企業之良好形象保證。

其次，知覺價值的中介角色亦不容忽視。建議個案公司經營者，在提升消費者忠誠度的過程中，除加強「品牌形象」的形塑外，由於「知覺價值」的中介效果確實存在，因此業主亦可藉由提升個案公司產品於消費者心目中的「知覺價值」，而增強消費者對個案公司的價值感，進而增加消費者的忠誠度。

8-3-5　結構模型之建模方法討論

本範例採用二階的方式來為範例模型建模（如圖8-15），但一般而言，這種具二階構面的模型圖其配適度可能很難滿足一般學術論文之要求，導致無法對結構模型分析製作結論。如前所述，在這種情形下或許可以使用降維的方式來進行建模（如圖8-16），以期能使模型配適度提升，且不至於影響各路徑因果關係的檢定。為展示原始二階模型與降維模型於配適度與路徑因果關係的差異性，在此亦將Amos軟體於這兩種模型的執行結果加入比較。

一、模型配適度的比較

降維模型之結構模型分析的詳細操作與彙整表格之過程，讀者可直接參閱教學影音檔「ex8-2_降維.mp4」（請掃描圖8-20）。

圖8-20　ex8-2_降維.mp4

　　在此將比較原始二階模型與降維模型於JASP與Amos中執行路徑分析後，模型配適度的差異，比較結果如表8-19。觀察表8-19可發現：

1. 就同一種模型而言，JASP與Amos執行後的配適度指標，在「增量配適指標」、「精簡配適指標」方面會一模一樣。而在「絕對配適指標」方面，因兩種軟體計算出的卡方值完全相同，因此除GFI差異較大外，SRMR、RMSEA的差異則非常小。
2. 而就原始二階模型與降維模型而言，不管是JASP或Amos軟體，降維後模型的配適度指標確實都能顯著的提升。

表8-19　結構模型的配適度指標比較表

統計檢定量		原始（JASP）	原始（Amos）	降維（JASP）	降維（Amos）
絕對配適指標	χ^2	339.384（p=0.002）	339.384（p=0.002）	41.379（p=0.454）	41.379（p=0.454）
	df	266	266	41	41
	χ^2/df	1.276	1.276	1.009	1.009
	GFI	0.973	0.922	0.996	0.976
	SRMR	0.035	0.036	0.024	0.026
	RMSEA	0.030	0.030	0.005	0.005
增量配適指標	NFI	0.956	0.956	0.981	0.981
	NNFI	0.989	0.989	1.000	1.000
	CFI	0.990	0.990	1.000	1.000
	RFI	0.950	0.950	0.975	0.975
	IFI	0.990	0.990	1.000	1.000
精簡配適指標	PNFI	0.848	0.848	0.732	0.732
	CN	285.922	285	437.233	437

由上述分析顯見，JASP軟體在執行結構模型分析時的確有其優勢，只須運用簡單的Lavaan程式就能獲得研究所須的數據，而不像Amos的執行過程複雜度高，難以學習。其次，對於高階的結構模型分析，若無法獲得良好配適度時，其實使用降維技術的替代方案應是可行的。

二、路徑係數的比較

接下來，將比較原始二階模型與降維模型於JASP與Amos中執行路徑分析後，各路徑係數的差異，比較結果如表8-20。觀察表8-20可發現：

1. 就同一種模型而言，JASP與Amos執行後的各路徑係數值，會完全一模一樣。
2. 而就原始二階模型與降維模型而言，不管是JASP或Amos軟體，原始二階模型與降維模型的各路徑係數值，雖有差異，但相當微小。

由上述分析，顯見不管使用哪一種軟體執行路徑分析後，原始二階模型與降維模型在各路徑係數值的估計方面差異甚小。這也再次說明了，對於高階（二階以上）的結構模型分析，若無法獲得良好配適度時，則建議使用降維技術後的替代方案，確實也是可行的。

表8-20　路徑係數與效果比較表

效果	原始（JASP）	原始（Amos）	降維（JASP）	降維（Amos）
Indirect effect				
品牌形象→知覺價值→品牌忠誠度（H_4）	0.220*	0.220*	0.220*	0.220*
Direct effect				
品牌形象→知覺價值（H_1）	0.501*	0.501*	0.508*	0.508*
知覺價值→品牌忠誠度（H_2）	0.438*	0.438*	0.433*	0.433*
品牌形象→品牌忠誠度（H_3）	0.293*	0.293*	0.297*	0.297*
Total effect				
品牌形象→品牌忠誠度	0.513*	0.513*	0.517*	0.517*

註：「*」表示在95%信賴區間內不包含0，即顯著之意。

習 題

練習8-1

請參考附錄二中，論文〈遊客體驗、旅遊意象與重遊意願關係之研究〉的原始問卷與第5-2節中對該論文的內容說明，該論文的原始資料檔為「tourist experience. jasp」。據其因素結構（表5-4至表5-6）與論文之研究目的，研究者經理論推導三個主構面之因果關係後，乃建立四個關係假設，整合這些假設後，進而提出該範例論文的概念性模型圖，如圖8-21。試進行驗證性因素分析並評鑑測量模型，以評估概念性模型中各構面的信度、收斂效度與區別效度。若信、效度評估結果良好，請再繼續進行結構模型分析，以檢驗各主構面間的因果關係，並對模型中的四個關係假設進行檢定。

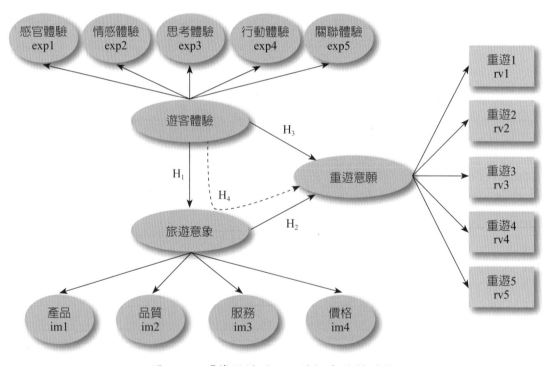

圖8-21 「範例模型二」的概念性模型圖

練習8-2

　　參考附錄三中，所介紹的論文〈景觀餐廳意象、知覺價值與忠誠度：轉換成本的干擾效果〉的原始問卷與第5-3節中對該論文的內容說明，其原始資料檔為「restaurant image.jasp」，據其因素結構（表5-7至表5-10）與論文之研究目的，研究者經理論推導出三個主構面之因果關係後，乃建立五個關係假設，整合這些假設後，進而提出該範例論文的概念性模型圖，如圖8-22。試進行驗證性因素分析並評鑑測量模型，以評估概念性模型中各構面的信度、收斂效度與區別效度。若信、效度評估結果良好，請再繼續進行結構模型分析，以檢驗各主構面間的因果關係，並對模型中的前三個關係假設進行檢定。

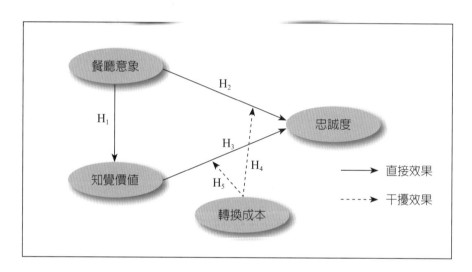

圖8-22　「範例模型三」的概念性模型圖

第 9 章

模型修正

　　結構方程模型的主要目的在於確認潛在變數與觀察變數間的因素結構、估計潛在變數之間的因果關係，並用來驗證所假設的概念性模型是否能與所提供的資料配適（邱皓政，2004）。但是，在實證的過程中，研究者也往往會發現「概念性模型與樣本資料並不配適」，因而研究者常常會面臨概念性模型是否需要修正或放棄的窘境。雖然導致模型不配適的原因很多，但是大致上這些原因可歸納為兩類：一類是概念性模型之界定有誤，即模型中的因素結構或因果關係之假設有錯誤；而另一類則是資料的分配問題（如非常態性、具遺漏值以及使用了名目或順序尺度資料）（黃芳銘，2002）。

　　模型界定有誤屬結構性問題，又可分為兩種：一是外在界定誤，另一為內在界定誤。外在界定誤意指模型界定過程中遺漏了一些觀察變數或遺漏了一些潛在變數等；內在界定誤則是指錯誤的假設了測量模型中的因素結構或結構模型中的因果關係（黃芳銘，2002；邱皓政，2004）。

　　當模型不配適的原因是因為內在界定誤所導致時，那麼模型尚可透過不斷的修正而加以改進。至於其他原因所導致的不配適，則無法透過修正作為而改進模型，這時就須根據導致不配適的實際原因，而採取相對應的措施來進行改進（黃芳銘，2002；邱皓政，2004）。本章討論的模型修正，是以既有的資料為基礎，探討概念性模型是否需要修正，如果需要修正並且可以修正，那麼應該在哪些方面修正以及該如何進行修正作為。

◆ 9-1　模型修正簡介 ◆

　　模型修正的主要意義在於：當我們使用經由問卷設計、抽樣、蒐集資料等程序所獲得的資料來檢驗依據相關理論所提出的初始概念性模型時，如果概念性模型已偏離資料所反映的現況事實時（即概念性模型無法良好的配適資料時），那麼就需要根據資料所反映的現況對初始概念性模型進行修正。而且須不斷的重複這個修正過程，直到可以得到一個能與資料配適良好，同時模型具有實際的意涵、潛在變數間的實際意義和參數估計值，都能得到理論支持或合理解釋的模型為止。

　　模型修正在結構方程模型中，往往是個爭議性很高的議題。因為在不斷利用既有資料從事修正的過程中，總讓人覺得研究者把本質是驗證性的研究變成是資料導向式（data-driven）的探索性研究了（黃芳銘，2002；邱皓政，2004）。所以，有些學者就呼籲，在模型發展過程中的修正行為必須要有理論基礎或合理的解釋；也就是說，修正過程不應該是盲目的，而是應該要有一些基本的要求。如：

一、結構方程模型的分析結果必須是合理的

　　結構方程模型的分析結果必須是合理的，這個概念相當重要。修正模型的過程中，研究者往往會盲目的追求高配適指標值。但是，隱藏在高配適指標值背後的，往往是違犯估計問題。因此，當現存的樣本資料並不否決概念性模型、模型的各項配適指標值也都能達到一般學術論文的基本要求時，我們更應該去檢查看看，每個所估計出來的參數值是否在合理的取值範圍內。例如：因素負荷量、路徑係數不要太接近1；每個參數估計值的標準差是否太大；或者各類變異數有沒有產生負值的現象（黃芳銘，2002）。

二、模型具有實際的意涵且參數估計值都能得到理論支持或合理解釋

　　研究者在其研究歷程的初期，往往對於某些變數之間的關係沒有充分認識或釐清，導致將來採實際樣本資料進行驗證時，可能會確認或否決研究初期所假定的關係；或者，也很可能會發現樣本資料和概念性模型並不配適，而需要進行模型的修正。但是，研究者應有正確的觀念：如果修正的過程中，沒有考慮到現實意涵或理論價值，那麼再好的配適結果都是無意義的。所以，我們總是希望修正過程中，對於那些已可確認的關係，於模型修正後也不能相違背或者產生矛盾的現象。而對於原本否

決掉的關係，經修正後或許能重新獲得重生，但我們也希望這些關係能有合理的解釋或理論支持（邱皓政，2004）。

三、謹守精簡原則（principle of parsimony）

所謂精簡原則意指當兩個模型（互為競爭模型）利用相同資料進行配適時，結果各項配適指標所反映的配適程度，在相差不大的情況下，那麼應該取兩個模型中結構較為簡單的模型。有關精簡原則的詳細說明，建議讀者可回顧第1章第1-2-3節的說明。

9-2 模型修正指數

進行結構方程模型分析時，研究者總是希望：模型各項配適指標都能達到一般學術論文之要求且代表因果關係的路徑係數也都能顯著。但是，再強調一次，比配適度和顯著性更重要的是，最後的模型一定要具有理論依據，能獲得過往文獻的支持。換言之，模型的結果除要具備理論意涵（theoretical implication，即可以被相關領域的知識所解釋）外，甚至亦具備實務意涵（practical implication）。

因此，模型若須進行修正時，仍要去考慮修正後的模型結果是否具有實務意義或理論價值。當模型配適度很差時，可以參考模型修正指數（modification index）而確立對模型進行調整的方向。在這種情況下，研究者可以依據研究需求而進行模型擴展（model building）或模型限制（model trimming）等兩項任務。模型擴展是指透過釋放部分原有限制的路徑或增加新路徑，使模型結構更加合理；模型擴展通常運用在想提高模型配適程度時。而模型限制則是指透過刪除或限制部分路徑，使模型結構更加簡潔；模型限制通常在想提高模型可識別度時使用。在JASP中，也已提供有修正指數（modification indices, MI）可應用於模型擴展的修正型態。

9-2-1 修正指數（MI）

修正指數適用於模型擴展的情況。對於概念性模型中某個原本受限制的參數（例如：不進行估計的參數），若修正允許其被估計（例如：在模型中新增某條路徑），則進行模型修正後，整個模型所「減少」的卡方值就稱為修正指數。研究者要特別注意的是，千萬不能操之過急；也就是說，在使用修正指數修改概念性模型時，

原則上每次只能針對一個參數進行修改，而且要從具有「最大修正指數」的參數開始修改。但在實務修正過程中，千萬一定要考慮該參數的修改作爲是否有理論根據。

如果研究者進行模型修正的企圖，是想朝模型擴展的方向進行，那麼就須考慮使用MI值協助確立模型修正之方向。如前所述，在評鑑模型的配適度時，一般皆以卡方值（χ^2）作爲最基本的評鑑指標。當模型對資料的配適程度提高，卡方值就會減小。也就是說，模型對資料的配適程度越好，卡方值就會越小。如以修正前的模型爲基準模型，假設修正的方向爲將模型中原本不被估計的某個參數，修正爲須予以估計時，其結果是：修正後的模型比修正前的模型的配適程度更好了，那麼卡方值應該會減小（自由度也會減少1）。因此，可以利用卡方值的變化狀況來協助修正模型。所以，修正指數即定義爲修正前、後兩個模型卡方值的差。

$$MI = \chi^2_{\text{修正前}} - \chi^2_{\text{修正後}} \hspace{4cm} \text{（式9-1）}$$

MI值所代表的意義是，在模型的初始狀態下，某個「不予估計」的參數，當被修正爲「須估計」時，模型卡方值可能減少的量。所以若模型修正後，但MI值的變化卻很小時，那麼這樣的修正作爲都只是做「心酸的」而已，沒有實質意義。由於卡方值服從卡方分配，在顯著水準$\alpha = 0.05$、自由度1時，若修正作爲要具有顯著意義的話，那麼卡方臨界值應爲3.84。因此，一般會認爲：當模型進行修正後，其MI > 4時，這樣的修正作爲才有實質意義。

利用MI值進行模型修正的方式，將會透過設定「增刪」變數間關係，使得修正後模型的卡方值與初始模型相比能大爲減少，且每增加一個變數間關係時，自由度也會減1。例如：可以在兩個潛在自變數之間增加設定相關性（即共變關係），或將直接作用變換爲間接作用等。當然，前述都是以增加路徑的方式，尋求MI之最大值。另外，若初始模型中某一路徑的實際意義不明確時，也可以刪除之。刪除後，若模型的配適程度不錯，這就表示刪除是合理的修正方向。一般而言，模型修正的過程中，可以進行的修正作爲大致如下：

一、測量模型部分

1. 改變因素負荷量參數的設定狀態。例如：將原本設爲固定值的因素負荷量改爲自由估計，或將原本設爲自由估計的因素負荷量改爲固定值。

2. 改變測量誤差之間的共變狀態。例如：增減各測量誤差間的共變關係（即相關關係）。

二、結構模型部分

1. 改變內生潛在變數（依變數）與外生潛在變數（自變數）間的路徑係數之狀態。例如：將「外生潛在變數和內生潛在變數間的關係」或「內生潛在變數間的關係」，從原本的固定值改為自由估計或將原本的自由估計改為固定值。

2. 改變外生潛在變數間的共變狀態。例如：增減外生潛在變數間的相關性假設。

3. 改變結構測量誤差間的共變狀態。例如：若有多個結構測量誤差時，則可考慮增減間的共變關係。

　　變數間的路徑關係或共變關係都可增加或刪除。當多個路徑係數的MI值都大於4時，一般建議選擇MI值最大的路徑係數先修正。如果該修正作為不符實際理論時，則可以選擇次大的路徑。也就是說，實際進行修正工作時，需要考慮修正作為是否有理論基礎，或者是否能從實際意義上加以合理說明。

　　Marsh and Hau（1996）、Jöreskog（1993）更指出，在有合理解釋下，潛在變數之間的相關，可以允許其「不予估計」或「強制估計」；然而，對於不同變數間之測量誤差項的相關（共變）除非有特殊理由，否則一般不要隨便假設其誤差項間具有相關性。但對於同一變數之指標的誤差項間，假設其測量誤差項間具有相關性（共變關係），則屬合理範圍。畢竟當一個構面具有高信度、良好的收斂效度和區別效度時，這意味著它的各個指標在測量該構面時都提供了相似的資訊。在這種情況下，假設其測量誤差項間具有相關性（共變關係）就會比較合理。因此，建議讀者將來進行模型修正時，盡量朝向MI值大且新增同一變數的測量誤差之共變的方向著手，這樣就不用再對修正作為之合理性，進行額外的補充說明或解釋。

　　因此，原則上我們會先考慮數值最大的修正指數，來決定修正模型的實際作為。但是此舉若沒有辦法對變數間的修正動作做出合理解釋時，只能跳過這個參數改為考慮第二大數值的參數修正，再檢視修正動作的合理性，依此類推，直到得到一個合理的模型。

◆ 9-3　模型修正範例 ◆

　　在第8章中，我們曾介紹論文〈品牌形象、知覺價值與品牌忠誠度關係之研究〉的結構模型分析，其分析結果也相當完美，除模型之配適度佳外，各主構面間的因果關係亦皆能顯著。在此，我們將延續第8章的分析，但將配適另外一個資料檔案，並

示範對該概念性模型進行修正的過程，以期模型能盡量臻於完美。

範例9-1

請參考附錄一中，範例論文〈品牌形象、知覺價值與品牌忠誠度關係之研究〉的正式問卷與內容說明，該問卷的資料檔為「brand image_bad.jasp」。試對原始論文之概念性架構進行結構模型分析，若模型配適未臻理想，請以模型擴展為方向，對模型做適當的修正。

　　在本範例中，將再次的對論文「品牌形象、知覺價值與品牌忠誠度關係之研究」的概念性模型，進行結構模型分析。雖然，這個結構模型（如圖8-15）已經在範例8-2實作過，結果也相當完美。但在本範例中，為說明模型修正的過程，該結構模型將配適另一組資料（brand image_bad.jasp）。當然，既然結構模型沒有改變的情形下，建模時使用的Lavaan程式碼也會跟圖8-18相同，即「ex8-2_程式碼.txt」。結構模型配適資料檔「brand image_bad.jasp」的過程與報表彙整工作，請讀者自行參閱「ex9-1.mp4」。執行路徑分析後，其配適指標整理成檢核表，如表9-1所示。

表9-1　結構模型之配適度指標檢核表

統計檢定量		標準值	檢定結果	模型配適判斷
絕對配適指標	χ^2	越小越好（p≧0.05值）	778.222（df=266, p<0.001）	否
	χ^2/df	1～5之間	2.926	是
	GFI	大於0.9	0.949	是
	SRMR	小於0.08	0.049	是
	RMSEA	小於0.08	0.076	是
增量配適指標	NFI	大於0.9	0.893	否（接近）
	NNFI	大於0.9	0.917	是
	CFI	大於0.9	0.927	是
	RFI	大於0.9	0.880	否（接近）
	IFI	大於0.9	0.927	是
精簡配適指標	PNFI	大於0.5	0.792	是
	CN	大於200	131.527	否

從表9-1中的「絕對配適指標」得知，除模型卡方值因顯著而未能接受「模型配適資料」之假設外，其餘的「絕對配適指標」皆顯示，模型的配適度是可以接受的。但就卡方值而言，通常其受樣本數影響很大，所以不少學者認為可以不必太在乎模型卡方值的顯著與否，甚至建議可由卡方自由度比來取代之。本範例的卡方自由度比為2.926，已達標準值。由於大部分的「絕對配適指標」已跨越標準值，顯示模型的配適狀況是可以被接受的。

然而，「增量配適指標」中則顯示，除NFI（0.893）與RFI（0.880）等兩項指標，皆未達可接受模型的標準外，其餘指標皆大於0.9。此意謂著，模型配適度之整體表現雖稍差，但仍屬可接受範圍。此外，「精簡配適指標」中PNFI大於0.5，但CN值並未通過標準（大於200），此一指標屬評估模型複雜程度的指標，未通過的現象顯示須要從事模型的再界定任務，以使模型能更趨於簡單化。

整體而言，經三類型的配適指標評估後，顯示這個模型的配適狀況「稍差」，且模型的複雜度仍有相當的改進空間。因此，仍有須要對模型再予修正與界定。在此，將透過修正指數（MI值）對現有模型進行修正作為。修正作為之詳細操作過程，讀者可直接參閱教學影音檔「ex9-1.mp4」。

原始結構模型經路徑分析後，報表中將產生「修正指數」表，如表9-2。

表9-2 修正指數表（限於篇幅，僅擷取MI值大於10的數據）

			修正指標	epc	sepc（潛在變項）	sepc（所有變項）	sepc（非內生變數）
ly4	~~	ly5	271.852	1.643	1.643	1.017	1.017
ly2	~~	ly3	102.205	0.771	0.771	1.043	1.043
ly3	~~	ly5	38.037	−0.498	−0.498	−0.447	−0.447
ly2	~~	ly5	34.776	−0.477	−0.477	−0.448	−0.448
ly3	~~	ly4	32.539	−0.460	−0.460	−0.411	−0.411
ly2	~~	ly4	27.020	−0.420	−0.420	−0.392	−0.392

由於我們將朝模型擴展的方向對模型進行修正，因此將利用MI值輔助模型修正。首先觀察表9-2中的「修正指數」欄，由於MI值最大值（271.852）發生在於「ly4 ~~ ly5」上，代表MI值建議可在ly4、ly5的測量殘差項間建立共變關係（於模型圖中繪製雙向箭頭）。此外，再從模型圖（圖8-15）中可發現ly4、ly5同屬品牌忠誠度之觀察變數，所以於ly4、ly5的測量殘差項間建立共變關係應屬合理（參閱第9-2-1

節的說明），故修正時將於Lavaan程式中，加入一列建立ly4、ly5之測量殘差項間共變數的程式碼，即「ly4 ~~ ly5」。

原始Lavaan程式中加入「ly4 ~~ ly5」這列程式碼後，再執行路徑分析一次。然後再製作配適指標檢核表後，如表9-3所示。觀察表9-3，運氣不錯，模型的自由度確實因為新增了一個共變關係而減少1，變為265。且除卡方值外，NFI、RFI與CN等原本低於標準值的指標都已達標準值以上了，故應可停止其他的模型修正作為了，在此狀態下的模型已與資料相當配適，其最終模型圖如圖9-1。與原始模型圖（圖8-15）比較，修正作為只在ly4、ly5的測量殘差項間建立共變關係，這樣就可以大大提升模型的配適度了，而且因為ly4、ly5同屬「品牌忠誠度」的測量指標，因此，在ly4、ly5的測量殘差項間建立共變關係也屬合理，不必額外多作解釋。但研究者若仍不滿意目前模型的配適度，且有相當的理論支持的話，則仍可再繼續下一步的修正工作，直到滿意為止。但切記，所有的修正作為一定要有合理的解釋或推論。

表9-3　修正後，結構模型之配適度指標檢核表

統計檢定量		標準值	檢定結果	模型配適判斷
絕對配適指標	χ^2	越小越好（p≧0.05值）	399.658（df=265, p<0.001）	否
	χ^2/df	1～5之間	1.508	是
	GFI	大於0.9	0.970	是
	SRMR	小於0.08	0.047	是
	RMSEA	小於0.08	0.039	是
增量配適指標	NFI	大於0.9	0.945	是
	NNFI	大於0.9	0.978	是
	CFI	大於0.9	0.981	是
	RFI	大於0.9	0.938	是
	IFI	大於0.9	0.981	是
精簡配適指標	PNFI	大於0.5	0.835	是
	CN	大於200	254.272	是

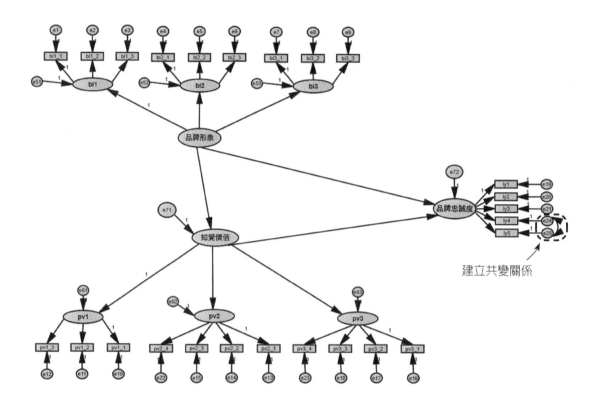

圖9-1　修正後的結構模型圖（由Amos軟體所繪製）

　　無論如何，對模型進行修正的作為，研究者在心態上總是要自覺這是一種不得已的作法。畢竟，當您建構好概念性模型後，若尚須對模型修正，那麼得再找更多的文獻，尋求「理論」支持這些修正作為。但我們也常發現一般論文中，對於模型修正中之修正作為的解釋，也往往流於「自圓其說」且毫無理論支持，甚至掩飾修正作為，連解釋都免了。所以就「論文審核者」的角度而言，當審核到某篇論文的各項配適指標都很好時，不免就想「挑戰」作者，而會去算原始概念性模型的自由度和檢視現有論文中所顯示出來的模型自由度。若兩者有差異，則會認為模型已進行過修正作為。此時，若論文中沒有對這些修正作為做適當、合理之解釋的話，就會被抓包，那麼這篇論文就「前途堪慮」了。

習 題

練習9-1

　　請參考附錄二中，論文〈遊客體驗、旅遊意象與重遊意願關係之研究〉的原始問卷與內容說明，該問卷的資料檔為「tourist experience.jasp」。試對該論文之概念性模型（圖8-21）進行結構模型分析，若模型尚有修正空間的話，請以模型擴展為方向，對模型做出適當的修正。

練習9-2

　　參考附錄三中，所介紹的論文〈景觀餐廳意象、知覺價值與忠誠度：轉換成本的干擾效果〉的原始問卷與說明，其原始資料檔為「restaurant image.jasp」。試對該論文之概念性模型（圖8-22）進行結構模型分析，若模型尚有修正空間的話，請以模型擴展為方向，對模型做出適當的修正。

第 10 章
中介效果的檢驗

中介變數（mediating variables）在心理、教育、社會和管理等研究領域中扮演著重要的角色。如果自變數X會透過第三方變數Me而對依變數Y產生顯著性的影響，那麼就可稱Me為X和Y的中介變數，或Me會在X和Y的關係間扮演著中介角色（具有中介效果）。中介研究的意義在於幫助我們理解、解釋自變數對依變數之影響關係的作用途徑與機制，也可以整合既有變數之間的關係（MacKinnon, 2008）。

在過往文獻中，常以Baron and Kenny（1986）所提出的中介四條件（又稱causal steps approach，因果步驟法）為概念基礎，然後使用傳統的階層迴歸分析法（hierarchical regression）檢驗中介效果。不過，階層迴歸分析法只能針對「觀察變數」進行分析，因此總有一種不切實際的感覺。畢竟，在社會科學領域裡研究者所面對之議題中，所涵蓋的諸多變數大都是屬於「潛在變數」的。

「潛在變數」就應該有「潛在變數」的樣子。因此，以結構方程模型的方式來檢驗潛在變數的中介效果，應該是比較合理的。在期刊論文中，以結構方程模型檢驗中介效果的方法，最熱門的大概就是「Sobel test」了。然而Sobel test之最大缺點是假設「樣本分配為常態」之前提條件過於嚴苛（Bollen and Stine, 1990）。因此，在不能確定樣本的常態性或小樣本的情形下，學者們紛紛改採用Bootstrapping法，以估計間接效果的標準誤及信賴區間，進而分析並檢定中介效果的顯著性。

此外，在心理、行為和其他一些社會科學的研究領域中，研究情境複雜，經常需要多個中介變數才能更清晰地解釋自變數對依變數的效果（MacKinnon, 2008）。因此，近年來越來越多的中介研究採用多重中介（multiple mediation）模型。基於此，在本章中也會更進一步的介紹如何檢驗各種不同形式的多重中介效果。

10-1　中介效果簡介

　　若自變數（independent variable, IV）對依變數（dependent variable, DV）有顯著的影響效果，且此效果是透過第三方變數而達成顯著影響時，則此第三方變數即為所謂的中介變數（mediating variables, Me）（如圖10-1）。

　　通常中介變數可以用來解釋自變數是經由什麼途徑而影響了依變數，而此中介變數的影響效果就稱為是中介效果（mediating effect）。在中介變數被引入原有的關係後，若自變數對依變數之直接影響效果變為0（或變為不顯著）時，則稱該中介變數具有完全中介效果（full mediation effect）；而若自變數對依變數之直接影響效果只是減弱而已，但仍顯著，則稱該中介變數具有部分中介效果（partial mediation effect）。

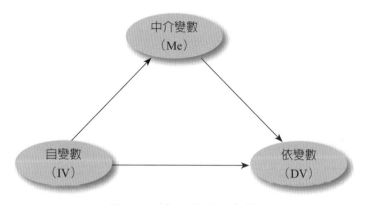

圖10-1　中介效果示意圖

　　傳統文獻中，檢驗中介效果是否存在時，最常使用的方法為Baron and Kenny（1986）所提出的中介四條件法（又稱causal steps approach，因果步驟法），茲將中介四條件法說明如下：

條件一：自變數（IV）必須對依變數（DV）具有顯著的影響力（迴歸係數 α），如圖10-2(a)。

條件二：自變數（IV）必須對中介變數（Me）具有顯著的影響力，如圖10-2(b)。

條件三：自變數（IV）與中介變數（Me）同時作為預測變數，對依變數（DV）作迴歸分析時，中介變數（Me）必須對依變數（DV）有顯著影響，如圖10-2(c)。

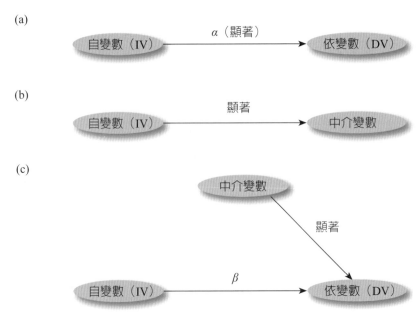

(a)

(b)

(c)

圖10-2　Baron and Kenny（1986）四條件示意圖

條件四：在第三個條件的迴歸模型中，自變數（IV）對依變數（DV）的迴歸係數（β），若顯著時，其值必須小於自變數（IV）單獨預測依變數（DV）時的迴歸係數α（亦即，$\beta < \alpha$），或甚至是變為不顯著（$\beta = 0$）。

此外，在條件四的情形下，若自變數（IV）對依變數（DV）的影響力變為0（即不顯著之意），則稱具有完全中介效果；若自變數對依變數之影響力小於條件一的情況（即$\beta < \alpha$），但仍顯著時，則稱為部分中介效果。

欲依循Baron and Kenny（1986）所提出的中介四條件檢驗中介效果時，可以使用兩種統計方法：一為階層迴歸分析，另一為使用結構方程模型。使用階層迴歸分析時，由於受限於迴歸模型的基本假設，故當變數屬潛在變數時，並不適合使用階層迴歸模型來檢驗中介效果。此外，MacKinnon（2008）也指出，中介四條件法對中介效果的檢驗較不敏感且無法對中介效果值直接進行檢定，因此學界已漸少使用中介四條件法了。然而，使用結構方程模型時，比中介四條件法更有效率的方法頗多，如：Sobel test、Bootstrapping法等。所以，也不一定要以中介四條件為基礎來檢驗中介效果。因此，或許讀者就把中介四條件當作是對中介效果之概念的基本認知就可以了，不必特意花時間去進行實作練習。

10-2　中介效果的檢驗：Sobel test法

　　從統計的角度來說，間接效果就是中介效果（胡昌亞等，2022）。因此，在本書中間接效果、中介效果兩詞會交替使用。過往使用Amos軟體執行潛在變數的路徑分析（結構模型分析）時，並無法從產生的報表中，直接獲得間接效果值與該值的顯著性檢定結果。但在JASP中，只要Lavaan程式中有設定求取間接效果值（如圖8-18的第12列），則就會在報表中揭露間接效果值的大小與其檢定結果。

　　例如：在第8章範例8-2中，運用潛在變數的路徑分析檢驗概念性模型的四個假設時，其中第四個假設即為中介效果的檢定。當時檢定時，是以「信賴區間不包含0」的方式，來檢定間接效果（自變數透過中介變數而影響依變數的效果）的顯著性。之所以要使用「信賴區間不包含0」的方式來檢驗間接效果的顯著性，其原因在於不少學者認為間接效果檢定的機率p值（即顯著性）是有偏誤的（胡昌亞等，2022）。

　　據此，MacKinnon等人（2002）與Preacher and Hayes（2004）建議，也可改用數學化公式Sobel Z值來檢驗間接效果的顯著性，而此檢定方法就稱為Sobel test。檢驗時，須先依「式10-1」計算出Sobel Z值，若Sobel Z值的絕對值大於1.96時，則表示間接效果顯著。在此，「1.96」為在顯著水準0.05下，常態雙尾檢定顯著時的門檻值（即$Z_{0.025}$）。顯見，Sobel test是以樣本資料符合常態分配為前提假設所發展出來的一種檢定方法。Sobel（1982）中介效果公式為：

$$Z = \frac{a \times b}{\sqrt{b^2 \times S_a^2 + a^2 \times S_b^2}} \qquad \text{（式10-1）}$$

a為自變數對中介變數之未標準化路徑係數。

b為中介變數對依變數之未標準化路徑係數。

S_a為自變數對中介變數之未標準化路徑係數的標準誤。

S_b為中介變數對依變數之未標準化路徑係數的標準誤。

　　在這個公式中，只要能知道a、b、S_a與S_b的實際值就可以代入式10-1，而得到Sobel Z值。

範例10-1

請參考附錄一中，範例論文〈品牌形象、知覺價值與品牌忠誠度關係之研究〉的正式問卷與第5-1節中「範例模型一」的說明，該問卷的原始資料檔為「brand image.jasp」。該「範例模型一」的概念性模型圖，如圖8-2。試利用Sobel test，再次探討知覺價值於品牌形象與品牌忠誠度間的中介效果是否顯著？

在第8章的範例8-2中，第四個假設內容如下：

假設四（H_4）：知覺價值會於品牌形象與品牌忠誠度的關係間，扮演著中介角色。

當時檢定時，是以信賴區間不包含0的方式，來檢定間接效果的顯著性。在本範例中，則將改用Sobel test來檢驗間接效果的顯著性。

10-2-1　範例說明與操作過程

首先，必須參照圖8-2的概念性模型圖或圖8-15的結構模型圖，再使用「結構方程模型」功能搭配Lavaan程式（如圖8-18或ex8-2_程式碼.txt），建立結構模型。執行路徑分析後，依序須找出計算Sobel Z值所須的各種統計量。最後再套入「式10-1」中，就可計算出Sobel Z值了。對於「式10-1」的公式，為了計算方便本書已研製成Excel檔案，其路徑與檔名為「.../ example/ chap10/Sobel test.xlsx」。只要開啟「Sobel test.xlsx」，然後將a、b、S_a與S_b依序填入適當的儲存格中，就可自動跑出Sobel Z值。詳細的操作過程，讀者可直接參閱教學影音檔「ex10-1.mp4」。

10-2-2　報表解說與結論

經執行結構方程模型分析後，可於JASP報表中找到「迴歸係數」表，如表10-1。從表10-1中，分別找出「式10-1」中的a、b、S_a與S_b，然後，再依序填入「Sobel test.xlsx」中，即可計算出Sobel Z值了，如圖10-3。

表10-1　迴歸係數表

預測變項	結果		估計	標準誤	z值	p	95%信賴區間		標準化		
							下界	上界	所有	潛在變數	內生
bi	ly	c	0.380	0.111	3.414	<.001	0.162	0.599	0.293	0.293	0.293
pv	ly	b	0.492	0.105	4.695	<.001	0.287	0.697	0.438	0.438	0.438
bi	pv	a	0.579	0.106	5.486	<.001	0.372	0.786	0.501	0.501	0.501

圖10-3　計算Sobel Z值

　　由圖10-3可見，Sobel test Z值為3.556，大於門檻值1.96，故間接效果顯著，亦即知覺價值確實會於品牌形象與品牌忠誠度的關係間，扮演著顯著的中介角色。此外，由於「品牌形象→品牌忠誠度」的非標準化直接效果（0.380）（表10-1第二列）仍然顯著（因95%信賴區間介於0.162至0.599間，不包含0），故知覺價值的中介效果應屬「部分中介效果」。至於，其中介效果值則可使用「bi→pv」和「pv→ly」的迴歸係數值相乘而得到，即「0.579×0.492」，故為0.285（非標準化）；或者也可直接觀察表8-18，而直接獲得中介效果值與其檢定結果。

10-3　中介效果的檢驗：Bootstrapping法

　　傳統上，研究者經常採用屬「causal step approach」的中介四條件法（Baron and Kenny, 1986）來進行中介效果檢定。然而，此中介四條件法須用階層迴歸分析來進行檢定，階層迴歸分析屬第一代的統計方法，於處理潛在變數的測量上恐力不從心。Hayes（2009）認為Sobel test可彌補causal steps approach的不足，然Sobel test最大缺點是假設樣本資料的分配須為常態，此條件似又過於嚴苛（Bollen and Stine,

1990）。因此，在不能確定樣本的常態性或小樣本的情形下，學者們紛紛改採用Bootstrapping法（拔靴法），以估計間接效果的標準誤及信賴區間，進而分析並檢定間接效果的顯著性。

10-3-1　拔靴法的基本概念

拔靴法（Bootstrap Method，Bootstrapping法）最先是由Efron（1979）所提出的一種投返式的重複抽樣（resampling）過程。它會將既有的觀察值當作是母體，而進行投返式的重複抽樣，當抽出的樣本數達預先所設定的數量（即達拔靴樣本數）時，即把這些已抽出的觀察值集合成一個子樣本（或稱拔靴樣本）。每一子樣本抽出形成後，隨即進行參數估計並記錄執行結果的分配特性（如參數平均數、標準差等統計量），經多次重複此過程後，當特定量的子樣本（即拔靴抽樣數，bootstrap samples）被抽出後（如2,000個子樣本），即停止運算，然後針對每次抽樣所得到的子樣本經分析後，演算結果的分配特性進行統計，以求取原先因資料不足而無法探討的資料分配特性（如標準誤）。抽樣過程中，投返式意味著每次抽樣後，隨機由母體中被抽出的觀察值會於下次抽樣前，再次被放回母體中。也就是說，每次抽樣時母體內的觀察值之內容或數量永遠不變之意。故對某特定的觀察值而言，它可能會多次的包含於各子樣本中（被抽中），當然也可能會不屬於其他的子樣本（沒被抽中）。拔靴法的示意圖，如圖10-4所示。

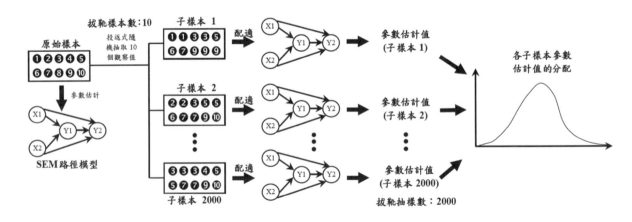

圖10-4　拔靴法示意圖

圖10-4為拔靴法之示意圖，其簡略的刻畫了拔靴法的運作原理。進行拔靴法時，必須明確說明兩件事：一為拔靴抽樣數、另一為拔靴樣本數（bootstrap cases）。拔靴抽樣數代表從原始樣本（母體）所抽出的子樣本數量，進行拔靴法時為使最終統計結果更精確，通常要求較大的拔靴抽樣數，且至少要大於母體中的觀察值數量。學界一般建議的拔靴抽樣數為2,000個。拔靴樣本數則是每個子樣本中觀察值的數量，對於拔靴樣本數的決定原則為：「其數量應等於原始樣本中的觀察值數量」。例如：原始樣本中有240個觀察值，那麼拔靴樣本數就是240個，當拔靴抽樣數為2,000時，即代表所抽出的2,000個子樣本中，每個子樣本內應該都須具有240個觀察值（拔靴樣本數），否則參數的顯著性檢定結果將可能產生系統性偏誤。

拔靴法中，每個被抽出來的子樣本都將被用來配適模型，以進行測量模型或結構模型之估計，亦即拔靴抽樣數為2,000時，就進行了2,000次的模型估計，這些參數估計結果將可被視為一種分配，即拔靴分配。根據拔靴分配可求算出估計參數的標準誤與標準差，進而計算出估計參數的「bias-corrected percentile」信賴區間（誤差修正百分比信賴區間或簡稱BCa信賴區間）。當該信賴區間不包含0時，則可以推論所估計的參數，顯著不為0（或稱為具顯著性）。

10-3-2　利用Bootstrapping法進行中介效果檢定

在結構方程模型分析中，檢定中介效果時，近年期刊論文的主流就是使用Bootstrapping法。Bootstrapping法可以輔助估計間接效果的標準誤及非標準化係數，從而再將「非標準化係數」除以「標準誤」，就可得到「z統計量值」。據此，若「z統計量值」之絕對值大於1.96，則可判斷中介效果顯著。另一方面，Bootstrapping法也可以藉由多次間接效果值之估算結果，而形成間接效果值的分配，進而運用信賴區間的概念，求出間接效果的信賴區間（bias corrected percentile的95%信賴區間），如果該信賴區間未包含0，則稱有中介效果顯著（MacKinnon, 2008）。

此外，Cheung and Lau（2008）、Cheung（2009）、Lau and Cheung（2012）等學者亦針對中介效果的類型（部分中介或完全中介），提出了具體的判斷方式：
1. 間接效果的95%信賴區間內包含0，則間接效果不顯著，表示無中介效果。
2. 間接效果的95%信賴區間內不包含0，則間接效果顯著，表示存在中介效果。在這種情形下，若直接效果的95%信賴區間包含0，則表示直接效果不顯著，故該中介效果的型態應為完全中介效果。

3. 間接效果與直接效果各自的95%信賴區間內皆不包含0，均達顯著；且總效果的95%信賴區間內亦不包含0，達顯著，則該中介效果的型態應爲部分中介效果。

 範例10-2

請參考附錄一中，範例論文〈品牌形象、知覺價值與品牌忠誠度關係之研究〉的正式問卷與第5-1節中「範例模型一」的內容說明，該問卷的原始資料檔爲「brand image.jasp」。此外，該範例論文的概念性模型圖，如圖8-2。試利用Bootstrapping法，再次探討知覺價值於品牌形象與品牌忠誠度間的中介效果是否顯著？

論文〈品牌形象、知覺價值與品牌忠誠度關係之研究〉的概念模型圖，如圖8-2。其研究假設中的第四個假設爲（請參考範例8-2）：

假設四（H_4）：知覺價值會於品牌形象與品牌忠誠度的關係間，扮演著中介角色。

在本範例中，將利用Bootstrapping法，再次探討知覺價值於品牌形象與品牌忠誠度間的中介效果是否顯著。

一、範例說明與操作過程

顯然，範例論文之假設四的主要目的就是在檢驗「知覺價值是否於品牌形象與品牌忠誠度的關係間扮演著中介角色」。這個假設在過往曾利用Lavaan程式或Sobel test進行檢驗，其結果也都證實了「知覺價值確實會於品牌形象與品牌忠誠度的關係間扮演著部分中介角色」。基本上，上述兩種方法都是以間接效果的標準誤爲基礎所發展出來的檢定方法。過往不少學者認爲由系統所估計出的間接效果標準誤可能有所偏誤，導致機率p值並不可信（胡昌亞等，2022），且使用Sobel test時，其樣本資料屬常態分配的前提假設又過於嚴苛（Bollen and Stine, 1990），因此，在本範例中將示範目前於學術論文中，能見度頗高的Bootstrapping法來檢驗知覺價值的中介效果。

首先，必須依據圖8-2的概念性模型圖或圖8-15的結構模型圖，再使用「結構方程模型」功能搭配Lavaan程式（如圖8-18或ex8-2_程式碼.txt），建立結構模型。執行路徑分析前，在設定面板中須將「誤差計算」設定爲使用「拔靴法」，且爲求穩定的檢定結果，建議將「拔靴樣本」（即拔靴抽樣數）設定在2,000個以上。同時採用「誤差修正百分比」（bias-corrected percentile）的信賴區間。設定好後，就可以執行潛在變數的路徑分析了。執行過程會因「拔靴樣本」的個數多而相當耗時，故須耐心

等待。同時，由於拔靴法隨機抽樣的特性，書中所報告之執行結果的數據或許會跟讀者自行執行的結果有些許的差異，但此差異並不會太大。詳細的操作過程與報表彙整工作，讀者可直接參閱教學影音檔「ex10-2.mp4」。

二、報表解說與結論

執行結構模型的路徑分析後，當可產生許多報表，為有系統的表達輸出結果，必須進行彙整報表的工作，在此只要彙整出如表10-2的「路徑係數與效果摘要表」即可。

表10-2　路徑係數與效果摘要表

效果	迴歸係數		R^2	z值	95%信賴區間	
	非標準化	標準化			下界	上界
Indirect effect						
品牌形象→知覺價值→品牌忠誠度（H₄）	0.285*	0.220*		**4.231**	**0.157**	**0.476**
Direct effect						
品牌形象→知覺價值（H₁）	0.579*	0.501*	0.251	**5.565**	**0.382**	**0.829**
知覺價值→品牌忠誠度（H₂）	0.492*	0.438*	0.406	**5.241**	**0.275**	**0.715**
品牌形象→品牌忠誠度（H₃）	0.380*	0.293*		**3.912**	**0.155**	**0.606**
Total effect						
品牌形象→品牌忠誠度	0.665*	0.513*		**7.227**	**0.438**	**0.864**

註：「*」表示在95%信賴區間不包含0時顯著。

經Bootstrapping法後，將分析結果彙整成表10-2。由表10-2顯示：

1. 標準化間接效果值為0.220，且「誤差修正百分比」的95%信賴區間不包含0，表明知覺價值確實於品牌形象與品牌忠誠度的關係間，扮演著顯著的中介角色。
2. 此外，「品牌形象→品牌忠誠度」的標準化直接效果值為0.293，「誤差修正百分比」的95%信賴區間亦不包含0，故直接效果顯著。
3. 最後，「品牌形象→品牌忠誠度」的標準化總效果為0.513，「誤差修正百分比」的95%信賴區間亦不包含0，故總效果顯著。

由以上的說明，顯示知覺價值確實於品牌形象與品牌忠誠度的關係間，扮演著顯著的中介角色，且其中介效果為部分中介效果。

　　最後，針對表8-18與表10-2的分析結果數據進行比較。表8-18為使用Lavaan程式，並設定「誤差計算」方式使用「穩健法」，而進行結構方程模型分析。而表10-2亦為使用相同的Lavaan程式碼，但「誤差計算」方式使用「拔靴樣本」2,000個的「拔靴法」。表10-2中，具粗體的數據，即為兩表具有差異的數據。明顯的，在間接效果、直接效果與總效果的估計上，「穩健法」與「拔靴法」所呈現的「非標準化」或「標準化」估計值是完全一模一樣的。而在z值與「誤差修正百分比」的95%信賴區間之估計上則略顯差異，但是就檢定的結果而言也是相同的。在此情形下，由於使用「拔靴法」時，雖能獲得較穩定的檢定結果，但其執行過程相當耗時，因此作者建議進行中介效果檢定時，可先利用「穩健法」進行估計與檢定，以先期測試中介效果是否顯著，待確認分析結果無誤後，再使用「拔靴法」進行真正的估計與檢定，並於論文中揭露使用「拔靴法」所得的相關數據與分析結果。

10-4　多重中介效果檢定

　　中介效果檢驗所要回答的問題是自變數究竟可以透過哪種機制或途徑而影響依變數。也就是說，中介研究的意義在於幫助我們理解自變數對依變數關係的作用機制，也可以釐清、整合變數之間的關係（MacKinnon, 2008）。在本節之前，本書中所討論的中介效果皆屬簡單的中介模型，也就是只描述了存在一個中介變數的情況。然而，在心理、行為和其他一些社會科學的研究領域中，研究情境複雜往往需要多個中介變數，才能更清晰地解釋自變數對依變數的影響效果（MacKinnon, 2008）。

10-4-1　多重中介效果簡介

　　近年來，越來越多的中介研究採用多重中介（multiple mediation）模型。不過，卻也不難發現，多數研究是將一個多重中介模型拆解為多個簡單中介（即只含一個中介變數）模型，然後再針對這些拆解後的簡單中介模型，逐個加以分析並據以產生結論。這樣的作法，可能會對結果的解釋產生偏誤。因為模型中，變數之間的關係是「同時」發生的，若加以拆解將會忽略掉其他變數的影響，而失去多個變數「同時」互相影響的實際情境。基本上，建立多重中介模型可以「同時」分析多個中介變數的影響力，當然是個比較好、比較先進的方法。

　　顧名思義，多重中介模型就是一種「同時」存在多個中介變數的模型。根據多

個中介變數之間是否存在相互影響的情況，多重中介模型又可以分為單步多重中介模型（single step multiple mediator model）和多步多重中介模型（multiple step multiple mediator model）（Hayes, 2009）。單步多重中介模型是指多個中介變數之間不存在相互影響力（如圖10-5），又稱為平行多重中介模型（parallel mediator model）。多步多重中介模型則是指多個中介變數之間存在相互影響力，多個中介變數表現出順序性特徵，形成中介鏈（如圖10-6中的IV→M1→M2→DV路徑或IV→M3→M2→DV路徑），故又稱為鏈式多重中介模型或序列式多重中介模型（serial mediator model）。

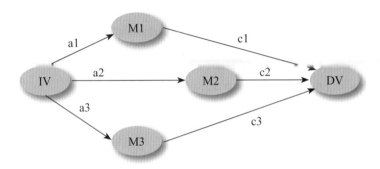

圖10-5　單步多重中介模型

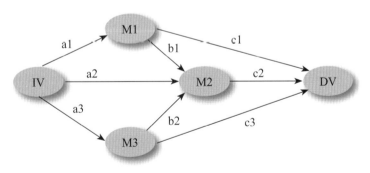

圖10-6　多步多重中介模型

圖10-6的模型圖是個含有三個中介變數M1、M2和M3的多重中介模型，此時的多重中介效果可以從三個面向進行分析：(1)特定路徑的中介效果（specific mediation effect），如a1c1、a2c2、a3c3、a1b1c2和a3b2c2；(2)總中介效果（total mediation effect），即「a1c1+a2c2+a3c3+a1b1c2+a3b2c2」；(3)對比中介效果，如「a1c1–a2c2」、「a1c1–a3c3」……等（Hayes, 2009; MacKinnon, 2008; Preacher and Hayes, 2008）。

相較於簡單中介模型，多重中介模型具有三大優勢。首先，可以得到總中介效果。其次，可以在控制其他中介變數（如控制M1、M2）的前提下，研究某個中介變數（如M3）的特定中介效果。這種作法可以減少簡單中介模型因為忽略其他中介變數，而導致的參數估計偏差。第三，可以計算對比中介效果，使得研究者能判斷多個中介變數的效果（如a1c1、a2c2、a3c3、a1b1c2和a3b2c2）中，哪一個效果更大，即判斷哪一個中介變數的作用更強、哪個中介變數理論更有意義，因此研究多重中介模型更能兼具理論與實務意涵（Preacher and Hayes, 2008）。

▌10-4-2　多重中介效果的檢定方法

在中介效果的檢定方法上，有不少研究者常用結構方程模型搭配Sobel test檢驗中介效果是否顯著（邱皓政、林碧芳，2009）。但現有研究發現，即使在簡單中介效果檢驗中，Sobel test都有其局限（Hayes, 2009; MacKinnon, 2008）。在多重中介模型中，Sobel test的局限性更是有增無減。首先，Sobel test之檢定統計量（z值）是以常態性假設為前提下所推導出來的，但是，多重中介模型中的特定中介效果、總中介效果和對比中介效果的估計值都涉及了參數的乘積，而這些參數的乘積通常都不會滿足常態假設。因此，Sobel test的結果將會是不準確的，其檢驗力（power）並不高。其次，Sobel test需要大樣本，Sobel test在小樣本的表現並不好。第三，在多重中介模型中，Sobel test之檢定統計量（z值）的分母是間接效果估計值的標準誤，而這個標準誤常用多元delta 法（multivariate delta method）計算，其公式十分複雜（MacKinnon, 2008; Taylor, MacKinnon, and Tein, 2008），且需要手工計算，使用上非常不方便（Cheung, 2007; Macho and Ledermann, 2011）。

欲解決Sobel test的諸多問題，最好的方法就是改用Bootstrapping法，因為Bootstrapping法並不需要常態性假設，也不需要大樣本，進行中介效果之95%信賴區間估計時，更無須用到標準誤。此外，Cheung（2007）曾模擬比較了Bootstrapping法和Sobel test法在鏈式多重中介分析中的表現，發現當中介效果值和樣本量都很小的情況下，Bootstrapping法明顯優於Sobel test法，這和其他相關研究的結果一致。

而當使用Bootstrapping法時，也有不少研究還表明，對於估計信賴區間的方式，「誤差修正百分比法」（bias-corrected percentile method）的分析結果會優於「百分位法」（percentile method）。因此，建議研究者進行Bootstrapping法時，應使用「誤差修正百分比」信賴區間進行中介效果的顯著性檢定。此外，Cheung and Law

（2008）也指出，使用「誤差修正百分比」信賴區間時，須要注意的是：拔靴抽樣數至少要1,000次以上，這樣才能確保結果的一致性和穩定性。

10-5 平行多重中介效果的檢定

在本小節中，將透過範例模型示範如何在JASP中，利用「穩健法」與「Bootstrapping法」來檢測平行多重中介效果。這個範例模型是本書作者過去所指導的研究生之碩士論文，論文題目為「第一線服務人員工作熱情與情緒耗竭關係之研究：情緒勞務策略的中介角色」，其原始正式問卷請參考附錄七。

10-5-1 範例模型簡介

論文〈第一線服務人員工作熱情與情緒耗竭關係之研究：情緒勞務策略的中介角色〉之主要目的在於運用二元熱情模型（dualistic model of passion, DMP）（Vallerand et al., 2003），以探究具不同工作熱情類型的第一線服務人員，如何透過情緒勞務策略的採用，而影響情緒耗竭現象的程度，其概念性模型如圖10-7。

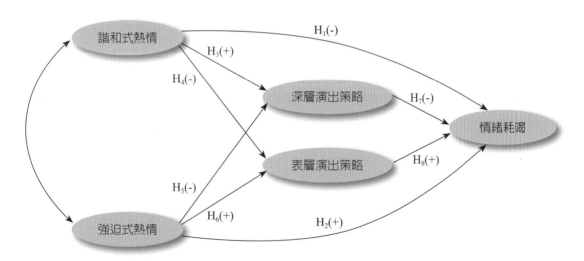

圖10-7　概念性模型

H_1：第一線服務人員對工作的諧和式熱情會負向直接影響情緒耗竭。

H_2：第一線服務人員對工作的強迫式熱情會正向直接影響情緒耗竭。

H_3：第一線服務人員對工作的諧和式熱情會正向影響深層演出策略的採用。

H₄：第一線服務人員對工作的諧和式熱情會負向影響表層演出策略的採用。

H₅：第一線服務人員對工作的強迫式熱情會負向影響深層演出策略的採用。

H₆：第一線服務人員對工作的強迫式熱情會正向影響表層演出策略的採用。

H₇：第一線服務人員採用的深層演出策略會負向影響情緒耗竭。

H₈：第一線服務人員採用的表層演出策略會正向影響情緒耗竭。

H₉：具諧和式熱情的第一線服務人員會透過深層演出策略的採用，而抑制情緒耗竭現象的發生（即：深層演出策略於諧和式熱情與情緒耗竭間扮演負向的中介角色）。

H₁₀：具諧和式熱情的第一線服務人員由於少採用表層演出策略，而抑制情緒耗竭現象的發生（即：表層演出策略於諧和式熱情與情緒耗竭間扮演負向的中介角色）。

H₁₁：具強迫式熱情的第一線服務人員由於少採用深層演出策略，因而導致容易觸發情緒耗竭現象（即：深層演出策略於強迫式熱情與情緒耗竭間扮演正向的中介角色）。

H₁₂：具強迫式熱情的第一線服務人員由於常採用表層演出策略，導致容易觸發情緒耗竭現象（即：表層演出策略於強迫式熱情與情緒耗竭間扮演正向的中介角色）。

一、研究變數之操作型定義

本範例模型中所操作的變數分別為工作熱情、情緒勞務與情緒耗竭，各變數之操作型定義詳述如下：

（一）工作熱情（passion for work）

熱情（passion）是一種感情表達的抽象概念，Vallerand et al.（2003）曾定義熱情為個體將某種活動自我定義為重要且喜愛，並願意投入大量的時間與精力，而所展現出強烈傾向的一種態度。並認為熱情具有兩種型態，而提出了二元熱情模型（dualistic model of passion）的概念。在Vallerand et al.（2003）的二元熱情模型中，將熱情分為兩種型態：一為「諧和式熱情」（harmonious passion）、另一為「強迫式熱情」（obsessive passion）。因此，本研究中將依據Vallerand et al.（2003）所提出之「二元熱情模型」，而將工作熱情分為兩個不同的熱情型態，其操作型定義如下：

1. 諧和式熱情：屬自主性內化的熱情型態，指個人具有意願，且能促動個體自願與樂意從事所選擇的工作。
2. 強迫式熱情：屬非自決性內化的熱情型態，指個人被工作的模式所控制，個體非自願性的從事所選擇的工作。

（二）情緒勞務策略（emotional labor strategies）

Grandey（2000）指出「情緒勞務」係指服務人員在面對顧客時，為使所展現的情緒能符合組織規範，而針對情緒進行調節時所做的努力。而常採用於調整情緒的策略分為「深層演出策略」（deep acting strategy）與「表層演出策略」（surface acting strategy）兩種。因此，本研究將以Grandey（2000）所提出的概念作為定義，其包括第　線人員提供顧客服務行為時，個體發自內心的認同感所採用的「深層演出策略」，以及個體掩飾內在情緒所採用的「表層演出策略」等兩個構面，其操作型定義如下：
1. 深層演出策略：第一線服務人員在提供顧客服務時，個體內心抱持喜悅與具有認同感，所採用的情緒策略。
2. 表層演出策略：第一線服務人員在提供顧客服務時，個體掩飾內心情緒與壓抑真實感受，所採用的情緒策略。

（三）情緒耗竭（emotional exhaustion）

Freudenberger（1974）最早提出「工作倦怠」的概念，工作倦怠是一種與「情緒」甚具關聯性的心理變數。Lee and Ashforth（1993, 1996）則認為Maslach（1993）提出「工作倦怠」的三種症狀（情緒耗竭、去人性化與個人成就降低）中，以「情緒耗竭」與工作相關結果具有更強烈的關係，且「情緒耗竭」常被學界認為是工作倦怠的最佳預測指標（Piko, 2006; Schaufeli and Van Dierendonck, 1993）。基於過往文獻的研究結果，本研究將「情緒耗竭」定義為調節情緒過程中消耗過多個體本身的情緒能量，而當能量不足時所產生出的心理耗竭狀態，並針對第一線服務人員提供顧客服務時，可能在內心產生的「情緒耗竭」進行研究。

二、問卷設計

本研究將探討「工作熱情」、「情緒勞務」與「情緒耗竭」三者間的關係，以釐清不同熱情型態的餐廳第一線服務人員所採取的情緒勞務策略，與情緒勞務策略於

「工作熱情與情緒耗竭」的關係間所扮演的中介角色。因此，實證研究將針對餐廳第一線服務人員發放問卷進行調查。於問卷設計的方面，將依據過往相關文獻之研究結果與相關的研究量表，建構出符合本研究題旨之量表內容。

（一）工作熱情

本研究將依據Vallerand et al.（2003）所發展的二元熱情量表，並參考其研究結果制定符合本研究主題之熱情量表。原始二元熱情量表中，各問項原出現的「活動」兩字，已於2003年Vallerand and Houlfort兩位學者在研究工作熱情時，更換為「工作」兩字。因此，本研究主要參考Vallerand and Houlfort（2003）的工作熱情量表，以作為衡量個體工作熱情之工具。

量表內容含有諧和式熱情與強迫式熱情等兩個構面，各7題（如表10-3），並採用李克特（Likert scale）的七點評量尺度，從「非常不同意（一分）至非常同意（七分）」進行評量。

表10-3　工作熱情之題項

構面	衡量項目
諧和式熱情 PA1	1. 我的工作能讓我獲得更充實且多元的經驗（pa1_1）。
	2. 我能坦然面對工作中可能發生的事，包含愉快或不愉快（pa1_2）。
	3. 我很喜歡現在這份具有獨特型態的工作（pa1_3）。
	4. 現在這份工作不會影響到我日常生活（pa1_4）。
	5. 現在這份工作對我而言是一種熱情，且我能操控這熱情（pa1_5）。
	6. 我現在的工作能讓我有難忘的經驗（pa1_6）。
	7. 我非常喜愛我的工作（pa1_7）。
強迫式熱情 PA2	1. 我的生活中不能沒有工作（pa2_1）。
	2. 有一種力量驅使我要去工作（pa2_2）。
	3. 難以想像無法工作時，生活會變得如何（pa2_3）。
	4. 我的心情會受到工作上的影響（pa2_4）。
	5. 我若克制自己不去工作，會感到難過（pa2_5）。
	6. 工作對我而言似乎到迷戀的程度（pa2_6）。
	7. 我會因能不能工作而讓心情產生波動（pa2_7）。

（二）情緒勞務策略

Grandey（2000）指出「情緒勞務」意指第一線員工在面對顧客時，為了符合組織規範必須調整自己的情緒，進而耗費心力來調節情緒表達的歷程。第一線員工為因應情緒勞務而常採用調整情緒的策略，可分為「深層演出策略」與「表層演出策略」兩種。本研究將採用Grandey（2000）所編製的情緒勞務策略量表，其中深層演出策略有6個題項、表層演出策略則有5個題項，並採用李克特（Likert scale）的七點評量尺度，從「非常不同意（一分）至非常同意（七分）」進行評量，如表10-4。

表10-4　情緒勞務策略之題項

構面	衡量項目
深層演出 EL1	1. 我在服務過程中，會試著不只是外在表現出親切與和善等情緒，而會去體會與感受在工作中必須要有的表現（el1_1）。
	2. 我在服務過程中，會盡量讓自己在面對顧客時是「發自內心」的表現出親切與和善（el1_2）。
	3. 我為了工作上的需要，即使心情不好，也會讓自己暫時忘卻不愉快，並展現出好心情來面對顧客（el1_3）。
	4. 我在服務過程中，會盡量克服內心的不好情緒，並真誠地以親切和善的態度服務顧客（el1_4）。
	5. 我面對顧客時的內心感受與外在表現是一致的（el1_5）。
	6. 我在服務過程中，儘管顧客無理，仍會以顧客立場看待，並真誠地為顧客解決問題（el1_6）。
表層演出 EL2	1. 我在服務過程中，所需展現出的適切儀態，對我而言像是在演戲（el2_1）。
	2. 我在面對顧客提供服務時，會隱藏內心真正感受，讓自己表現出特有的表情與儀態（el2_2）。
	3. 我認為工作中所需的親切感，只要適時的展現一下就好（el2_3）。
	4. 我在服務過程中，為了表現出適切的服務態度，我會像戴面具般的掩飾內心真正感受（el2_4）。
	5. 我在服務過程中，只願偽裝工作時應展現的情緒，不願改變自己當下的內心感受（el2_5）。

（三）情緒耗竭

Maslach（1993）的研究中曾指出，「工作倦怠」應包含「情緒耗竭」、「去人性化」與「個人成就降低」等三類徵兆。其中，人們用以描述自己或他人感到倦怠

時，最常提及的徵兆就是情緒耗竭（Maslach et al., 2001）。且情緒耗竭與工作的相關結果，相較「去人性化」與「個人成就降低」兩類徵兆，更具強烈的關係（Lee and Ashforth, 1993; Lee and Ashforth, 1996）。基於過去學者的論點，本研究僅針對「情緒耗竭」的部分進行研究。「情緒耗竭」構面共包含9個題項，並採用李克特（Likert scale）七點評量尺度，從「非常不同意（一分）至非常同意（七分）」進行評量，如表10-5。

表10-5　情緒耗竭之題項

構面	衡量項目
情緒耗竭 EH	1. 我的工作會讓我感到精力消耗殆盡、暮氣沉沉（EH1）。
	2. 當一整天的工作結束後，會讓我感到心力疲憊（EH2）。
	3. 一大早想到工作，我會覺得有疲倦感（EH3）。
	4. 想到一整天要與人們接觸的工作，就讓我感到精神緊繃（EH4）。
	5. 我的工作會讓我有倦怠感（EH5）。
	6. 我的挫折感大多來自我的工作（EH6）。
	7. 我覺得我用了太多氣力在工作上（EH7）。
	8. 這種須直接面對顧客人群的工作，帶給我很大的壓力（EH8）。
	9. 我覺得現在這個型態的工作，已經達到我最大限度了（EH9）。

10-5-2　平行多重中介效果檢定的範例

▶ 範例10-3

參考第10-5-1節中，論文〈第一線服務人員工作熱情與情緒耗竭關係之研究：情緒勞務策略的中介角色〉的相關內容與問卷設計（原始問卷，如附錄七），其原始資料檔為「passion.jasp」，試利用Bootstrapping法，檢驗多重中介效果是否存在（即檢定假設H_9、H_{10}、H_{11}、H_{12}是否成立）？

一、操作步驟

　　圖10-7的概念模型圖中，包含有四個中介效果（H_9、H_{10}、H_{11}、H_{12}），且是屬於平行多重中介。對於這種平行多重中介模型，在結構方程模型分析的專業軟體Amos

中，執行過程相當複雜且學習門檻高。但對JASP而言，卻是小菜一碟。為了減少分析過程的複雜度，在此先假定模型已經通過第一階段的測量模型評鑑了。因此，模型中各構面已皆具有信度、收斂效度與區別效度了。接下來將進入到第二階段，進行結構模型分析，以檢驗各潛在變數間的因果關係（H_1至H_8）與四個中介效果（H_9、H_{10}、H_{11}、H_{12}）。

首先，參考圖10-7的概念模型圖，進而建立本範例的結構模型圖，這個結構模型圖只是要輔助讀者編寫Lavaan程式而已，如圖10-8所示。當然，讀者也可根據圖10-7的概念模型圖直接編寫Lavaan程式碼也可以。

明顯的，圖10-8的結構模型圖中，所有構面都是一階構面。雖然圖中也畫出了測量誤差（e1到e34）與結構誤差（e51到e53），但這些誤差項都不用編碼到Lavaan程式中。Lavaan程式編碼的重點是針對模型中的各個主構面（也就是圖10-8中橢圓形的潛在變數），而分別依序描述出各個主構面的測量關係（=~）、路徑關係（~）與共變關係（~~）就可以了，其中在描述路徑關係時，須注意的是，務必先找出模型中的依變數，然後再針對這些依變數逐一的描述其路徑關係。例如：圖10-8的結構模型圖中，依變數共有三個，分別為「深層演出（EL1）」、「表層演出（EL2）」與

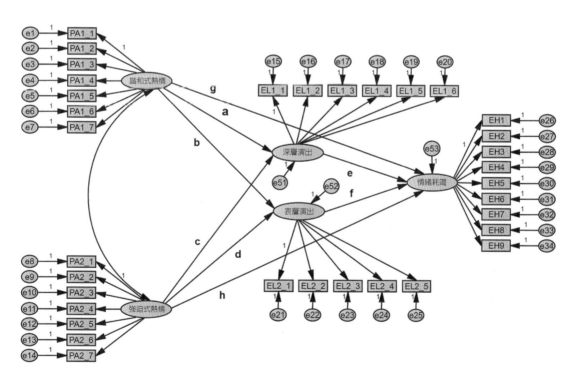

圖10-8　結構模型圖（由Amos軟體所繪製）

「情緒耗竭（EH）」。因此，圖10-9的Lavaan程式中的第6列至第8列，就是在描述這三個依變數的路徑關係。

其次，也可以為各路徑（單箭頭線）建立標籤，以方便後續的各種間接效果的計算，這些標籤所代表的意義就是各路徑的路徑係數，如圖10-8中的a至h。由於，原始假設中並不包含共變關係（雙箭頭線），故不用對共變關係設定專屬標籤。掌握上述這些原則後，即可根據圖10-7或圖10-8建立本範例之結構模型的Lavaan程式了，如圖10-9。此外，該程式也已儲存在檔案「ex10-3_程式碼.txt」中了。

```
# 描述各主構面的測量關係
1    PA1 =~ PA1_1 + PA1_2 + PA1_3 + PA1_4 + PA1_5 + PA1_6 + PA1_7
2    PA2 =~ PA2_1 + PA2_2 + PA2_3 + PA2_4 + PA2_5 + PA2_6 + PA2_7
3    EL1 =~ EL1_1 + EL1_2 + EL1_3 + EL1_4 + EL1_5 + EL1_6
4    EL2 =~ EL2_1 + EL2_2 + EL2_3 + EL2_4 + EL2_5
5    EH =~ EH1 + EH2 + EH3 + EH4 + EH5 + EH6 + EH7 + EH8 + EH9

# 描述各主構面間的路徑關係
6    EL1 ~ a*PA1 + c*PA2
7    EL2 ~ b*PA1 + d*PA2
8    EH ~ e*EL1 + f*EL2 + g*PA1 + h*PA2

# 描述各主構面間的共變關係
9    PA1 ~~ PA2

# 計算四個間接效果
10   ind_PA1_EL1_EH := a*e
11   ind_PA1_EL2_EH := b*f
12   ind_PA2_EL1_EH := c*e
13   ind_PA2_EL2_EH := d*f

# 計算總效果
14   tot_PA1_EH := g + ind_PA1_EL1_EH + ind_PA1_EL2_EH
15   tot_PA2_EH := h + ind_PA2_EL1_EH + ind_PA2_EL2_EH
```

圖10-9　執行結構模型分析之程式碼

圖10-9中，展示了執行結構模型分析之Lavaan程式碼，學習至今，相信讀者應能輕易的看懂這些程式碼了。若讀者尚有疑義的話，可參考表5-11 Lavaan的基本語法的說明。執行前，在設定面板中為節省執行時間，請將「誤差計算」設定為使用「穩健法」。設定好後，就可以執行結構模型分析（潛在變數的路徑分析）了。但若讀者時間充裕，也可嘗試將「誤差計算」設定為使用「拔靴法」，且為求穩定的檢定結果，建議將「拔靴樣本」設定在2,000個以上，同時採用「誤差修正百分比」（bias-corrected percentile）的信賴區間。詳細的操作過程，讀者可直接參閱教學影音檔「ex10-3.mp4」。

二、分析結果的撰寫

利用「結構方程模型」功能，再搭配圖10-9中的Lavaan程式碼，並以Bootstrapping法進行平行多重中介效果檢定後，所得到的報表在本書中將不再呈現，但是在教學影音檔「ex10-3.mp4」中，將會針對所產生的報表進行完整的解讀與彙整工作，故請讀者務必詳閱教學影音檔。彙整完成的表格，如表10-6。

表10-6　多重中介效果摘要表

效果	迴歸係數		z值	95%信賴區間	
	非標準化	標準化		下界	上界
Indirect effect					
H_9：諧和式熱情（PA1）→深層演出策略（EL1）→情緒耗竭（EH）	-0.035*	-0.031*	-2.963	-0.059	-0.012
H_{10}：諧和式熱情（PA1）→表層演出策略（EL2）→情緒耗竭（EH）	0.010	0.009	0.727	-0.018	0.038
H_{11}：強迫式熱情（PA2）→深層演出策略（EL1）→情緒耗竭（EH）	0.032*	0.028*	2.834	0.010	0.054
H_{12}：強迫式熱情（PA2）→表層演出策略（EL2）→情緒耗竭（EH）	0.088*	0.078*	4.175	0.047	0.129
Direct effect					
a：諧和式熱情（PA1）→深層演出策略（EL1）	0.205*	0.198*	4.410	0.114	0.296
b：諧和式熱情（PA1）→表層演出策略（EL2）	0.032	0.031	0.731	-0.054	0.118
c：強迫式熱情（PA2）→深層演出策略（EL1）	-0.185*	-0.179*	-4.185	-0.272	-0.098
d：強迫式熱情（PA2）→表層演出策略（EL2）	0.273*	0.263*	5.446	0.174	0.371
e：深層演出策略（EL1）→情緒耗竭（EH）	-0.173*	-0.158*	-3.800	-0.262	-0.084
f：表層演出策略（EL2）→情緒耗竭（EH）	0.323*	0.296*	6.672	0.228	0.418
g：諧和式熱情（PA1）→情緒耗竭（EH）	-0.191*	-0.168*	-4.123	-0.282	-0.100
h：強迫式熱情（PA2）→情緒耗竭（EH）	0.205*	0.181*	4.120	0.107	0.302
Total effect					
諧和式熱情（PA1）→情緒耗竭（EH）	-0.216*	-0.191*	-4.379	-0.313	-0.119
強迫式熱情（PA2）→情緒耗竭（EH）	0.325*	0.287*	6.681	0.230	0.420

註：「*」表示在95%信賴區間不包含0時顯著。

　　經Bootstrapping法進行多重中介效果檢定後，各項配適度指標皆能符合一般學術性要求，也沒有違犯估計的情形，故將結構模型分析後產生的各項估計數據彙整成表10-6。由表10-6的數據顯示：

1. H$_9$：具諧和式熱情的第一線服務人員會透過深層演出策略的採用，而抑制情緒耗竭現象的發生（即：深層演出策略於諧和式熱情與情緒耗竭間扮演負向的中介角色）。

   由表10-6得知，「深層演出策略」於「諧和式熱情→情緒耗竭」間的標準化間接效果值為-0.031，且「誤差修正百分比」的95%信賴區間不包含0，故顯著。表明「深層演出策略」確實於「諧和式熱情→情緒耗竭」間，扮演著顯著的中介角色，且其效果為負向的部分中介效果，故H$_9$成立，代表著具諧和式熱情的第一線服務人員會透過深層演出策略的採用，而抑制情緒耗竭現象的發生。

2. H$_{10}$：具諧和式熱情的第一線服務人員由於少採用表層演出策略，而抑制情緒耗竭現象的發生（即：表層演出策略於諧和式熱情與情緒耗竭間扮演負向的中介角色）。

   由表10-6得知，「表層演出策略」於「諧和式熱情→情緒耗竭」間的標準化間接效果值為0.009，但「誤差修正百分比」的95%信賴區間皆包含0，故不顯著。表明「表層演出策略」不會於「諧和式熱情→情緒耗竭」間，扮演著顯著的中介角色，故H$_{10}$不成立。

3. H$_{11}$：具強迫式熱情的第一線服務人員由於少採用深層演出策略，因而導致容易觸發情緒耗竭現象（即：深層演出策略於強迫式熱情與情緒耗竭間扮演正向的中介角色）。

   由表10-6得知，「深層演出策略」於「強迫式熱情→情緒耗竭」間的標準化間接效果值為0.028，且「誤差修正百分比」的95%信賴區間不包含0，故顯著。表明「深層演出策略」確實於「強迫式熱情→情緒耗竭」間，扮演著顯著的中介角色，且其效果為正向的部分中介效果，故H$_{11}$成立，代表著具強迫式熱情的第一線服務人員由於少採用深層演出策略，因而導致容易觸發情緒耗竭現象。

4. H$_{12}$：具強迫式熱情的第一線服務人員由於常採用表層演出策略，導致容易觸發情緒耗竭現象（即：表層演出策略於強迫式熱情與情緒耗竭間扮演正向的中介角色）。

   由表10-6得知，「表層演出策略」於「強迫式熱情→情緒耗竭」間的標準化間接效果值為0.078，且「誤差修正百分比」的95%信賴區間不包含0，故顯著。表明「表

層演出策略」確實於「強迫式熱情→情緒耗竭」間，扮演著顯著的中介角色，且其效果為正向的部分中介效果，故H_{12}成立，代表著具強迫式熱情的第一線服務人員由於常採用表層演出策略，致使更容易觸發情緒耗竭現象。

上述的平行多重中介效果之檢定結果顯示，中介假設中的H_9、H_{11}、H_{12}獲得支持，但H_{10}則不成立。此最終檢定結果，經作者與結構方程模型分析專業軟體Amos之執行結果比對後發現，於非標準化估計值、標準化估計值是一模一樣的；而「誤差修正百分比」的95%信賴區間則略有差異，但檢定結果也是相同的。可見JASP不只具有建模簡捷化、執行速度快等優勢外，其估計、檢定結果亦是準確、可信賴的。在結構方程模型分析上，其效能絕對不輸給專業軟體Amos。

10-6 序列多重中介效果的檢定

▶ **範例10-4**

請開啟範例資料夾中的「Political Democracy.jasp」，並參考圖10-10的模型圖。試檢驗觀察變數$x2$與$y1$是否會在$x1$與$y3$的關係間，扮演著中介角色。

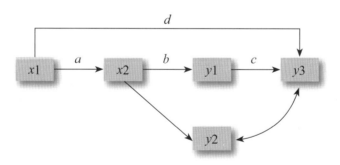

圖10-10　Political Democracy模型圖

依題意，我們將建立假設為（論文中，須寫對立假設）：

H_1：$x2$與$y1$會聯合在$x1$與$y3$的關係間，扮演著中介角色。

一、操作步驟

觀察圖10-10範例模型中，在觀察變數$x1$與$y3$的關係間，中介變數有兩個，即$x2$與$y1$。故本範例屬多重中介效果的檢定，且其類型應屬序列多重中介效果。對於這種

序列多重中介效果，雖然所有變數都是屬於觀察變數，但在JASP中必須使用「結構方程模型」功能並搭配Lavaan程式的使用，才能進行檢定。

　　明顯的，圖10-10的模型圖中所有變數都屬觀察變數（以長方形表示），因此不會有測量關係存在。所以，Lavaan程式將會比較簡單。編碼時，只要針對各變數的路徑關係（~）與共變關係（~~）進行描述就可以了。其中，在描述路徑關係時須注意的是，務必先找出模型中的依變數，然後再針對這些依變數逐一的描述其路徑關係。例如：圖10-10的概念性模型圖中，依變數共有四個，分別為「x2」、「y1」、「y2」與「y3」。因此，圖10-11的Lavaan程式碼中的第1列至第4列，就是在描述這四個依變數的路徑關係。

　　其次，也可以為各路徑（單箭頭線）建立標籤，以方便後續的各種間接效果的計算，這些標籤所代表的意義就是各路徑的路徑係數，如圖10-10中的a至d。由於，原始假設中並不包含共變關係（雙箭頭線），故不用對共變關係設定專屬標籤。掌握上述這些原則後，即可根據圖10-10建立本範例模型的Lavaan程式了，如圖10-11。此外，該程式碼之文字檔已儲存在範例資料夾中，其檔名為：ex10-4_程式碼.txt。基本上要理解這個程式並不難，讀者只要參照表5-11，應可輕易的掌握該程式中各列語法之意涵。詳細的Lavaan程式操作過程，讀者可直接參閱教學影音檔「ex10-4.mp4」。

```
# 描述各觀察變數間的路徑關係
1    x2 ~ a*x1
2    y1 ~ b*x2
3    y2 ~ x2
4    y3 ~ c*y1+d*x1

# 描述y2、y3間的共變關係
5    y2 ~~ y3

# 序列多重中介效果
6    ind_x1_x2_y1_y3 := a*b*c

# 總效果
7    tot_x1_y3 := ind_x1_x2_y1_y3+d
```

圖10-11　Political Democracy模型的程式碼

二、分析結果的撰寫

於「結構方程模型」功能中,輸入圖10-11的Lavaan程式碼,即可進行序列多重中介效果的檢定。檢定後,只要將「迴歸係數」表、「變數定義」表,彙整成表10-7的多重中介效果摘要表,即可進行結論的撰寫。

表10-7　多重中介效果摘要表

效果	迴歸係數		z值	95%信賴區間	
	非標準化	標準化		下界	上界
Indirect effect					
x1→x2→y1→y3	0.790*	0.181*	2.658	0.308	1.428
Direct effect					
a: x1→y2	1.844*	0.894*	17.261	1.633	2.053
b: x2→y1	0.558*	0.321*	2.920	0.201	0.915
c: y1→y3	0.768*	0.629*	6.931	0.546	0.971
d: x1→y3	0.417	0.095	1.050	-0.545	1.345
x2→y2	0.645*	0.247*	2.185	0.132	1.161
Total effect					
x1→y3	1.207*	0.276*	2.572	0.096	2.163

註:「*」表示在95%信賴區間不包含0時顯著。

故由表10-7的「Indirect effect」部分可觀察出,序列多重中介效果的標準化值為0.181,信賴區間之下、上界分別為0.308、1.428,顯然信賴區間不包含0,故序列多重中介效果顯著,即H_1獲得支持。

習 題

練習10-1

請參考附錄二中，論文〈遊客體驗、旅遊意象與重遊意願關係之研究〉的原始問卷與第5-2節的內容說明，該問卷的資料檔為「tourist experience.jasp」。據其因素結構（表5-4至表5-6）與論文之研究目的，研究者經理論推導三個主構面之因果關係後，乃建立四個關係假設，整合這些假設後，進而提出該「範例模型二」的概念性模型圖，如圖5-2。試利用Bootstrapping法，探討旅遊意象於遊客體驗與重遊意願間是否具有中介效果？

練習10-2

請參考附錄二中，論文〈遊客體驗、旅遊意象與重遊意願關係之研究〉的原始問卷與第5-2節的內容說明，該問卷的資料檔為「tourist experience.jasp」。旅遊意象主構面包含四個子構面，分別為產品（im1）、品質（im2）、服務（im3）與價格（im4）。試利用Bootstrapping法，探討產品（im1）、品質（im2）、服務（im3）與價格（im4）等四個子構面，會不會於遊客體驗與重遊意願的關係間扮演著多重中介效果？其概念性模型圖，如圖10-12。

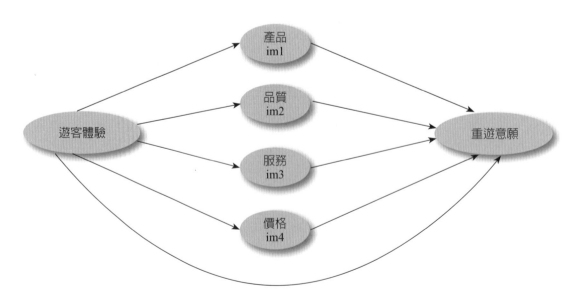

圖10-12　本練習的概念性模型圖

第 11 章
干擾效果的檢驗

　　干擾變數（moderating variables）又稱為調節變數或情境變數，它是指會影響自變數與依變數之間關係的方向或強度的變數，如圖11-1。它可以是質性的（qualitative）（例如：性別、種族）或是量化的（quantitative）（例如：薪資）。例如：學生的智商會影響其成績表現，但是其間關係的強度可能會因為學生「用功程度」的不同而有所改變，在此「用功程度」就是一種干擾變數。干擾變數與自變數的角色類似，都會對依變數具有主要效果（變數單獨對依變數的直接影響力），但干擾變數除主要效果之外，干擾變數與自變數的「交互作用項」也會對依變數有所影響。也就是說，干擾變數還具有干擾「自變數對依變數之關係」的作用。以迴歸的角度而言，所謂干擾變數就是它干擾了自變數x與依變數y間的關係式，包括方向與大小。以相關而言，x與y間的相關會因干擾變數水準的不同而得到不同的相關性。以ANOVA而言，干擾效果表示干擾變數與自變數x的「交互作用項」對依變數y的影響力顯著。

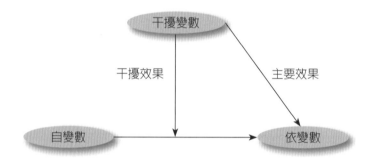

圖11-1　干擾效果示意圖

　　干擾效果（或稱為調節效果、緩衝效果）的檢驗方式，基本上可分為兩大類來進行討論。一類是所涉及的變數（自變數、依變數和干擾變數）都是可以直接觀測的觀察變數，另一類是所涉及的變數中至少有一個是潛在變數的情形。當所涉及的變數都屬於觀察變數時，可以使用階層迴歸分析法或多群組結構方程模型進行分析；而屬潛在變數時，到目前為止，則就只能使用多群組結構方程模型（multiple-group analysis in SEM）或雙平減法（double mean centering）（Lin, Wen, Marsh, and Lin, 2010）才能加以分析了。

11-1　使用多群組結構方程模型檢驗干擾效果

　　由於潛在變數的測量會帶來測量誤差，傳統的迴歸模型分析，並無法處理此類的問題。所以有關潛在變數的干擾效果檢驗，應該還是要使用結構方程模型進行分析，較為妥當。一般具有潛在變數的干擾效果模型，通常只考慮以下兩種情形：一是干擾變數是類別型潛在變數，而自變數是數值型潛在變數；另一種則是干擾變數和自變數都是數值型潛在變數。而進行干擾效果檢驗時，前者只能使用多群組結構方程模型分析；而後者則可使用多群組結構方程模型分析或雙平減法。

　　在本小節中，將先說明如何使用多群組結構方程模型分析進行干擾效果的檢定。常見的結構方程模型分析軟體（如：Lisrel、Amos、EQS）都可以進行多群組結構方程模型分析。其方法是，先將所有樣本依干擾變數的水準值（類別型）或實際觀測值（數值型），邏輯性的分為兩組。然後，將結構方程模型中「目標路徑」的路徑係數，設定成兩分組相等，從而建立所謂的「受限模型」。「受限模型」配適各分組樣本資料後，即可得到「受限模型」之卡方值與自由度。接著，釋放掉先前的兩分組「路徑係數相等」的限制而產生另一新模型，此模型稱之為「不受限模型」。「不受限模型」再配適各分組樣本資料後，又可得到「不受限模型」之卡方值與自由度。最後，計算「受限模型」與「不受限模型」之卡方值差（$\Delta\chi^2$）、「受限模型」與「不受限模型」之自由度差Δdf。據此查閱卡方機率分配表，如果在自由度為Δdf的情形下，卡方值差$\Delta\chi^2$顯著的話，那就表示結構方程模型中，兩分組於「目標路徑」的路徑係數上，是具有顯著差異的。因此，該干擾變數的干擾效果顯著。

　　然而，當干擾變數和自變數都是連續型潛在變數時，其實還有許多不同的分析方法可用。例如：Algina和Moulder的中心化乘積指標方法（Algina and Moulder, 2001）（適用於常態分布的情形）、Wall and Amemiya（2000）的廣義乘積指標（GAP I）方法（可適用於非常態分配的情形），這兩種方法都需要用到非線性參數限制，所以使用起來很麻煩且容易出錯。故Marsh, Wen and Hau（2004）也提出與前述類似的不受限制模型概念，且這種模型不需參數限制，從而大大簡化了檢驗程序，但對一般使用者而言還是稍嫌複雜。

　　然而，當干擾變數屬連續型變數時，雖然有上述的許多方法可使用，但這些方法對一般使用者而言，都實在是太難了。因此，實務上很多研究者仍然會使用一些簡單且富邏輯性的分類方法，而將干擾變數轉換為類別變數，然後再繼續使用較為熟悉的多群組結構方程模型分析與分析軟體（例如：Amos、JASP等）來檢驗干擾效果了。

範例11-1 參考附錄三，論文〈景觀餐廳意象、知覺價值與忠誠度：轉換成本的干擾效果〉之原始問卷與第5-3節中對該論文的說明，該問卷的原始資料檔為「restaurant image.jasp」，試使用多群組結構方程模型分析，探討轉換成本是否會干擾景觀餐廳意象與忠誠度間的關係？（概念性模型圖，如圖11-2）。

　　論文〈景觀餐廳意象、知覺價值與忠誠度：轉換成本的干擾效果〉的概念性模型圖，如圖11-2。模型圖中「景觀餐廳意象」構面（im）包括「商品」（im1，4題，im1_1～im1_4）、「服務」（im2，4題，im2_1～im2_4）、「便利」（im3，3題，im3_1～im3_3）、「商店環境」（im4，4題，im4_1～im4_4）、「促銷」（im5，3題，im5_1～im5_3）與「附加服務」（im6，3題，im6_1～im6_3）等六個子構面，共21個題項；「知覺價值」構面（pv）包括4個題項（pv1～pv4），「忠誠度」構面（ly）包含5個題項（ly1～ly5），而「轉換成本」構面（sc）則包含3個題項（sc1～sc3）。

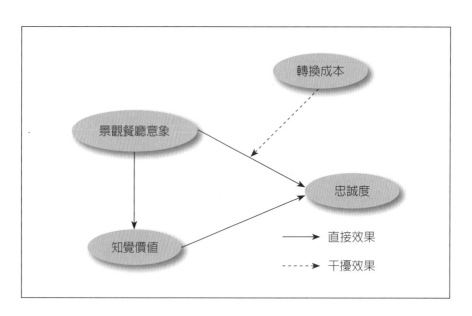

圖11-2　概念性模型圖

　　依題意，我們將建立假設為（論文中，須寫對立假設）：

H$_1$：轉換成本會干擾景觀餐廳意象與忠誠度間的關係。

或

H$_1$：轉換成本會在景觀餐廳意象與忠誠度的關係間，扮演著干擾角色。

顯而易見，論文「景觀餐廳意象、知覺價值與忠誠度：轉換成本的干擾效果」中，所使用到的變數皆屬潛在變數，且其資料型態也都屬區間尺度（JASP稱為連續尺度）。在這種情形下，我們欲應用結構方程模型檢驗干擾效果時，可以先依干擾變數的得分，將其轉換為類別變數而高、低分組後，再運用多群組結構方程模型分析技術，即可檢驗出干擾效果是否存在了。

11-1-1　建立結構方程模型

首先，參考圖11-2的概念模型圖，建立本範例的結構模型圖（純參考用，不畫也無妨），這個結構模型圖只是要輔助讀者編寫Lavaan程式而已，如圖11-3所示。當然，讀者也可根據圖11-2的概念模型圖而直接編寫Lavaan程式。

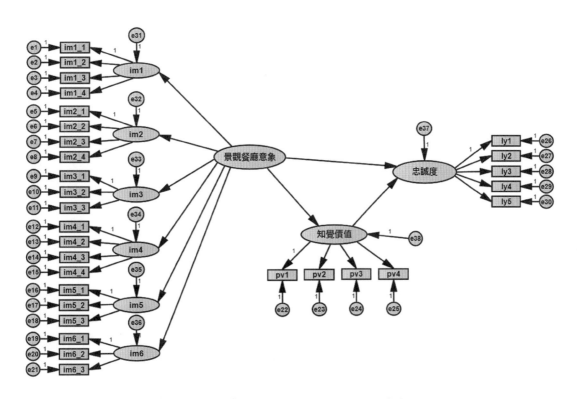

圖11-3　結構模型圖（由Amos軟體所繪製）

　　明顯的，圖11-3的結構模型圖中，「景觀餐廳意象」主構面為二階構面，而「知覺價值」與「忠誠度」皆為一階構面。雖然圖中也畫出了測量誤差（e1到e30）與結構誤差（e31到e38），但這些誤差項都不用編碼到Lavaan程式碼中。Lavaan程式編碼的重點是針對模型中的各個主構面，而分別依序描述出各個主構面的測量關係（=~）、路徑關係（~）與共變關係（~~）就可以了。由於，原始模型中並不包含共變關係（雙箭頭線），故不用設定共變關係（~~）。掌握上述這些原則後，即可根據圖11-2或圖11-3，建立本範例之結構模型的Lavaan程式了，如圖11-4。此外，該程式也已儲存在檔案「ex11-1_程式碼.txt」中了。

```
# 描述各主構面的測量關係
1    im1 =~ im1_1 + im1_2 + im1_3 + im1_4
2    im2 =~ im2_1 + im2_2 + im2_3 + im2_4
3    im3 =~ im3_1 + im3_2 + im3_3
4    im4 =~ im4_1 + im4_2 + im4_3 + im4_4
5    im5 =~ im5_1 + im5_2 + im5_3
6    im6 =~ im6_1 + im6_2 + im6_3
7    im =~ im1 + im2 +im3 +im4 +im5 + im6

8    pv=~pv1+pv2+pv3+pv4

9    ly=~ly1+ly2+ly3+ly4+ly5

# 描述各主構面的路徑關係
10   pv ~ im

# 模型一，不受限模型
11   ly ~ im + pv

# 模型二，受限模型
12   # ly ~ a*im + pv
```

圖11-4　執行結構模型分析之程式碼

　　圖11-4中的程式碼要特別注意，由於未來將會建立「不受限模型」與「受限模型」等兩個模型，它們的程式碼並不相同。「不受限模型」的程式碼會從圖11-4的第1列到第11列。而「受限模型」的程式碼會從圖11-4的第1列到第10列，然後去掉第11列，而加入第12列。注意觀察圖11-4的第11列與第12列可發現，基本上這兩列都是在描述「im」、「pv」是可以預測「ly」的。但建立受限模型時，須設定「im→ly」的路徑係數於不同群組間皆相等。這個「相等」的限制，在Lavaan程式中只要為該路徑設定「標籤變數」（如：第12列的a）就可以了。將來執行多群組分析時，系統遇到

有設定「標籤變數」的路徑，自然就會限制該路徑的路徑係數於不同群組間相等。

設計好模型的Lavaan程式後，未來在檢驗轉換成本的干擾效果時，我們將進行以下三個步驟，以確認「轉換成本」在「景觀餐廳意象→忠誠度」的關係中，是否具有顯著的干擾效果：

步驟一：對干擾變數進行分組

步驟二：單樣本模型配適度檢驗

步驟三：路徑係數恆等性檢驗

▌11-1-2　步驟一：對干擾變數進行分組

本範例中，干擾變數（轉換成本）屬於數值型變數（JASP稱為連續型變數），對於數值型變數進行分組的方法有很多種，例如：平均數法、中位數法、K平均數集群法、模糊C平均數（Fuzzy C-Means, FCM）演算法……等。「平均數法」以樣本資料的平均數為切割點，將樣本資料依數值大小分成高（大於平均數加一個標準差時）、低（小於平均數減一個標準差時）兩組。「中位數法」則以資料的中位數為切割點，將資料分成高（大於中位數）、低（小於中位數）兩組。而「K平均數集群法」的主要目標則是要在大量高維的資料點中，找出具有代表性的資料點，這些資料點又稱為集群中心點，然後再根據這些集群中心點，對所有資料進行分組。模糊C平均數演算法與傳統的K平均數集群法不同，它允許每個數據點可以隸屬於多個不同集群，並且透過模糊隸屬度（membership）值來說明數據點對每個集群的歸屬程度。總結來說，模糊C平均數演算法在某些情況下能夠比傳統的K平均數集群法更有效地處理數據。

因此在本書中，我們將示範「模糊C平均數演算法」的分組方式。模糊C平均數演算法將針對全部樣本資料，然後依據轉換成本（干擾變數）所屬的3個題項之實際得分值，根據模糊理論與特定的演算法來進行集群分析，以便能對轉換成本進行精確的高、低分組。由模糊C平均數演算法之分析結果得知，集群平均數較高的組別有176個樣本，研究者將之命名為「高轉換成本組」；而集群平均數較低的組別有191個樣本，並將之命名為「低轉換成本組」，如表11-1與表11-2。模糊C平均數演算法之詳細操作過程，讀者亦可自行參閱教學影音檔「ex11-1.mp4」。

表11-1　Cluster Information

Cluster	1	2
Size	191	176
Explained proportion within-cluster heterogeneity	0.366	0.634
Within sum of squares	426.021	738.267

表11-2　Cluster Means

	sc1	sc2	sc3
Cluster 1	2.047	2.026	2.047
Cluster 2	4.938	4.898	5.034

11-1-3　步驟二：單樣本模型配適度檢驗

本節將參考Jöreskog and Sörbom（1996）的方法，採用多群組結構方程模型分析的二階段程序，以便能進行由「高轉換成本」與「低轉換成本」等兩組樣本，所建構之模型的恆等性檢驗。藉此恆等性檢驗，就能解析轉換成本的不同水準對於目標路徑是否呈現干擾作用。多群組結構方程模型分析的二階段程序中，第一階段為單樣本模型配適度檢驗（步驟二），第二階段則是路徑係數恆等性檢驗（步驟三）。

根據Jöreskog and Sörbom（1996）的二階段檢驗程序，唯有個別群組的模型配適良好的情形下，才能進行多群組結構方程模型的恆等性檢驗。而所謂個別群組的結構方程模型之配適度檢驗，是指研究者必須先建立三個只包含單一群組的結構方程模型，這三個單一群組模型分別為全體樣本的模型、高轉換成本組的模型與低轉換成本組的模型，且這三個單樣本模型的配適度都須達到一般學術論文所要求的水準。

雖然，要製作三個單一群組結構方程模型看似複雜，不過不用太緊張，其實只建立一個模型而已，但於執行過程中會進行樣本資料的更替；也就是說，其實這三個單一群組模型的Lavaan程式是一模一樣的，只是更換所讀取的資料而已。三個單一群組結構方程模型的詳細操作過程，讀者亦可自行參閱教學影音檔「ex11-1.mp4」。

三個單樣本模型都執行完成後，可彙整各模型的配適度指標而整理成表11-3，以利後續的配適度評鑑工作。觀察表11-3，除高轉換成本組模型與低轉換成本組模型的CN值較小（皆小於200）外，各模型的配適指標大部分都可符合一般學術論文的要求。這個現象可能是因為高轉換成本組模型與低轉換成本組模型的樣本數較少，而導

致此兩組模型的CN值較小，遠離標準值較多，而其餘未達標準的指標（如高、低轉換成本組的RFI皆為0.894），其實是相當接近標準值（0.9）的。整體而言，在指標多數決的原則下，三個單樣本模型的配適度應已達可接受的水準。在此情形下，我們即可進入階段二的路徑係數恆等性檢驗了（步驟三）。

表11-3　單樣本模型配適度指標檢核表

統計檢定量		標準值	全樣本	高轉換成本組	低轉換成本組
絕對配適指標	χ^2	越小越好	491.734（df=396, p<0.001）	470.951（df=396, p=0.006）	477.155（df=396, p=0.003）
	χ^2/df	1～5之間	1.242*	1.189*	1.205*
	GFI	大於0.9	0.977*	0.961*	0.963*
	SRMR	小於0.08	0.042*	0.058*	0.053*
	RMSEA	小於0.08	0.026*	0.033*	0.033*
增量配適指標	NFI	大於0.9	0.948*	0.904*	0.903*
	NNFI	大於0.9	0.988*	0.981*	0.980*
	CFI	大於0.9	0.989*	0.983*	0.982*
	RFI	大於0.9	0.943*	0.894	0.894
	IFI	大於0.9	0.989*	0.983*	0.982*
精簡配適指標	PNFI	大於0.5	0.863*	0.823*	0.822*
	CN	大於200	331.024*	165.762	177.559

註：*表示符合標準值。

11-1-4　步驟三：路徑係數恆等性檢驗

本節採用多群組結構方程模型分析的方式，進行特定路徑的恆等性檢驗，以觀察高、低轉換成本對於該特定路徑是否呈現干擾現象。在路徑係數恆等性的檢驗中，其主要程序是：

1. 先建立所謂的「不受限模型」。在「不受限模型」中，兩分群中所有的路徑將不加任何的限制。此「不受限模型」在JASP中，常稱之為「模型一」或基準模型。

2. 再建立所謂的「受限模型」，該模型將限制高、低轉換成本的兩分群中，目標路徑的路徑係數相等。以本範例而言在「受限模型」中，將設定高轉換成本時的「景觀餐廳意象→忠誠度」之路徑係數等於低轉換成本時，此「受限模型」一般

亦常稱之為「模型二」或干擾模型。

3. 分別執行「不受限模型」與「受限模型」後，可分別得到各自模型的卡方值與自由度，進而可求得兩分群模型的卡方值差（$\Delta\chi^2$）與自由度差（Δdf）。

4. 在自由度差為Δdf、0.05的顯著水準下，針對卡方值差（$\Delta\chi^2$）進行檢定，如果$\Delta\chi^2$檢驗結果是統計顯著的，那麼就可推論轉換成本在「景觀餐廳意象→忠誠度」的關係間，干擾效果是顯著的。因為$\Delta\chi^2$值顯著，就代表著「不受限模型」與「受限模型」確實具有差異性，亦即不能接受路徑係數相等的假設。因此，就可認為在不同的轉換成本下，特定路徑的路徑係數是不相等的，由此干擾效果就可確定存在。

路徑係數恆等性檢驗的詳細過程，亦請讀者自行參閱教學影音檔「ex11-1.mp4」。

建立好多群組結構方程模型並執行後，可將輸出資料整理成表11-4與表11-5，根據這些表格我們將檢驗：

1. 不受限模型與受限模型的卡方值差（$\Delta\chi^2$）是否顯著？

2. 當證明轉換成本的干擾效果確實存在後，尚須觀察在干擾效果下，路徑係數的變化情況。

因為，卡方值差檢定的虛無假設是：「不受限模型與受限模型相同」。基本上這兩個模型的差異，只在高轉換成本組與低轉換成本組之「景觀餐廳意象→忠誠度」路徑係數設為相等這個限制而已。因此，若檢定的結果不顯著，那麼所代表的意義即是不受限模型與受限模型相等；換句話講，「路徑係數恆等性」這個限制式是可成立的，其所代表的意義即是高轉換成本組與低轉換成本組之路徑係數是相等的，也就是說，轉換成本無法干擾該路徑係數的大小與方向。反過來說，如果卡方值差（$\Delta\chi^2$）顯著時，那麼就意涵著轉換成本會干擾該路徑係數的大小或方向了。

在路徑係數恆等性檢驗中，將比較「不受限模型」與「受限模型」的分析結果。模型一為不受限模型，即群組間沒有任何恆等性假設，是高、低轉換成本兩組獨立無關聯但結構相同的模型之組合，其卡方值為兩個個別樣本以同一因素結構進行估計的總和。模型二為在不受限模型的基礎下，再加入路徑係數相等限制式的模型（受限模型），即假設高轉換成本組與低轉換成本組的路徑係數相等，分析結果如表11-4所示。由表11-4可知，模型一（不受限模型，即模式1）之卡方值為948.106（df = 792）、模型二（受限模型，即模式2）之卡方值為955.602（df = 793），並且模型一與模型二相差一個自由度，而模型一與模型二的卡方值差異為7.496，大於在「顯

著水準為0.05、自由度為1」時之卡方門檻值3.84，可見卡方值差異顯著（p = 0.006，小於0.05）。

表11-4　模型配適度比較表

	AIC	BIC	n	基底模式檢定			差異檢定		
				χ^2	自由度	p	$\Delta\chi^2$	Δ自由度	p
模式1	31358.246	32131.508	367	948.106	792	<.001			
模式2	31363.782	32133.139	367	955.602	793	<.001	7.496	1	0.006

　　由於此兩模型的差異只在於模型二中加入了路徑係數相等的限制式，又因兩模型卡方值差異達顯著，所以使得此限制式（兩群組路徑係數相等的假設）不成立。因此高轉換成本組與低轉換成本組在「景觀餐廳意象→忠誠度」的路徑估計值並不相等，藉此即可推知轉換成本的干擾效果顯著。

　　接下來，將進一步來比較高、低轉換成本組的路徑係數大小（如表11-5所示）。結果顯示，「景觀餐廳意象→忠誠度」的路徑估計值，在高轉換成本組模型中的標準化路徑係數（0.230且顯著）小於低轉換成本組模型中的標準化路徑係數（0.422且顯著），亦即低轉換成本時，景觀餐廳意象對忠誠度的正向影響力強於高轉換成本時（即干擾效果為負向的）。由此即可驗證，轉換成本在景觀餐廳意象對忠誠度的關係中，確實扮演著干擾效果的角色。

表11-5　高、低轉換成本組模型之路徑係數比較表

群	預測變項	結果	估計	標準誤	z值	p	95%信賴區間		標準化		
							下界	上界	所有	潛在變數	內生
高轉換成本	im	ly	0.208	0.083	2.520	0.012	0.046	0.370	(0.230)	0.230	0.230
	pv	ly	0.238	0.057	4.186	<.001	0.127	0.350	0.352	0.352	0.352
	im	pv	0.046	0.120	0.386	0.699	-0.189	0.282	0.035	0.035	0.035
低轉換成本		ly	0.749	0.209	3.585	<.001	0.339	1.158	(0.422)	0.422	0.422
	pv	ly	0.284	0.087	3.254	0.001	0.113	0.455	0.266	0.266	0.266
	im	pv	0.665	0.187	3.554	<.001	0.298	1.033	0.400	0.400	0.400

11-1-5 總結

由多群組結構方程模型的分析結果顯示，「不受限模型」與「受限模型」之卡方值差異顯著（如表11-4）。因此，在「景觀餐廳意象→忠誠度」的路徑係數上，將因轉換成本的水準高低而具有顯著差異，據此可推論：轉換成本作用於「景觀餐廳意象→忠誠度」之關係上的干擾效果顯著。

其次，由表11-5可發現，當景觀餐廳具「高轉換成本」特質時，其「景觀餐廳意象→忠誠度」的標準化路徑係數（0.230）小於具「低轉換成本」特質時（0.422），亦即景觀餐廳具「低轉換成本」特質時，景觀餐廳意象對忠誠度的正向影響力強於具「高轉換成本」特質時（即干擾效果為負向的）。

最後，再製作簡單斜率分析（simple slope analysis）以瞭解干擾效果之方向性，並比較高、低轉換成本兩條迴歸線之差異，其製作工具與方法皆會於教學影音檔中呈現。圖11-5呈現出轉換成本於「景觀餐廳意象」對「忠誠度」關係中的簡單斜率分析圖。由圖11-5可明顯看出，在不同的轉換成本水準下，「景觀餐廳意象」對「忠誠度」關係的影響程度（斜率），明顯的會產生差異。且低轉換成本的斜率大於高轉換成本，這也說明了景觀餐廳在低轉換成本的特質下，「景觀餐廳意象→忠誠度」的影

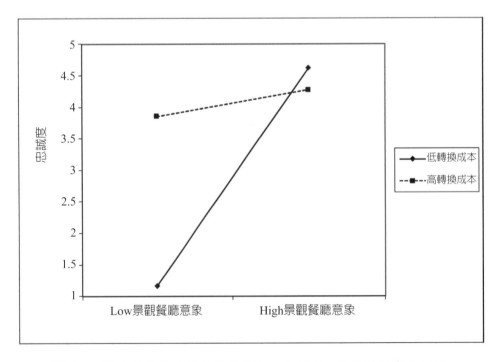

圖11-5　轉換成本於「景觀餐廳意象→忠誠度」的簡單斜率分析圖

響力是較「高轉換成本」時大的。而這也意味著，在「低轉換成本」的餐廳情境下，景觀餐廳的管理者更應積極形塑「景觀餐廳意象」，以快速提升消費者忠誠度。

11-2 使用雙平減法檢驗干擾效果

干擾（或稱調節）的議題，在學術論文中佔有極重要的地位。就作者經驗而言，曾寫過的有關干擾議題的學術論文或國科會計畫，從來沒有被拒絕過。此外，作者於2022、2023與2024年有幸榮獲由美國史丹佛大學團隊，透過Scopus的論文影響力數據而認證的「全球前2%頂尖科學家」，其中有關干擾議題的學術著作就貢獻不少，主要的原因在於這種有關干擾議題的學術著作其引用率特別的高。

在前一節中，使用「多群組結構方程模型」的方式檢驗干擾效果的過程中，或許讀者也已發現干擾變數（轉換成本）的角色，似乎只在於反應高、低分組在特定路徑係數上的差異。但干擾過程中，自變數與干擾變數所產生的交互作用項之作用，卻完全神隱了。也就是說，使用「多群組結構方程模型」方式只告訴我們干擾效果確實存在，但卻完全沒有交代干擾效果到底有多大或它的方向性為何？這樣的統計結果是無法滿足研究者的好奇心的。欲解決此困境，最主要的關鍵在於如何為同屬潛在變數的自變數與干擾變數製作出交互作用項。這個議題直到雙平減法（double mean centering）（Lin, Wen, Marsh, and Lin, 2010）的提出，才獲得初步的解決。

▶ 範例11-2　參考附錄三，論文〈景觀餐廳意象、知覺價值與忠誠度：轉換成本的干擾效果〉之原始問卷與第5-3節中對該論文的說明，該問卷的原始資料檔為「restaurant image.jasp」，試探討轉換成本是否會干擾景觀餐廳意象與忠誠度間的關係？（概念性模型圖，如圖11-2）

在結構方程模型中，對於干擾效果的檢驗常使用多群組結構方程模型（multiple-group analysis, MGA）進行分析。但在多群組分析的過程中，常用以反應干擾效果的重要指標——交互作用項的角色似乎完全不被考慮，這導致多群組分析的結果，只能說明干擾現象存在，而無法深究干擾效果的大小與方向。為改善多群組分析的缺憾，在本範例中將使用潛在交互作用項（latent interactions）的概念，並運用雙平減法來進行干擾效果的檢定（Lin, Wen, Marsh, and Lin, 2010）。

11-2-1　操作步驟

在干擾效果的檢驗過程中，最重要的工作就是製作出交互作用項。簡單講，交互作用項就是自變數與干擾變數的乘積。所以對觀察變數而言，只是單純的兩個數的相乘而已。但是對潛在變數而言，每個潛在變數都有數個指標，甚至包含子構面，所以製作交互作用項時會比較複雜。當自變數、干擾變數都屬潛在變數時，所製作出來的交互作用項，就稱爲是潛在交互作用項。製作潛在交互作用項時，本書將運用Lin等學者（Lin et al., 2010）所提出的雙平減法，其方法、原則如下：

1. 如果自變數或干擾變數屬二階構面（有子構面）時，則必須進行降維，使自變數或干擾變數全都變成一階構面。例如：景觀餐廳意象這個潛在自變數是個二階構面，此時，就須將它降爲一階構面。由於景觀餐廳意象包含六個子構面，因此降維的方法是先求出各子構面的得分，然後以六個子構面的得分值，來當作景觀餐廳意象的6個指標。

2. 潛在交互作用項的指標就是由自變數的指標和干擾變數的指標兩兩相乘而得。例如：潛在自變數有6個指標、干擾變數有3個指標，則潛在交互作用項將有18個指標。

3. 前述各指標兩兩相乘前必須各自先進行平減化（第一次平減），以避免共線現象的產生（Aiken and West, 1991）。例如：sc1_mc，就是sc1這個變數經第一次平減後的結果變數。

4. 潛在交互作用項的指標形成後，每個指標必須再進行平減化（第二次平減）。

5. 建構結構方程模型時，潛在交互作用項的各指標間，必須依指標的來源建立「殘差共變」。例如：潛在自變數爲景觀餐廳意象，它包含6個指標分別爲im1、im2、im3、im4、im5與im6。而干擾變數轉換成本則包含3個指標，分別爲sc1、sc2與sc3。在這種情形下，潛在交互作用項共有18個指標，如表11-6。表格中，灰色網底的部分即爲潛在交互作用項的各指標名稱，共有18個指標。當然這些指標名稱也可由使用者自行命名，但謹記系統化、邏輯化原則。每個指標後有「dmc」，代表指標已經歷兩次的平減化，而且每個交互作用項指標都是自變數指標和干擾變數指標相乘的結果。以「im1sc1dmc」這個指標爲例，它就是由「im1_mc」×「sc1_mc」所獲得的指標，因此明顯的它的來源有兩個：一個是自變數的指標（im1），另一個是干擾變數的指標（sc1）。

表11-6　潛在交互作用項的各指標

		轉換成本		
		sc1_mc	sc2_mc	sc3_mc
景觀餐廳意象	im1_mc	im1sc1dmc	im1sc2dmc	im1sc3dmc
	im2_mc	im2sc1dmc	im2sc2dmc	im2sc3dmc
	im3_mc	im3sc1dmc	im3sc2dmc	im3sc3dmc
	im4_mc	im4sc1dmc	im4sc2dmc	im4sc3dmc
	im5_mc	im5sc1dmc	im5sc2dmc	im5sc3dmc
	im6_mc	im6sc1dmc	im6sc2dmc	im6sc3dmc

未來於建構干擾模型時，交互作用項指標間必須建立「殘差共變」，建立的方法是交互作用項指標的兩個來源中，只要任一個來源有跟其他的交互作用項指標一樣，那麼這兩個交互作用項指標間，就須建立「殘差共變」。例如：「im1sc1dmc」共須建立7個殘差共變，如何判斷呢？請參照表11-6。原則就是以「im1sc1dmc」所處的儲存格為中心，「向右找和向下找」。因此，向右有兩個指標即「im1sc2dmc」與「im1sc3dmc」，這兩個指標因為其自變數的來源和「im1sc1dmc」相同，都是來自「im1」。另一方面，向下找可找到五個，分別為「im2sc1dmc」、「im3sc1dmc」、「im4sc1dmc」、「im5sc1dmc」與「im6sc1dmc」，因為他們都是來自「sc1」，所以總共須建立7個殘差共變。即「im1sc1dmc ~~ im1sc2dmc」、「im1sc1dmc ~~ im1sc3dmc」、「im1sc1dmc ~~ im2sc1dmc」、「im1sc1dmc ~~ im3sc1dmc」、「im1sc1dmc ~~ im4sc1dmc」、「im1sc1dmc ~~ im5sc1dmc」與「im1sc1dmc ~~ im6sc1dmc」。依此原則，表11-6的列、行排列方式，由左而右、由上而下逐一討論，每個交互作用項指標都須依序建立殘差共變，18個交互作用項指標共須建立63個殘差共變。

6. 最後，自變數、干擾變數與潛在交互作用項之間，兩兩須建立「因素共變」關係。

　　在本範例中，將使用「結構方程模型」功能搭配Lavaan程式來輔助我們進行干擾效果檢定。根據雙平減法的六項原則所繪製出的統計模型之示意圖，如圖11-6所示。根據圖11-6就可寫出模型的Lavaan程式，如圖11-7。該程式之文字檔，已儲存在範例資料夾中，其檔名為：ex11-2_程式碼.txt。

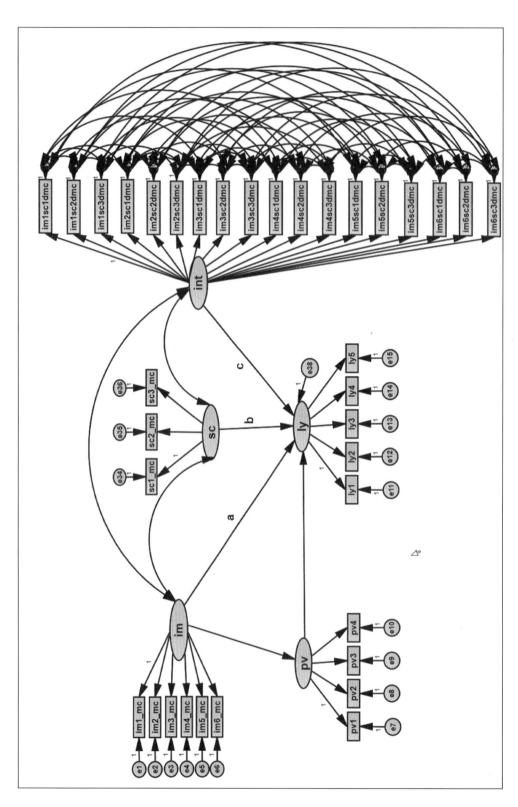

圖11-6 干擾效果的結構模型圖（使用Amos軟體繪製模型圖）

```
     # 建立景觀咖啡廳意象(im)、知覺價值(pv)、忠誠度(ly)與轉換成本(sc)的測量模型
1    im =~ im1_mc + im2_mc + im3_mc + im4_mc + im5_mc + im6_mc
2    pv =~ pv1 + pv2 + pv3 + pv4
3    ly =~ ly1 + ly2 + ly3 + ly4 + ly5
4    sc =~ sc1_mc + sc2_mc + sc3_mc

     # 建立潛在交互作用項的測量模型
5    int =~ im1sc1dmc + im1sc2dmc + im1sc3dmc + im2sc1dmc + im2sc2dmc + im2sc3dmc
             + im3sc1dmc + im3sc2dmc + im3sc3dmc + im4sc1dmc + im4sc2dmc + im4sc3dmc
             + im5sc1dmc + im5sc2dmc + im5sc3dmc + im6sc1dmc + im6sc2dmc + im6sc3dmc

     # 建立景觀咖啡廳意象(im)、知覺價值(pv)、轉換成本(sc)、交互作用項與忠誠度(ly)間的關係
6    pv ~ im
7    ly ~ pv + a*im + b*sc + c*int

     # 建立因素共變數
8    im~~sc
9    im~~int
10   sc~~int

     # 建立殘差共變數
11   im1sc1dmc~~im1sc2dmc
12   im1sc1dmc~~im1sc3dmc
13   im1sc1dmc~~im2sc1dmc
14   im1sc1dmc~~im3sc1dmc
15   im1sc1dmc~~im4sc1dmc
16   im1sc1dmc~~im5sc1dmc
17   im1sc1dmc~~im6sc1dmc
             ∫
     # 以下共63個殘差共變數，限於篇幅，將省略，詳如ex11-2_程式碼.txt
             ∫

     # 計算低、高轉換成本的斜率，3.014為轉換成本的變異數
18   Slope_L := a - c*sqrt(3.014)
19   Slope_H := a + c*sqrt(3.014)
```

圖11-7　干擾模型之程式碼

　　雖然模型圖相當複雜，但編寫圖11-7中的程式碼並不困難。明顯的，圖11-6的結構模型圖中，所有構面已都是一階構面。雖然圖中也畫出了測量誤差與結構誤差（圖11-6中圓形的變數），但這些誤差項都不用編碼到Lavaan程式中。Lavaan程式之編碼重點是針對模型中的各個主構面（也就是圖11-6中橢圓形的潛在變數），而分別依序描述出各個主構面的測量關係（=~，第1列到第5列）、路徑關係（~，第6列到第7列）、因素共變關係（~~，第8列到第10列）與殘差共變關係（~~，第11列開始，共63個殘差共變關係）。其次，也可以為各路徑（單箭頭線）建立標籤，以方便後續分組斜率的計算，這些標籤所代表的意義就是各路徑的路徑係數，如圖11-6中的a、b、c。

另外，第18列與第19列是在求取干擾變數的條件斜率（conditional slope），該斜率其實就是代表「景觀餐廳意象→忠誠度」的影響力。而所謂的條件是指會依干擾變數的高分組、低分組等不同情境下計算斜率。條件斜率的計算方式為：

條件斜率＝自變數（對依變數）的路徑係數
　　　　　＋交互作用項（對依變數）的路徑係數×（mean ± sd）　（式11-1）

式11-1中，mean為干擾變數的平均數，而sd則為干擾變數的標準差。由於干擾變數（轉換成本）已平減化，故其平均數為0，標準差則執行「結構方程模型」功能（尺規須設定為「因素負荷量」）後，查閱「因素變異數」報表，即可得知為「sqrt(3.014)」，「sqrt」代表開根號的意思。所以，高轉換成本時，條件斜率應為「a＋c×sqrt(3.014)」；而低轉換成本時，條件斜率則為「a－c×sqrt(3.014)」。

瞭解Lavaan程式後，在JASP中執行「結構方程模型」功能，並於程式框中貼上圖11-7的Lavaan程式，這樣就可以進行潛在變數的干擾效果檢定了。詳細的操作過程與解說，讀者可自行參閱教學影音檔「ex11-2.mp4」。

11-2-2　分析結果的撰寫

利用「結構方程模型」功能進行干擾效果檢定後，所產生之報表的解說工作，雖然在本書中並沒有以文字方式呈現，但是在教學影音檔「ex11-2.mp4」中，都進行了相當清楚的說明。此外，該教學影音檔也針對所產生的報表進行解讀與彙整，甚至能繪製以圖形化方式解析干擾效果之內涵的簡單斜率分析（simple slope analysis）圖，故請讀者務必詳閱教學影音檔「ex11-2.mp4」。

執行「結構方程模型」功能進行干擾效果檢定後，首先檢視模型配適度，如表11-7。

表11-7 干擾模型的配適度指標檢核表

統計檢定量		標準值	範例模型
絕對配適指標	χ^2	越小越好	769.811（df=523, p<0.001）
	χ^2/df	小於3	1.472*
	GFI	大於0.9	0.960*
	SRMR	小於0.08	0.052*
	RMSEA	小於0.08	0.036*
增量配適指標	NFI	大於0.9	0.958*
	NNFI	大於0.9	0.983*
	CFI	大於0.9	0.986*
	RFI	大於0.9	0.949*
	IFI	大於0.9	0.986*
精簡配適指標	PNFI	大於0.5	0.795*
	CN	大於200	275.477*

註：*表示合乎標準值。

　　由表11-7得知，干擾模型之配適卡方值為769.811，機率p值小於0.001，故顯著，應拒絕「模型配適樣本資料」的虛無假設，代表研究者所提的概念性干擾模型和實際樣本資料的配適情形不佳。但Bagozzi and Yi（1988）認為不可只參考卡方值，而應同時考量樣本的大小，故建議使用卡方值與自由度之比值來取代卡方值以檢定模型的配適度。在本範例中，卡方值與自由度之比值為1.472，小於標準值3，表示實際上干擾模型和實際樣本資料的配適狀況是良好的。再從絕對配適指標、增量配適指標及精簡配適指標等來看，各指標皆能符合良好配適的標準。因此，研判概念性干擾模型之外在品質應已符合一般學術研究的要求。

　　模型配適良好，對各參數所估計出的數據才能採納。在此，將所獲數據彙整成如表11-8的干擾變數檢定表。

表11-8　干擾變數檢定表

自變數 \ 統計量	依變數		忠誠度		
	路徑係數		z值	95%信賴區間	
	非標準化	標準化		下界	上界
自變數					
景觀餐廳意象	0.620*	0.489*	4.728	0.363	0.878
知覺價值	0.360*	0.291*	4.853	0.214	0.505
干擾變數					
轉換成本	0.449*	0.354*	5.383	0.286	0.613
交互作用項					
景觀餐廳意象×轉換成本	-0.262*	-0.206*	-2.090	-0.508	-0.016
R^2	0.380				

註：*表示 p<0.05。

　　由表11-8可發現，「景觀餐廳意象」對「忠誠度」的非標準化路徑係數為0.620，且信賴區間不包含0，故顯著。另外，「轉換成本」對「忠誠度」的非標準化路徑係數為0.449，且信賴區間不包含0，故亦顯著。而「景觀餐廳意象」與「轉換成本」的交互作用項的非標準化路徑係數為-0.262（標準化為-0.206），且信賴區間亦不包含0，故亦顯著。此結果也就說明了，「轉換成本」確實會負向顯著的干擾「景觀餐廳意象→忠誠度」的關係。且其非標準化的干擾效果值為-0.262，而標準化的干擾效果值則為-0.206。

　　在這種情形下，繼續觀察低、高轉換成本時的斜率（即景觀餐廳意象→忠誠度的影響力）變化，如表11-9。由表11-9可發現，低轉換成本時的標準化斜率（0.847）（數據在「所有」欄位）大於高轉換成本（0.130）時。這就意味著低轉換成本時，「景觀餐廳意象→忠誠度」的影響力將大於高轉換成本時。

表11-9　低、高轉換成本的斜率

命名	估計	標準誤	z值	p	95%信賴區間		標準化		
					下界	上界	所有	潛在變數	內生
Slope_L	1.075	0.324	3.321	<.001	0.441	1.710	0.847	0.847	0.847
Slope_H	0.166	0.156	1.062	0.288	-0.140	0.471	0.130	0.130	0.130

最後，再製作簡單斜率分析（simple slope analysis）以瞭解干擾效果之方向性，並比較高、低轉換成本兩條迴歸線之差異。圖11-8呈現出轉換成本於「景觀餐廳意象」對「忠誠度」關係中的簡單斜率分析圖。由圖11-8可明顯看出，在不同的轉換成本水準下，「景觀餐廳意象」對「忠誠度」關係的影響程度（斜率），明顯的會產生差異。且低轉換成本的標準化斜率（0.847）大於高轉換成本（0.130），這也說明了景觀餐廳在低轉換成本的特質下，「景觀餐廳意象→忠誠度」的影響力是較「高轉換成本」時大的。而這也意味著，在「低轉換成本」的餐廳情境下，積極形塑「景觀餐廳意象」的重要性。

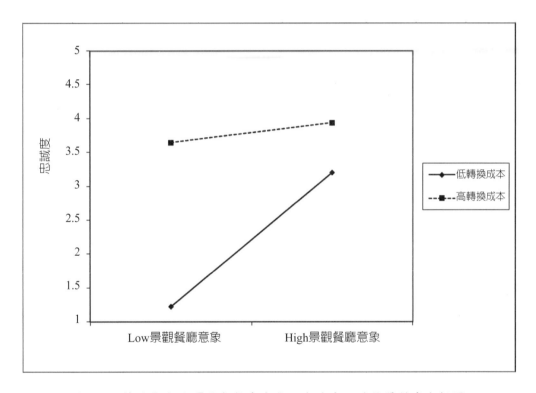

圖11-8　轉換成本於「景觀餐廳意象→忠誠度」的簡單斜率分析圖

11-3　調節式中介效果檢定

在社會科學領域的研究中，探討變數間的各種複雜關係往往是個熱門的議題，因而發展出中介變數和調節（干擾）變數之效果檢定的統計技術（張紹勳，2018）。中介與調節效果或可作為研究者思考現象的基礎，但Muller, Judd and

Yzerbyt（2005）則進一步指出，如能在架構中同時考慮調節和中介效果，在理論和實證研究上將更具意義。Muller等人並舉實例說明，以解析中介式調節（mediated moderation）與調節式中介（moderated mediation）在分析上的差異。

中介式調節為自變數和調節變數間的交互作用效果，透過中介變數進而影響依變數；而調節式中介則為調節變數作用於「自變數→中介變數→依變數」的路徑（Edwards and Lambert, 2007）。Muller等人（2005）、Edward and Lambert（2007），以及Preacher, Rucker and Hayes（2007）等研究，亦針對中介式調節與調節式中介做概念性解析與實例說明，以提供研究者理論與實務上的運用（陳淑萍、鄭中平，2011）。然而，在同時考慮調節和中介效果的文獻中，或許是因為中介式調節效果的價值性較低，故較少有文獻論及中介式調節效果；相對的，可發現過往文獻大都聚焦於調節式中介效果的應用研究。

從字面意義來看，調節式中介效果（moderated mediation effect）實為某種中介效果和調節效果的組合（Baron and Kenny, 1986）。雖然，Muller等人曾對調節式中介效果進行定義。但更白話一點，調節式中介效果意指雖然自變數會透過中介變數而間接影響依變數，然此中介效果會隨著調節變數之取值而改變，故這種中介效果亦稱為「條件化間接效果」（conditional indirect effect, CIE）。分析時，通常會藉由投入自變數、中介變數、調節變數與自變數和調節變數乘積後所構成的「交互作用項」到預測依變數的迴歸方程式中，以建構分析模型，然後再應用特定的統計分析軟體，檢驗調節式中介效果的存在與否（Edward and Lambert, 2007; Muller, Judd, and Yzerbyt, 2005）。

透過Hayes（2013）所提供的PROCESS模組可以進行調節式中介效果檢定，其架構符合PROCESS模組的「模型樣板7」，如圖11-9。但在JASP中，也可以使用「Lavaan程式」來檢定PROCESS模組的「模型樣板7」。在圖11-9中，X為自變數、Y為依變數、M_i為中介變數，而W為調節（干擾）變數，它會調節M_i於「$X \rightarrow Y$」之關係間的中介效果。因此，W在這模型中就稱為具有調節式中介效果。而為了能進行編碼建模，則必須將圖11-9的模型概念圖轉換為統計圖，如圖11-10。未來編寫「Lavaan程式」時，只要參考圖11-10的統計圖，就可輕易的建立模型了。

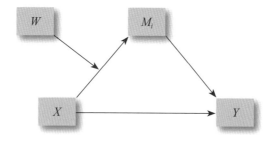

圖11-9　PROCESS模組「模型樣板7」之調節式中介模型概念圖

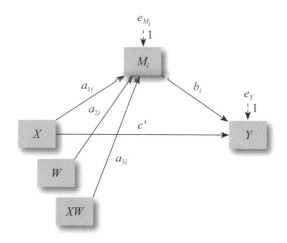

圖11-10　PROCESS模組「模型樣板7」之調節式中介模型統計圖

11-3-1　檢驗調節式中介效果的範例

▶ 範例11-3

參考附錄三，論文〈景觀餐廳意象、知覺價值與忠誠度：轉換成本的干擾效果〉之原始問卷與第5-3節中對該論文的說明，該問卷的原始資料檔為「restaurant image.jasp」，試探討轉換成本是否會在「景觀餐廳意象→知覺價值→忠誠度」的關係間，具有顯著的調節式中介效果？（概念性模型圖，如圖11-11）。

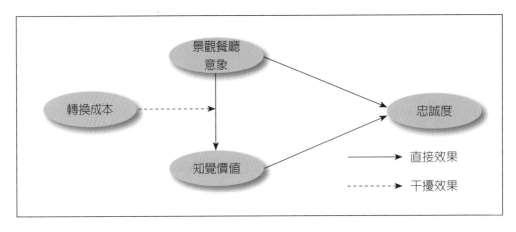

圖11-11　概念性模型圖

依題意，我們將建立假設為（論文中，須寫對立假設）：

H₁：轉換成本會在「景觀餐廳意象→知覺價值→忠誠度」的關係間，具有顯著的調節式中介效果。

11-3-2　操作步驟

在這個範例中，我們將檢驗「轉換成本」是否會調節「景觀餐廳意象→知覺價值→忠誠度」的關係。在此，我們將運用「Lavaan程式」來輔助我們進行調節式中介效果的檢定。建議讀者養成好習慣，編寫程式碼前先畫好模型圖。根據圖11-10的統計圖與圖11-11的概念性模型圖，可繪製本範例的調節式中介模型圖，如圖11-12。

本範例的調節式中介模型圖（圖11-12）和範例11-2的干擾模型圖（圖11-6）有點雷同。差異在於本範例中，轉換成本（sc）的調節效果將作用在「景觀餐廳意象（im）→知覺價值（pv）」的路徑上，因此，轉換成本的主效用（路徑標籤a2）、景觀餐廳意象與轉換成本構成的交互作用項（路徑標籤a3），都是作用在知覺價值上的。其次，由於知覺價值也在「景觀餐廳意象（im）→忠誠度（ly）」的關係間扮演著中介角色，因此，圖11-12的主軸就是在探討轉換成本會不會調節（干擾）知覺價值的中介效果，也就是在探討隨著轉換成本的不同取值，「景觀餐廳意象→知覺價值→忠誠度」的間接效果會不會跟著變化。而這種現象，在統計學中就稱為是轉換成本的調節式中介效果。

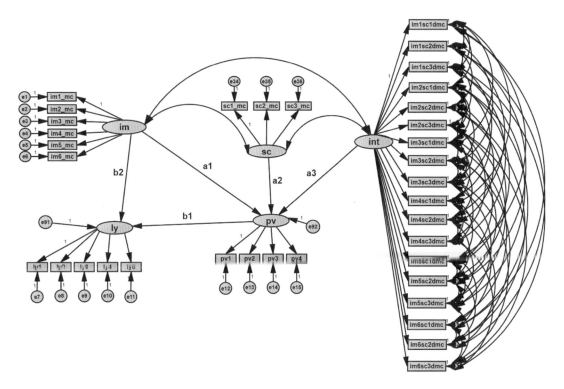

圖11-12　調節式中介模型圖（使用Amos軟體繪製模型圖）

其次，自變數是景觀餐廳意象、調節變數是轉換成本，因此對於圖11-12和圖11-6而言，構成潛在交互作用項的指標都是相同的，甚至殘差間的共變關係也是一樣的。所以本範例的「Lavaan程式」會和範例11-2的「Lavaan程式」相當類似。差異的部分，就只在描述各變數間的路徑關係（~）之部分而已（如圖11-13的第6列與第7列），本範例的「Lavaan程式」如圖11-13所示。該程式之文字檔，已儲存在範例資料夾中，其檔名爲：ex11-3_程式碼.txt。

圖11-13的第6列、第7列是屬於描述主構面之路徑關係的部分，也是和圖11-7（範例11-2的程式）之主要差異處，這差異是因爲轉換成本調節的路徑不同之故所形成的。在這個部分的編碼技巧是分別對模型中的依變數描述其迴歸路徑關係。明顯的，圖11-12中有兩個依變數，分別是知覺價值（pv）與忠誠度（ly），故須分別描述出它們的迴歸路徑關係。由於需要探討轉換成本（sc）在「景觀餐廳意象（im）→知覺價值（pv）」的調節效果，所以必須以知覺價值（pv）爲依變數，而以景觀餐廳意象（im）、轉換成本（sc）與潛在交互作用項（int）爲自變數而建立迴歸路徑關係（第6列）。而第7列則描述著依變數忠誠度（ly），與景觀餐廳意象（im）、知覺

價值（pv）等兩個主構面間的關係。

其次，在第18列將計算調節式中介指標（index of moderated mediation），以便未來可以根據調節式中介指標的顯著性，而研判調節式中介效果是否存在（Hayes, 2015）。調節式中介指標的計算公式為「交互作用項的路徑係數×中介變數對依變數的路徑係數」，參照圖11-12的路徑係數標籤，該公式即為「a3×b1」。

```
     # 建立景觀咖啡廳意象(im)、知覺價值(pv)、忠誠度(ly)與轉換成本(sc)的測量模型
1    im =~ im1_mc + im2_mc + im3_mc + im4_mc + im5_mc + im6_mc
2    pv =~ pv1 + pv2 + pv3 + pv4
3    ly =~ ly1 + ly2 + ly3 + ly4 + ly5
4    sc =~ sc1_mc + sc2_mc + sc3_mc

     # 建立潛在交互作用項的測量模型
5    int =~ im1sc1dmc + im1sc2dmc + im1sc3dmc + im2sc1dmc + im2sc2dmc + im2sc3dmc
         + im3sc1dmc + im3sc2dmc + im3sc3dmc + im4sc1dmc + im4sc2dmc + im4sc3dmc
         + im5sc1dmc + im5sc2dmc + im5sc3dmc + im6sc1dmc + im6sc2dmc + im6sc3dmc

     # 建立景觀咖啡廳意象(im)、知覺價值(pv)、轉換成本(sc)、交互作用項與忠誠度(ly)間的關係
6    pv ~ a1*im + a2*sc + a3*int
7    ly ~ b1*pv + b2*im

     # 建立因素共變數
8    im~~sc
9    im~~int
10   sc~~int

     # 建立殘差共變數
11   im1sc1dmc~~im1sc2dmc
12   im1sc1dmc~~im1sc3dmc
13   im1sc1dmc~~im2sc1dmc
14   im1sc1dmc~~im3sc1dmc
15   im1sc1dmc~~im4sc1dmc
16   im1sc1dmc~~im5sc1dmc
17   im1sc1dmc~~im6sc1dmc
         ∫
     # 以下共63個殘差共變數，限於篇幅，將省略，詳如 ex11-3_程式碼.txt
         ∫

     # 計算調節式中介作用指標
18   MoMe_index:=a3*b1

     # 計算# 條件式間接效果，3.012為轉換成本的變異數
19   CIE_L := (a1-a3*sqrt(3.012))*b1
20   CIE_M := (a1+a3*0)*b1
21   CIE_H := (a1+a3*sqrt(3.012))*b1
```

圖11-13　調節模型之程式碼

　　最後，第19列到第21列也和範例11-2的程式有差異。在本範例中，由於是探討調節式中介效果，所以這三列所計算的數據稱為條件化間接效果。過往進行調節（干擾）變數檢定時，都會將調節（干擾）變數區分為不同程度（如高、中、低）的類別變數，並採用階層迴歸分析或利用Lavaan程式，檢驗變數間的「直接效果」是如何受到調節（干擾）變數之不同取值的影響（彭淑玲，2019；謝爲任，2021）。然而，對於調節式中介效果的檢定方式，一般學術論文則大都採用Preacher等人（2007）所提出的條件化間接效果分析法，其主要特點爲：(1)可同時檢驗中介與調節效果是否存在；(2)分析「自變數→中介變數→依變數」之間接效果是否受到調節變數影響；(3)不須將調節變數轉化成類別變數，而是保有調節變數的連續變數特質，進而允許研究者探討某一間接效果強度是如何隨著調節變數的不同取值而改變。因此，CIE可提供研究者更多訊息來闡述調節效果的重要性（謝爲任，2021）。所以，在檢定調節式中介效果的場合，必須揭露條件化間接效果的數據。條件式中介效果的計算方式爲：

低轉換成本時 = (a1 + a3*(mean−sd))*b1
中轉換成本時 = (a1 + a3*(mean))*b1　　　　　　　　　　（式11-2）
高轉換成本時 = (a1 + a3*(mean+sd))*b1

　　式11-2中，標籤a1（「自變數→中介變數」的路徑係數）、a3（「交互作用項→中介變數」的路徑係數）與b1（「中介變數→依變數」的路徑係數）都是代表路徑係數的意義，具體路徑可參照圖11-11。mean爲調節變數的平均數，而sd則爲調節變數的標準差。由於調節變數（轉換成本）已平減化，故其平均數爲0，標準差則執行「結構方程模型」功能後（誤差估計方法爲「標準」），查閱「因素變異數」報表，即可得知轉換成本的標準差爲「sqrt(3.012)」，3.012爲轉換成本的變異數（雖然該值與範例11-2中的變異數3.014有些微差距，然這是因爲轉換成本屬潛在變數，在估計其變異數的過程中，會因模型的不同而產生，故可視爲估計過程中的一種誤差），「sqrt」代表開根號的意思。

　　瞭解上述的Lavaan程式後，在JASP中執行「結構方程模型」功能，並於程式框中貼上圖11-13的Lavaan程式碼，這樣就可以進行潛在變數的調節式中介效果檢定了。詳細的操作過程與解說，讀者可自行參閱教學影音檔「ex11-3.mp4」。

◈ 11-3-3　分析結果的撰寫

　　利用「結構方程模型」功能，執行圖11-13的Lavaan程式碼後，所得到的報表相當多，需要花點時間去理解。所產生之報表的解說工作，雖然在本書中並沒有以文字方式呈現，但是在教學影音檔「ex11-3.mp4」中，都進行了相當清楚的說明。此外，該教學影音檔也針對所產生的報表進行解讀與彙整，故請讀者務必詳閱教學影音檔「ex11-3.mp4」。

　　執行「結構方程模型」功能後，分析所得數據將彙整成表11-10、表11-11與表11-12等三個表格。表11-10、表11-11與表11-12的空白表格已存放在「ex11-3.docx」中，請讀者自行修改並運用。至於彙整過程，請讀者自行參閱教學影音檔「ex11-3.mp4」。

　　本研究模擬Hayes（2013）所發表之PROCESS模組，進行研究假設H₁的調節式中介效果檢驗。在使用拔靴法（bootstrapping），拔靴樣本2,000個、95%的信賴區間下，分析結果如表11-10、表11-11與表11-12所示。

　　此外，讀者或許也會發現跑出來的數據資料和表11-11的數據可能會略有差異，尤其是信賴區間的估計，這種差異更明顯。這是因為進行運算的過程中，採用了bootstrapping的隨機反覆取樣策略，而且進行了2,000次的採樣與計算所引起的。在這種情形下，我的2,000次和您的2,000次的採樣內容怎麼可能全部都一樣呢？因此計算出來的結果就會有所差異，但這些差異應該都是很微小的。甚至，同一臺電腦、同一個檔案、同樣的設定，不同的時間點所執行出來的結果也會略有差異。但只要差異不大，都算正確。這些現象都是因為bootstrapping的隨機反覆取樣策略所引起的，不用太去在意它。希望讀者能理解。

　　使用拔靴法，拔靴樣本2,000個，執行「結構方程模型」功能後，首先檢視模型配適度，如表11-10。

　　由表11-10得知，調節式中介模型之配適卡方值為825.148，機率p值小於0.001，故顯著，應拒絕「模型配適樣本資料」的虛無假設，代表研究者所提的概念性調節式中介模型和實際樣本資料的配適情形不佳。但Bagozzi and Yi（1988）認為不可只參考卡方值，而應同時考量樣本的大小，故建議使用卡方值與自由度之比值來取代卡方值以檢定模型的配適度。在本範例中，卡方值與自由度之比值為1.578，小於標準值3，表示實際上調節式中介模型和實際樣本資料的配適狀況是良好的。再從絕對配適指標、增量配適指標及精簡配適指標等來看，各指標皆能符合良好配適度的標準。因

表11-10　調節式中介模型的配適度指標檢核表

統計檢定量		標準值	範例模型
絕對配適指標	χ^2	越小越好	825.148（df=523, p<0.001）
	χ^2/df	小於3	1.578*
	GFI	大於0.9	0.956*
	SRMR	小於0.08	0.073*
	RMSEA	小於0.08	0.040*
增量配適指標	NFI	大於0.9	0.955*
	NNFI	大於0.9	0.979*
	CFI	大於0.9	0.983*
	RFI	大於0.9	0.946*
	IFI	大於0.9	0.983*
精簡配適指標	PNFI	大於0.5	0.793*
	CN	大於200	257.070*

註：*表示合乎標準值。

此，研判概念性調節模型之外在品質應已符合一般學術研究對模型配適度的要求。

　　模型配適良好，對各參數所估計出的數據才能採納。因此，接著檢視表11-11的模型參數估計表與表11-12的調節式中介效果指標表。

　　由表11-11顯示，轉換成本對「景觀餐廳意象→知覺價值」的關係，具有顯著的調節效果（標準化a3 = -0.220，信賴區間不包含0），而「知覺價值→忠誠度」的直接關係間，亦呈現正向的顯著關係（標準化b1 = 0.301，信賴區間不包含0）。此外，由表11-12顯示，調節式中介指標（index of moderated mediation）係數為-0.072，95%的信賴區間介於-0.154到-0.024之間，不包含0，故顯著。顯見轉換成本確實會對知覺價值的間接效果產生調節（干擾）作用。亦即，轉換成本會調節（干擾）「景觀餐廳意象→知覺價值→忠誠度」的路徑關係。

表11-11　模型參數估計表

	路徑係數		z值	95%信賴區間	
	非標準化	標準化		下界	上界
轉換成本的條件式間接效果					
M−SD（1.736）	0.211*	0.193*	3.191	0.095	0.430
M（0）	0.085*	0.078*	3.087	0.030	0.184
M+SD（1.736）	-0.040	-0.037	0.336	-0.151	0.043
直接效果					
a1：景觀餐廳意象（im）→知覺價值（pv）	0.273*	0.260*	3.495	0.101	0.464
b1：知覺價值（pv）→忠誠度（ly）	0.313*	0.301*	5.196	0.189	0.460
b2：景觀餐廳意象（im）→忠誠度（ly）	0.221*	0.203*	3.197	0.049	0.396
a2：轉換成本（sc）→知覺價值（pv）	-0.162*	-0.154*	-2.404	-0.304	-0.022
交互作用項效果					
a3：景觀餐廳意象×轉換成本（int）→知覺價值（pv）	-0.231*	-0.220*	-2.918	-0.406	-0.078

註：*號代表在0.05的顯著水準下，顯著。

表11-12　調節式中介指標表

	指標（Index）	SE	Boot LLCI	Boot ULCI
轉換成本	-0.072*	0.028	-0.154	-0.024

註：*號代表在0.05的顯著水準下，顯著。

　　基於此，研究者更深入的檢驗調節變數的條件式間接效果，即在調節變數的高、低一個標準差時，檢驗「自變數→中介變數→依變數」的間接效果。也就是說，按平均值減一個標準差、平均值、平均值加一個標準差，區分低、中、高等三種轉換成本水準，分析在不同轉換成本水準下，觀察其中介效果的顯著性變化。

　　由表11-11可知，當轉換成本是較低程度時（-1個標準差），標準化間接效果為0.193，95%的信賴區間介於0.095到0.430之間，不包含0，達顯著。而當轉換成本為平均值時，標準化間接效果為0.078，95%的信賴區間介於0.030到0.184之間，不包含0，亦顯著。最後，當轉換成本是較高程度時（+1個標準差），標準化間接效果為-0.037，95%的信賴區間介於-0.151到0.043之間，包含0，故不顯著。由此可理解，景觀餐廳意象透過知覺價值對忠誠度的間接效果，會因轉換成本程度的不同而產生差

異。故本研究假設H₁獲得支持，即轉換成本顯著的調節知覺價值在「景觀餐廳意象→忠誠度」關係間的中介效果。而且當轉換成本的程度越低，知覺價值的條件式間接效果越高。即，當轉換成本越低時，景觀餐廳意象透過知覺價值對忠誠度的間接效果，將較轉換成本高時要來的強。

由上述分析結果說明了，「轉換成本」的不同取值將調節「景觀餐廳意象→知覺價值→忠誠度」的關係，且此調節式中介效果是負向顯著的（調節式中介指標係數為-0.072）。這顯示在低轉換成本下，「景觀餐廳意象」透過「知覺價值」對「忠誠度」的影響力高於高轉換成本時。也就是說，當景觀餐廳的特質是屬低轉換成本的狀態時，更應重視其帶給消費者所感受到的意象（image）與知覺價值，如此才能有效的提升消費者的忠誠度。

一般而言，餐廳的轉換成本普遍較低。再由上述的分析可發現，在消費者所感受到的轉換成本較低的情形下，「景觀餐廳意象」透過「知覺價值」對「忠誠度」的正向影響力大於轉換成本較高時。基於此，在一般餐廳普遍具有低轉換成本傾向的業態中，更可突顯出「景觀餐廳意象」與「知覺價值」的重要性。

習 題

練習11-1

請描述如何利用多群組結構方程模型驗證干擾（調節）效果？

練習11-2

論文〈景觀餐廳意象、知覺價值與忠誠度：轉換成本的干擾效果〉的原始問卷，如附錄三，請分別使用多群組結構方程模型與雙平減法，探討轉換成本於知覺價值與忠誠度間是否具有干擾效果？（資料檔為restaurant image.jasp）

練習11-3

參考附錄三，論文〈景觀餐廳意象、知覺價值與忠誠度：轉換成本的干擾效果〉之原始問卷與第5-3節中對該論文的說明，該問卷的原始資料檔為「restaurant image.jasp」，試探討轉換成本是否會在「景觀餐廳意象→知覺價值→忠誠度」的關係間，具有顯著的調節式中介效果？（概念性模型圖，如圖11-14）

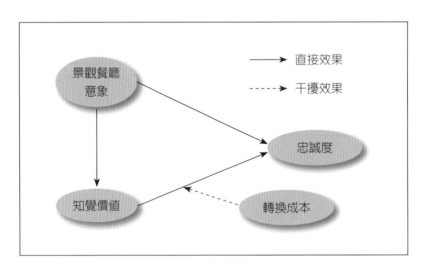

圖11-14　概念性模型圖

第 12 章
測量恆等性

　　測量恆等性檢驗的目的在於評估研究者所提出的理論模型，在不同的樣本群體間是否相等或模型中的各類參數是否能跨群組而具有不變性。為達成上述之目標，研究者會先從部分參數恆等性檢驗開始，再逐一增列參數限制條件，直至全部參數恆等性檢驗完畢為止。若在參數限制條件較多的情況下，模型間的卡方增加量仍未達顯著時，即可表示此一模型的測量系統或路徑系統的穩定性佳。

◆ 12-1　測量恆等性簡介 ◆

　　測量恆等性（measurement invariance）又稱為測量一致性（measurement equivalence）。測量恆等性的檢測，常會使用在量表開發的論文或跨文化、性別差異等跨群組的研究中。在有關跨群組的研究前，研究者均會詳實的依據理論架構而建立模型，並對模型中的各構面提出若干的觀察變數（或題項），並請受試者就本身實際情況進行評估，以取得評估結果（樣本資料）。而在分析資料時，研究者也常依不同的構面對各題項進行加總平均，以求取受試者在各構面上的分數，最後依此結果以比較不同族群間的差異性或進行因果模型驗證。然而，值得注意的是，上述構面分數的計算卻可能是有問題的，其原因在於研究者並未確認每道測量題目對不同族群的受試者而言，是否具有相等的意義（施俊名、吳裕益，2008），此即所謂的測量恆等性問題。

　　如Meredith（1993）就曾提及在進行跨群組的比較研究前，必須要先確保量表具有測量恆等性，亦即每道測量題目與所屬構面之間的因素負荷量、變異數與共變數以及誤差變異量，在不同族群之間必須是恆等的，否則原始分數及潛在構面分數計算出來的結果若不相同，則將衍生出許多爭議以及錯誤的結果推論（Cheung and Rensvold, 1998）。此外，Drasgow在1987年更進一步提出，測量恆等性應該包括測量恆等（measurement equivalence）和關係恆等（relational equivalence）兩個部分。測量恆等是指觀察變數和潛在變數（構面）的關係，在相比較的各群組之間須等價；而關係恆等則是指潛在變數間的關係，在相比較的各群組之間須等價。受Drasgow（1987）的概念啟發，Byrne等人（1989）亦認為恆等性議題應包含「測量模型恆等」和「結構模型恆等」兩部分，並將測量恆等性導入結構方程模型之中。他們認為「測量模型恆等」是指觀察變數與潛在變數之間的關係在相比較的各樣本群組間相等；而「結構模型恆等」則是指當潛在變數不只一個的時候，各潛在變數之間的關係會在相比較的各樣本群組間相等。

◆ 12-2　測量恆等性的檢定 ◆

　　檢測測量恆等性的方法，一般而言有結構方程模型與項目反應理論（Item Response Theory）等兩種方法。這兩種方法的主要差異在於：結構方程模型認為潛在

變數與觀察變數之間的關係為線性關係；而項目反應理論則認為潛在變數與觀察變數之間的關係為非線性關係。項目反應理論的非線性關係假設，較適合於觀察變數為二元變數（binary variable）的情境。然而，隨著觀察變數的尺度增加，結構方程模型的線性關係假設便較符合這樣的情境。因此，運用結構方程模型來進行測量恆等性檢測，會是一種較佳的選擇（Raju, Laffitte, and Byrne, 2002）。

運用結構方程模型檢驗測量恆等性時，通常會採用多群組分析技術。多群組分析技術最早是由Byrne等人（1989）所提出，其後不少學者也跟進，而提出了多種有關檢驗測量恆等性之流程的相關研究（如：Steenkamp and Baumgartner, 1998; Jöreskog and Sörbom, 1993; Vandenberg and Lance, 2000; Cheung and Rensvold, 2002; Raju, Laffitte, and Byrne, 2002; Gregorich, 2006）。儘管這些流程存在著不同程度的差異，但其中包含的共同之處遠大於差異。原則上，通常都是透過一系列的檢定來達成檢驗測量恆等性的目的。目前，在文獻中最常被使用的測量恆等性分析程序，為Hair等人（2010）所提出的五階段法。

階段一：形態恆等（Configural invariance）

首先，必須說明的是在以下各階段的說明中，潛在因素、潛在變數、潛在構面、因素、構面等名詞，其意義皆相同。故在不同的敘述句中，這些名詞將可互換替代使用。本階段將檢驗不同群組間，潛在變數的構成形態或模型是否相同，也稱為因素結構恆等（Horn and McArdle, 1992）。由於只要求潛在變數、觀察變數之間的基本結構關係對等，並沒有設定任何參數跨組相等，所以若用嚴格的角度來看，形態恆等其實不能算是一種恆等性檢驗。因此，簡單的講，形態恆等就是因素結構模型在不同群組間，外觀（如：潛在變數數量、觀察變數數量、潛在變數間的連線數量、潛在變數與觀察變數間的連線數量）「看起來」是否相同之意。因此，在進行多群組分析時，於參數的設定上並不會去限定任何參數於跨組間等值，且在進行多群組分析檢驗模型卡方值差時，形態恆等常被當成基線模型（baseline model），其示意圖如圖12-1。

在JASP中，實作測量恆等性檢驗時有兩個方法：第一個是執行「因素／驗證性因素分析」功能、第二個是執行「結構方程模型」功能搭配Lavaan語法。使用「因素／驗證性因素分析」功能的前提是，原始測量模型的因素結構中，二階構面的數量必須小於等於1。雖然「因素／驗證性因素分析」功能有直接提供「形態恆等」、「量尺恆等」、「純量恆等」與「測量殘差恆等」等模型的分析，相當簡便。但這種分析

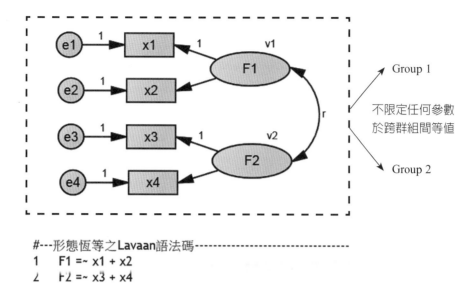

```
#---形態恆等之Lavaan語法碼-----------------------------------
1    F1 =~ x1 + x2
2    F2 =~ x3 + x4
```

圖12-1　形態恆等示意圖

屬於各模型單獨的分析，並無法直接提供各模型跨群組比較後的卡方值差與檢定，因此若要進行模型比較則需人工計算的介入。

　　因此，作者建議欲進行測量恆等性檢定時，最好是使用「結構方程模型」功能比較自由自在，但讀者必須學會各種模型的編碼。各模型的Lavaan程式碼其實都非常簡單，請讀者放心。以形態恆等模型為例，其Lavaan程式碼如圖12-1的下半部。在形態恆等模型中，Lavaan程式碼只要將測量模型中各主構面的測量系統（=~）描述清楚就好（即完整的描述出各主構面的因素結構即可）。至於分群變數的設定，只須在「結構方程模型」功能的設定面板中設定即可，不必寫入程式中。圖12-1中有兩個主構面（F1、F2），因此，只要兩列就可完成形態恆等模型的Lavaan程式了。

　　進行測量恆等性檢定時常使用到巢套模型（nested model）的設計，所謂巢套模型是一種具有層次結構的模型，其中一個模型會嵌套在另一個模型內，且模型間僅是某些參數的限制方式不同而已。例如：有兩個模型Model 1、Model 2，其中，當限制Model 2中部分參數為零之後，就會變成另一個模型Model 1時，這時Model 1就屬於是Model 2的巢套模型。由於在巢套模型設計的基礎上，而進行測量恆等性檢定的分析過程中，形態恆等模型常被視為最底層、最基礎的模型，故形態恆等模型又常被稱為「基線模型」（baseline model）。因此，對於形態恆等模型的基本要求是，只要各群組的樣本資料都能分別的配適概念性模型（即各群組的測量模型，其配適度指標都能符合如表8-5的標準），那麼就可稱該概念性模型具有形態恆等性。

階段二：量尺恆等（Metric invariance）

　　量尺恆等又稱為因素恆等（factorial invariance），而在Amos的多群組分析中則稱為「measurement weight」恆等。就檢定程序而言，若研究者的測量恆等性檢驗只進行了形態恆等與量尺恆等，且都證明恆等性確實存在的話，那麼則稱這種狀態下的恆等性為「弱因素恆等」（weak factorial invariance）（Meredith, 1993）。

　　量尺恆等主要將檢驗測量指標（觀察變數）與構面（潛在變數）之間的關係（即因素負荷量）在各群組中是否等值，如圖12-2。如果每一個觀察變數在對應之潛在變數上的因素負荷量能跨群組相等，就可以說明觀察變數和潛在變數之間在不同的群組間具有著相同的意義；或者也可以說，每一個潛在變數在不同群組之間具有相同的量尺，即潛在變數每變化一個單位，觀察變數在不同群組中，也都將會產生同樣程度的變化。這樣就意味著，潛在變數和觀察變數間的關係與意涵，能在不同群組間等同。

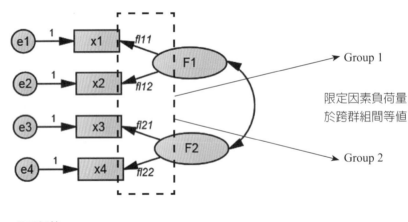

```
#----量尺恆等--------------------------------------------
1    F1 =~ fl11*x1 + fl12*x2
2    F2 =~ fl21*x3 + fl22*x4
```

圖12-2　量尺恆等示意圖

　　量尺恆等的Lavaan程式碼，如圖12-2的下半部。在量尺恆等模型中，由於須設定跨群組「因素負荷量」相等，因此於Lavaan程式碼中須要使用「標籤」將各觀察變數（長方形）的因素負荷量標示出來。在Lavaan程式中只要有設定「標籤」處，在進行多群組分析時，就會針對這些「標籤」進行跨群組的相等性比較。在圖12-2中，有

4個題項（觀察變數），因此須設定四個標籤，分別為*fl11*、*fl12*、*fl21*與*fl22*。例如：當設定了*fl11*標籤後，執行多群組結構方程模型分析時，就會分別去計算兩分組中「x1」這個觀察變數之因素負荷量的差異，並進行檢定該差異顯不顯著。

階段三：純量恆等（Scalar invariance）

純量恆等又稱為截距恆等（Intercepts invariance），而在Amos的多群組分析中則稱為「measurement intercepts」恆等。就檢定程序而言，若研究者的測量恆等性檢驗，進行了形態恆等、量尺恆等與純量恆等，且都證明恆等性確實都存在，那麼就可稱這種狀態下的恆等性為「強因素恆等」（strong factorial invariance）（Meredith, 1993）。

純量恆等主要在檢驗觀察變數的截距是否具有不變性，如圖12-3。如果純量恆等性成立，則表示該測量在不同群組間都具有相同的參照點（截距）。只有量尺和截距都相同，那麼使用觀察變數所估計出來的潛在變數得分才是無偏的。在此情形下，進行群組間的比較也才會有意義。因此，同時滿足弱因素恆等和強因素恆等是進行潛在變數平均值比較的前提要件（Cheung and Rensvold, 2000; Meredith, 1993）。如果強因素恆等不成立，則說明了各群組原始得分上的差異，主要是由於截距不等值所造成的，那麼就不能探討潛在變數在平均值上的差異性了。

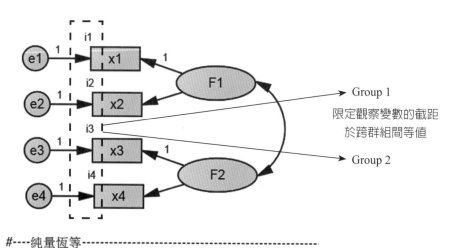

```
#----純量恆等--------------------------------------------------
1    x1 ~ i1*1
2    x2 ~ i2*1
3    x3 ~ i3*1
4    x4 ~ i4*1
```

圖12-3　純量恆等示意圖

　　純量恆等的Lavaan程式碼，如圖12-3的下半部。在Lavaan程式中，由於截距屬路徑系統中的元素，因此須使用「~」運算子來描述，例如：描述第一個觀察變數（x1）的截距時，可用「x1 ~ 1」的方式來描述，語法中的「1」就代表截距之意。在純量恆等模型中，由於須設定跨群組「觀察變數的截距」相等，因此於Lavaan程式中須要使用「標籤」將各觀察變數的截距標示出來。故在圖12-3中，有四個觀察變數，因此須設定四個截距標籤，分別為i1、i2、i3與i4。設定好這些截距標籤後，將來進行多群組分析時，系統就會針對這些「標籤」進行跨群組的相等性比較。

階段四：因素變異數／共變數恆等（Factor variance/covariance invariance）

　　階段四的恆等性包含兩個部分：一為因素變異數恆等，另一為因素共變數恆等。茲將分別說明如下：

（一）因素變異數恆等

　　因素變異數恆等在Amos的多群組分析中，稱為「Structural covariances」恆等。「Structural covariances」恆等，就是在檢驗潛在因素（構面）的變異數或潛在因素間的共變數是否跨群組恆等。故應可理解，在進行第四階段的恆等性檢驗時，就須同時檢驗因素變異數恆等與因素共變數恆等。

　　因素變異數恆等主要在檢驗模型中各潛在變數的變異數是否能跨群組恆等，如圖12-4。潛在變數的變異數反映了潛在變數的離散程度，潛在變數的變異數跨群組等值，則意味著潛在變數的得分有相同範圍的變化尺度（Schaubroeck and Green, 1989; Vandenberg and Self, 1993）。

　　因素變異數恆等的Lavaan程式碼，如圖12-4的下半部。在Lavaan程式中，描述潛在變數的變異數或共變數時，須使用「~~」運算子。如果「~~」之左、右兩側的潛在變數名稱相同時，則這個程式碼所描述的就是該潛在變數的變異數；而若不同時，則這個程式碼所描述的就是兩個潛在變數間的共變數。圖12-4的原始測量模型中，包含有兩個潛在變數（F1、F2），故須先能描述出該兩個潛在變數之變異數。例如：「F1 ~~ F1」就是在描述第一個潛在變數F1的變異數。具有這樣的概念後，在因素變異數恆等模型中，由於須設定跨群組「因素變異數」相等，因此於Lavaan程式中須要使用「標籤」，將各潛在變數的變異數標示出來。故在圖12-4下半部的Lavaan程式

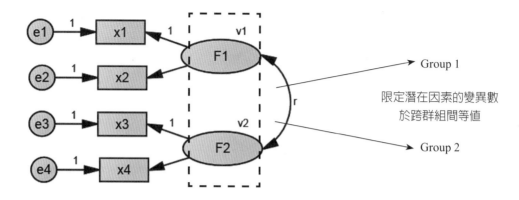

```
#----因素變異數恆等-----------------------------------
1    F1 ~~ v1*F1
2    F2 ~~ v2*F2
```

圖12-4　因素變異數恆等示意圖

碼中，因為有兩個潛在變數，因此須設定兩個標籤，分別為*v1*、*v2*。設定好這些標籤後，將來進行多群組分析時，系統就會針對這些「標籤」進行跨群組的相等性比較。

（二）因素共變數恆等

　　因素共變數恆等主要在檢驗潛在變數間的共變數是否跨群組恆等，如圖12-5中的「r」（此 r 即代表潛在變數F1和F2間的共變數）。潛在變數間的共變數反映了潛在變數之間的相關程度。若能確認潛在變數間的共變數具有不變性，則說明了潛在結構之間的相關程度，可以在不同群組中予以重現。

　　因素共變數恆等的Lavaan程式碼，如圖12-5的下半部。圖12-5的原始測量模型中，包含有兩個潛在變數（F1、F2）。因此，潛在變數間的共變數就只有一個，故須先能描述出該兩個潛在變數之共變數。例如：「F1 ~~ F2」就是在描述F1、F2間的共變數。具有這樣的概念後，在因素共變數恆等模型中，由於須設定跨群組「因素共變數」相等，因此於Lavaan程式中須要使用「標籤」，將各潛在變數間的共變數標示出來。故在圖12-5下半部的Lavaan程式碼中，有兩個潛在變數（只有一個共變數），因此只須設定一個標籤就好了，其標籤名稱為「*r1*」。設定好標籤後，將來進行多群組分析時，系統就會針對這些「標籤」進行跨群組的相等性比較。但在實作時，讀者需要注意一點，通常在進行測量恆等性檢驗時，會將因素變異數恆等和因素共變數恆等合併入階段四，也就是階段四的程式碼中，須同時包含圖12-4下半部與圖12-5下半

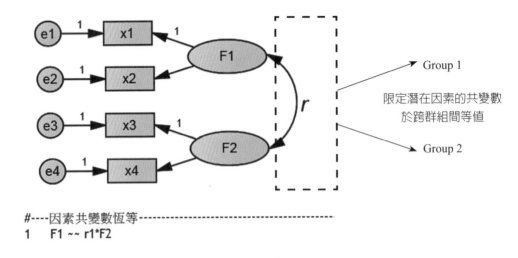

圖12-5　因素共變數恆等示意圖

部程式碼，然後再進行多群組分析。

階段五：測量殘差恆等（Measurement residual invariance）

測量殘差恆等主要在檢驗相同觀察變數（測量題項）的殘差變異數在不同群組間是否等值，如圖12-6。測量殘差恆等在Amos的多群組分析中，則稱爲「Measurement residual」恆等。在測量恆等性的實務研究中，要滿足測量殘差恆等性的要求確實會顯得過於嚴苛，故測量殘差恆等性又有嚴格因素恆等性（Strict factorial invariance）之稱。況且多數實證性研究，其實也不會太關注於測量殘差是否眞的能跨群組等值（Bentler, 2005; Widaman and Reise, 1997）。但根據對期刊論文的統計分析，仍大約有50%的實證性應用研究，檢驗了測量殘差恆等性（Schmitt and Kuljanin, 2008; Vandenberg and Lance, 2000）。

測量殘差恆等的Lavaan程式碼，如圖12-6的下半部。圖12-6的原始測量模型中，包含有四個觀察變數。因此，就會有四個測量殘差（e1、e2、e3與e4），故要先理解如何描述出殘差的變異數。在Lavaan程式中，描述殘差的變異數或共變數時，須使用「~~」運算子，且「~~」左、右兩側須設定爲觀察變數。如果「~~」之左、右兩側的觀察變數相同時，則這個程式碼所描述的就是該觀察變數之測量殘差的變異數。例如：「x1 ~~ x1」就是在描述觀察變數之測量殘差x1的變異數。

具有上述概念後，在測量殘差恆等模型中，由於須設定跨群組「測量殘差之變異數」相等，因此於Lavaan程式碼中須要使用「標籤」，將各觀察變數的測量殘差變異

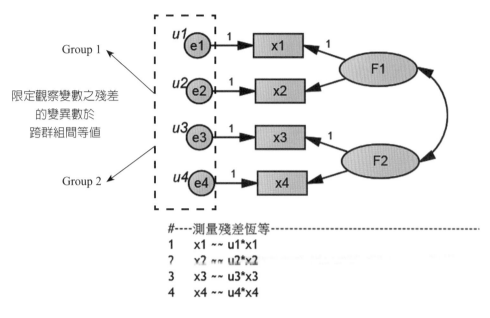

圖12-6　測量殘差恆等示意圖

數標示出來。因爲有四個殘差，故須設定四個標籤，分別爲u1、u2、u3、u4。設定好這些標籤後，將來進行多群組分析時，系統就會針對這些「標籤」進行跨群組的相等性比較。

12-3　檢定測量恆等性的統計方法

在結構方程模型中檢驗測量恆等性時，通常是採用巢套模型（nested model）設計搭配多群組分析技術，此一方法最早由Byrne在1989年提出，其後更有許多學者提出相關的研究。實務上進行測量恆等性時，本書主要將依據Vandenberg and Lance在2000年所建議的流程，其方法策略如下：

基本上，在統計方法的運用上，必須先確認：當各群組樣本皆獲得適配後（即形態恆等成立時），才可以依序檢定前述的各種測量恆等性模型，事實上這些恆等性模型都是屬於同一個巢套模型的。評鑑模型的配適度時，主要將以Chi-Square（χ^2）、NNFI、CFI、RMSEA等四個指標作爲模型評鑑的指標。其中由於χ^2會受樣本數的多寡而影響虛無假設的檢定效力，故當樣本數太大時，χ^2並非實用的統計檢定量。因此學者們建議在此情形之下，可以不用考慮此一指標，但仍須呈現此一指標數值

（Hoyle and Panter, 1995; Hu and Bentler, 1998）。NNFI及CFI則需大於0.90（Hu and Bentler, 1995），RMSEA則需小於0.08（Byrne, 2010）。

首先，形態恆等的檢定主要將以上述四個配適指標為判斷基準，所界定的模型若配適良好，表示不同群組中模型的因素結構是相同的，亦即形態恆等成立。其次，量尺、純量、因素變異數與共變數、測量殘差恆等模型的檢定則如前述，將使用巢套模型。

巢套模型中，必須具有「基線模型」。此「基線模型」即為各恆等模型的比較基礎。在恆等性檢驗中，形態恆等模型即為巢套模型中的「基線模型」。巢套模型的檢定方式是採用卡方值（χ^2）的差異來進行顯著性檢定的。方法是以「較受限模型的卡方值」（例如：量尺恆等模型）減去「較不受限模型的卡方值」（例如：形態恆等模型），此卡方差異值以$\Delta\chi^2$表示之，若$\Delta\chi^2$在自由度Δdf的情況下達「顯著」，則表示恆等性的假設不成立。然而卡方值對樣本數相當敏感，當樣本數很大時，就可能產生較大的$\Delta\chi^2$（Brannick, 1995; Cheung and Rensvold, 2002; Kelloway, 1998），導致於判斷恆等性時產生偏誤。

針對卡方值異常膨脹問題，Cheung and Rensvold（2002）提出了可以使用ΔCFI來作為輔助指標，其用法為「當ΔCFI指標值高於0.01時，代表適配產生有意義的差距。」然而，不少學者卻指出ΔCFI指標太過保守。因為研究顯示，即使p值已經小於0.001了，ΔCFI的改變依然小於0.01（Chen et al., 2005; Mannetti et al., 2002; Ployhart et al., 2003）。這種保守性將容易導致縱使明顯有差異的測量，依然會呈現恆等的結果。基於此，可以參考LISREL指導手冊上的標準（Jöreskog and Sörbom, 1996），即$\Delta\chi^2$值的顯著性小於0.05時，就可不參考其他配適指標，而直接判斷不同分群間不具恆等性（Byrne et al., 1989; Steenkamp and Baumgartner, 1998）。

此外，也有學者採用卡方值差（$\Delta\chi^2$）、ΔTLI與ΔCFI作為檢驗跨群組之恆等性的指標（Wang and Wang, 2012；吳中勤，2014）。$\Delta\chi^2$、ΔTLI與ΔCFI分別為較受限的模型與較不受限的模型間在χ^2、TLI與CFI的差值（Cheung and Rensvold, 2002）。當巢套模型間的$\Delta\chi^2$未達顯著、$\Delta TLI \leq 0.02$、$\Delta CFI \leq 0.01$時，表示模型的恆等性成立（Wang and Wang, 2012）。

12-4　測量恆等性的範例模型介紹

　　本小節中所將介紹的範例是本書作者過去所指導的研究生之碩士論文，論文題目為「背包客探索好奇心之概念化與量表發展」。對一般碩士生而言，以量表發展為主題而撰寫碩論是相當大的挑戰，其過程繁雜、質性與量化工具並用、須多次蒐集樣本等作為，若非極具耐心且統計能力亦具相當水準，實難準時於兩年內完成。

　　為了能確實理解「背包客探索好奇心」的內涵，本研究將開發「背包客探索好奇心量表」（Backpackers Exploratory Curiosity Scale，簡稱BECS量表）。建構BECS量表時，主要將依據DeVellis（2003）與Hinkin、Tracey and Enz（1997）所主張的量表發展典範，此典範不僅簡單明確且廣為學術研究者所採用。圖12-7顯示了詳細的量表建構流程。

步驟一：題項的產生
創造題項，建立題庫

步驟二：內容適切性評估
檢驗題項在概念上的一致性

步驟三：問卷的管理
決定題項數目
決定合適的樣本數
針對已建立好的測量題項，評估其適切性

步驟四：因素分析
因素結構的探索
量表意義的驗證

步驟五：重複驗證
使用新資料來重新檢驗量表之因素結構

步驟六：內在一致性的評估
決定量表的信度

步驟七：建構效度
評估收斂與區別效度

圖12-7　量表發展與分析程序

12-4-1　建立初始題庫（Item Pool）

DeVellis（1991）曾建議，題庫的理想大小為最終量表題項數的四倍或比最終量表題項數大50%以上為原則。為能產生較大的題庫，本研究衡量背包客探索好奇心時所篩選出的初步題項，主要來自兩個管道：

管道一：整理自過去的相關文獻，有的文獻提供在旅遊情境下的新奇、刺激與探索好奇心的觀念，而有的文獻則提供探索好奇心的衡量題項，由此可直接篩選出符合本研究之議題的相關題項。

管道二：經由背包客的深度訪談來發掘題項或確認題項。

因此，在「管道一」中，首先從和好奇心有關的現存量表中蒐集適合的題項。最初題項的來源包含刺激尋求量表（Sensation Seeking Scale）（Zuckerman, 1979）中的刺激與冒險尋求（Thrill and Adventure Seeking, TAS）子量表與經驗尋求（Experience Seeking, ES）子量表、新奇尋求量表（Novelty Seeking Scale, NSS）（Lee and Crompton, 1992）、好奇與探索量表（Curiosity and Exploration Inventory, CEI）（Kashdan et al., 2004）、運動迷探索好奇心量表（Sport Fan Exploratory Curiosity Scale, SFECS）（Park et al., 2010）與國際遊客角色量表（International Tourism Role Scale, ITRS）（Mo, Howard, and Havitz, 1993）。經由「管道一」，而從上述的相關文獻中選取了70個題項。

接續「管道二」，在訪談方面將以焦點團體法進行訪談。訪談對象將針對各大背包客相關論壇、協會網站採取便利抽樣，尋求曾經從事背包旅行經驗豐富的9位自願受訪者（背包客）以焦點團體法進行調查。訪談對象的選取原則包括：(1)出國從事背包旅遊活動經驗較為豐富的背包客（背包旅行三次以上）及經驗較資淺的背包客（背包旅行三次以下）。(2)為了讓訪談過程中能夠讓受訪者間所述內容得以明確，必須對受訪者的背景有所瞭解。因此在取樣上，將篩選出職業類別相似的背包客為優先考慮之訪談對象。最後，經由深度訪談所蒐集到的資料進行內容分析，分析結果顯示背包客對於探索好奇心的看法，僅12個論點為超越先前「管道一」的範圍，因此深度訪談的結果除了作為文獻確認的依據與題目文字修正的參考外，並新增了12個題項。最後，經由上述兩個管道，總計採用了82個題項以供後續研究使用。

雖然題庫中的題項有些冗長，但重複與多餘的題項是重要的（DeVellis, 1991），因為透過量表純化過程（scale purification process），可以將意義重疊或含有不重要或不相關特質的題項予以刪除。因此，考量到發展新量表時重複性

（redundancy）的重要性，期待由82個題項組成的題庫能完全涵蓋背包客探索好奇心的內涵與概念。

這82個題項所組成的問卷，待蒐集實際的樣本資料完成後，將提供給後續量表發展的三個階段所使用。第一個階段（Study 1）的分析，將聚焦於保留具有相關性且識別性良好的題項（預試階段，圖12-7的步驟三）。第二個階段（Study 2）的分析，將探索現有題項間的因素結構（準正式施測，圖12-7的步驟四）。最後，第三個階段（Study 3）的分析，將使用不同於前述兩階段的樣本資料進行驗證分析，並評估因素結構的信度、收斂效度與區別效度（正式施測，圖12-7的步驟五、六、七）。

12-4-2　抽樣計畫

本研究以便利抽樣的方式，於背包客網站、背包客相關論壇、社群網站進行問卷發放。問卷發放對象取自各大背包客相關論壇、協會網站，張貼公告徵求自願填寫問卷之背包客。抽樣期間分為三階段，依序為問卷的預試施測、準正式施測及正式施測；共發放了690份問卷，有效回收為610份問卷，回收結果如表12-1。

表12-1　問卷施測統計表

階段	發放問卷數	有效問卷數	回收率
預試階段	140	116	82.9%
準正式施測	250	228	91.2%
正式施測	300	276	92%
總計	690	620	89.9%

12-4-3　第一個階段分析（Study 1）：項目分析

透過文獻蒐集與焦點團體法進行深度訪談後，統整出82個題項作為本研究的預試問卷並進行預試抽樣，抽樣對象為曾經有背包旅行經驗者140位，經回收問卷後扣除無效問卷，僅存116份有效問卷。

在預試階段將以信度分析法刪除不適切的題項，以提升本問卷的品質。在信度分析的過程中，我們可以得到「修正後的項目總相關」（corrected item-to-total correlation）之數據，可用此一數據來評估預試問卷的可靠度、一致性與穩定度。

Churchill（1979）建議純化測量工具的工作，可由Cronbach's α的計算開始。若題項的「修正後的項目總相關」小於0.3時，那麼這題項不應包含在正式問卷中，則其將被移除，以提升量表的整體信度（Churchill, 1979）。此移除題項之過程為遞迴過程，即當某題項被移除後，則將再次重新計算Cronbach's α值，以便判斷未來是否繼續移除題項。經反覆四次計算Cronbach's α值後，共有61個題項被移除，移除後剩餘題項的Cronbach's α值為0.90，Cronbach's α值已符合一般學術性要求，因此剩餘21個題項被保留，以利未來的因素結構探索。

接著，委請觀光領域的專家學者與經驗豐富的背包客再次審核現存題項的適切性。審核結果建議，有2個題項可予以合併，另外有4個題項被刪除，因為其意涵較不具有表面效度（face validity）。

經專家與實務經驗者再次審核後，題項總數由21題縮減至16題，此外有些題項的遣詞用句也予以修正，以讓題項能清楚表達出其實質意涵。因此，BECS量表中剩餘的16個題項，應已較能滿足表面效度與內容效度的要求了。

最後，在考量理論效度（theoretical validity）的情形下，為了確認社會接觸的意涵是否也可視為一種刺激，導致個體做出好奇心反應，喚起探索行為。因此在下一階段的研究中，將把國際遊客角色量表（Mo et al., 1993）中的社會接觸（social contact）因素（6個題項）納入準正式問卷中。故下一階段的分析中，BECS量表將包含22個題項，這22個題項所組成的問卷即本研究所稱之準正式問卷。

12-4-4　第二個階段分析（Study 2）：探索性因素分析

在量表發展的第二個階段中，將應用前述的準正式問卷（22個題項），再次蒐集樣本資料以評估量表的穩健度（robustness）。本研究將以便利抽樣的方式，蒐集第二次的問卷資料，共蒐集了228份有效問卷，並進行第二階段量表純化的工作。這些資料將進行探索性因素分析，以確認BECS的因素結構。

透過探索性因素分析後，將再刪除4個題項，並萃取出了四個因素。這四個因素總計解釋了83.22%的變異量，其中「興奮感」因素解釋了23.91%的變異量、「旅遊目的地」解釋了22.66%的變異量、「社會接觸」解釋了18.71%的變異量與「觀光事件」解釋了17.94%的變異量。如預期，所有題項的因素負荷量皆大於0.5，且皆能落在其所該隸屬的因素中。在信度分析方面，興奮感因素（5個題項）、旅遊目的地（5個題項）、社會接觸（4個題項）與觀光事件（4個題項）的α值分別為0.96、0.94、0.94與0.92，代表各因素中所包含的題項間皆具有良好的內部一致性。至此，

應可初步確認BECS量表（包含四個因素，18個題項）的發展已獲得令人滿意的結果。

12-4-5　第三個階段分析（Study 3）：驗證性因素分析

在量表發展的最後一個階段中，將使用驗證性因素分析（confirmatory factor analysis, CFA）再次評估BECS量表的因素結構，並檢驗量表的收斂效度與區別效度。此一階段中，以便利抽樣的方式，但針對不同於第一、第二階段的背包客群體，蒐集第三次的問卷資料，共蒐集了276份有效問卷，以進行驗證性因素分析。

一、模型比較（Model comparison）

首先，將以競爭模型策略執行驗證性因素分析以決定最佳模型。在第二階段的分析中，得到一個包含四個因素18個題項的因素結構，為了證明四個因素結構優於其他的模型，本研究將比較五個競爭模型：(1)基線模型（baseline model）；(2)一階單因素模型（one-factor model）；(3)一階四因素直交模型（uncorrelated factors model）；(4)一階四因素斜交模型（correlated factors model）；(5)二階因素模型（hierarchical model）。本研究將使用前一階段分析中所獲得的18個題項建立一系列的巢狀模型（nested model），以使各模型皆具有相同數量的測量指標。

經競爭模型分析後，一階四因素斜交模型之整體評鑑優於其他四個模型，無論是絕對配適指標與相對配適指標，均能通過所要求的可以接受值範圍，顯示一階四因素斜交模型為最佳模型，且已可充分描述「背包客探索好奇心」量表之結構，如圖12-8。

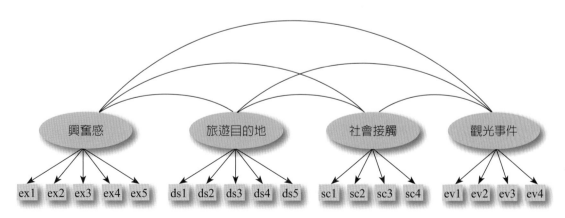

圖12-8　一階四因素斜交模型圖

二、收斂效度

收斂效度是指用來測量相同構面的觀測變項，彼此之間應具備高度的相關性。在評鑑收斂效度之建議值方面，Bentler and Wu（1993）及Jöreskog and Sörbom（1989）建議標準化後殘差值過高或因素負荷量太低的題項應當刪除，保留標準化後因素負荷量在0.45以上者，且各題項的多元相關平方值（squared multiple correlation, SMC），應至少0.50以上（Bagozzi and Yi, 1988），才符合學術上對收斂效度之要求。

基於此，本研究依照上述學者建議各指標之評鑑標準，對測量模型之各題項因素負荷量及顯著性 t 值加以檢測，當因素負荷量滿足0.45以上、SMC值符合0.20以上，及各估計參數 t 值大於1.96，則代表此測量題項達顯著水準。由分析結果顯示，18個觀察變項的標準化因素負荷量介於0.87至0.91間，皆高於0.45之判定準則，且皆達顯著水準（t > 1.96, p < 0.05），而SMC值介於0.75至0.84間皆大於0.20，故本研究之測量模型應具有收斂效度。此外，本研究各構面與各測量指標（問項）的信度係數介於0.75～0.96間高於0.7，且組合信度（composite reliability, CR）（0.93～0.96）與平均變異抽取量（average variance extracted, AVE）（0.77～0.81）亦分別高於Bagozzi and Yi（1988）所建議的標準值0.6（CR）與0.5（AVE）。因此，綜合而言，BECS量表之測量模型的內部一致性大致可被接受。

三、區別效度（discriminant validity）

區別效度是指對兩個不同的構面進行測量，若此兩個構面經相關分析後，其相關程度很低，則表示此兩個構面具有區別效度（Anderson and Gerbing, 1988; Churchill, 1979）。在區別效度檢定方面，本研究之判斷準則為每一個構面的AVE平方根大於各構面的相關係數之個數，至少須佔整體的比較個數75%以上（Hair, Anderson, Tatham, and Black, 1998）。基於此，觀察分析結果可發現，各構面之AVE的平方根介於0.88～0.90，均大於各構面間的相關係數（0.10～0.26），此分析結果顯示各構面皆滿足判斷準則，顯示量表具有區別效度。

四、總結

至此，量表發展過程已告一段落，最後可發現BECS量表包含四個主要構面，分別為興奮感因素（5個題項）、旅遊目的地（5個題項）、社會接觸（4個題項）與觀光事件（4個題項），共18個題項，且各因素中所包含的題項間皆具有良好的內部一

致性。此外，收斂效度與區別效度亦能達到學術要求。至此，更可確認BECS量表的發展已獲得令人滿意的結果。

後續若欲瞭解BECS量表在不同群組間的測量情形，則可進行測量恆等性檢測，以確認BECS量表之每道測量題目對不同族群的受試者而言，都具有相等的意義。

◆◆ 12-5 檢驗測量恆等性的範例 ◆◆

▶ 範例12-1

在第12-4節，「背包客探索好奇心」量表的發展過程中，經歷了三個階段的統計分析後，發現「背包客探索好奇心」量表包含四個主要構面，分別為興奮感（5個題項）、旅遊目的地（5個題項）、社會接觸（4個題項）與觀光事件（4個題項），共18個題項（如圖12-8）。試運用第12-4節中第二階段分析所使用的資料檔（樣本數228）與第三階段所使用的資料檔（樣本數276）此兩組樣本，檢驗「背包客探索好奇心」量表的測量恆等性。（資料檔為becs.jasp）

本範例的測量恆等性檢定，主要將參考第12-3節中Vandenberg and Lance（2000）所建議的檢定流程，故將建立內含五種恆等模型的巢套模型。模型1為形態恆等模型，表示各群組之模型將不做任何的參數限制，而只要求各群組之模型的配適度須良好。由於形態恆等模型是巢套模型的最基本模型，且是各其他巢套模型的比較基礎，故一般又稱之為「基線模型」；模型2為量尺恆等模型，將設定跨群組模型中相對應之觀察變數的因素負荷量等值；模型3為純量恆等模型，將設定跨群組模型中相對應的觀察變數之截距等值；模型4為因素變異數／共變數恆等模型，將設定跨群組模型中相對應之因素變異數／共變數等值；模型5為測量殘差恆等模型，將設定跨群組模型中相對應之觀察變數的殘差變異數等值。

▌12-5-1 建立原始測量模型

首先，參考圖12-8的背包客探索好奇心之一階四因素斜交模型圖，先建立可用於執行的統計模型圖，如圖12-9的模型示意圖。當然，如果讀者若已很熟悉Lavaan語法，其實也不用再參考圖12-9的模型示意圖，而可直接編輯程式碼。繪製圖12-9的主

要目的，就是想讓讀者於編碼時，有個參考依據而已。

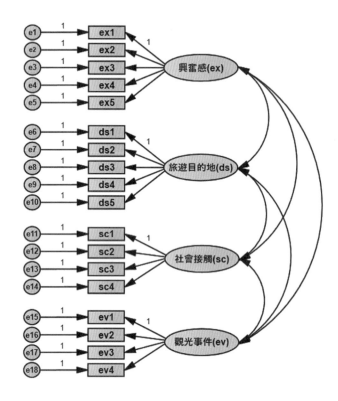

圖12-9　背包客探索好奇心的測量模型示意圖（由Amos軟體所繪製）

　　首先，參考圖12-9的測量模型示意圖，就可建立本範例的測量模型，這個測量模型示意圖只是要輔助讀者編寫Lavaan程式碼而已。當然，讀者也可根據原始的概念性模型圖（如圖12-8）直接編寫Lavaan程式。

　　其實，編寫Lavaan程式很簡單，只要抓住重點不用畫圖也能寫得出來。這些重點就是針對模型中的各個構面，而分別依序描述出各個構面的測量關係（=~）、路徑關係（~）與共變關係（~~）就可以了。例如：本範例所針對的是「背包客探索好奇心」的測量模型，所以不用去描述路徑關係（~），而共變關係（~~）系統則會自動設定。所以讀者只要知道它有四個構面，而且都是屬於一階構面，那麼就可以依序運用「=~」運算子，而描述出每個構面包含哪些題項，這樣就可以建立好「背包客探索好奇心」的測量模型之Lavaan程式碼了，如圖12-10所示。此外，該程式的程式碼也已儲存在檔案「ex12-1_程式碼.txt」中了，請讀者自行運用。

```
#---背包客探索好奇心的測量模型------------------------------
1    ex =~ ex1 + ex2 + ex3 + ex4 + ex5
2    ds =~ ds1 + ds2 + ds3 + ds4 + ds5
3    sc =~ sc1 + sc2 + sc3 + sc4
4    ev =~ ev1 + ev2 + ev3 + ev4
```

圖12-10　背包客探索好奇心之測量模型的Lavaan程式碼

12-5-2　建立測量恆等性模型

本範例的測量恆等性檢定中，將建立內含五種恆等模型的巢套模型。模型1為形態恆等模型（基線模型）、模型2為量尺恆等模型、模型3為純量恆等模型、模型4為因素變異數／共變數恆等模型與模型5為測量殘差恆等模型。以下將依序利用Lavaan程式碼建立各種模型。

模型1：基線模型

參考圖12-1的說明，本範例的基線模型（形態恆等模型）的Lavaan程式，如圖12-11所示。基本上，基線模型就是背包客探索好奇心之原始測量模型，所以其程式碼和圖12-10，一模一樣。

```
#---基線模型(形態恆等)------------------------------
ex =~ ex1 + ex2 + ex3 + ex4 + ex5
ds =~ ds1 + ds2 + ds3 + ds4 + ds5
sc =~ sc1 + sc2 + sc3 + sc4
ev =~ ev1 + ev2 + ev3 + ev4
```

圖12-11　基線模型的Lavaan程式碼

模型2：量尺恆等模型

參考圖12-2的說明，本範例之量尺恆等模型的Lavaan程式，如圖12-12所示。量尺恆等模型中，由於必須限制各觀察變數的因素負荷量跨群組相等，故每個觀察變數（題項）都須加上標籤（例如：fl11、fl12、……、fl44），這些標籤的實質意涵就是代表因素負荷量。只要有設定標籤，JASP在執行多群組分析時，就會自動的把有設定標籤的因素負荷量假設為跨群組相等，並進行檢定。

```
#----量尺恆等------------------------------------
ex =~ fl11*ex1 + fl12*ex2 + fl13*ex3 + fl14*ex4 + fl15*ex5
ds =~ fl21*ds1 + fl22*ds2 + fl23*ds3 + fl24*ds4 + fl25*ds5
sc =~ fl31*sc1 + fl32*sc2 + fl33*sc3 + fl34*sc4
ev =~ fl41*ev1 + fl42*ev2 + fl43*ev3 + fl44*ev4
```

圖12-12　量尺恆等模型的Lavaan程式碼

模型3：純量恆等模型

　　參考圖12-3的說明，本範例之純量恆等模型的Lavaan程式，如圖12-13所示。純量恆等模型中，由於必須限制各觀察變數的截距跨群組相等，故每個觀察變數（題項）的截距前都須加上標籤（例如：i11、i12、……、i44）。特別注意的是，由於截距項屬於路徑系統中的元素，所以描述截距時要使用「~」運算子，而且在Lavaan程式碼中是以「1」來代表觀察變數的截距。每個截距只要有設定標籤，JASP在執行多群組分析時，就會自動的把有設定標籤的截距假設為跨群組相等，並進行檢定。由於屬巢套模型，因此完整的純量恆等模型之Lavaan程式碼，即為圖12-12的Lavaan程式碼，加上本恆等模型之圖12-13的Lavaan程式碼。

```
#----純量恆等------------------------------------
ex1 ~ i11*1
ex2 ~ i12*1
ex3 ~ i13*1
ex4 ~ i14*1
ex5 ~ i15*1

ds1 ~ i21*1
ds2 ~ i22*1
ds3 ~ i23*1
ds4 ~ i24*1
ds5 ~ i25*1

sc1 ~ i31*1
sc2 ~ i32*1
sc3 ~ i33*1
sc4 ~ i34*1

ev1 ~ i41*1
ev2 ~ i42*1
ev3 ~ i43*1
ev4 ~ i44*1
```

圖12-13　純量恆等模型的Lavaan程式碼

模型4：因素變異數／共變數恆等模型

　　參考圖12-4的說明，本範例之因素變異數／共變數恆等模型的Lavaan程式，如圖12-14所示。因素變異數／共變數恆等模型中，由於必須限制各構面的變異數與共變數跨群組相等，故每個構面（因素）的變異數與共變數截距前都須加上標籤（例如：v1～v4；r1～r6）。描述變異數與共變數時，須使用「~~」運算子。每個變異數、共變數只要有設定標籤，JASP在執行多群組分析時，就會自動的把有設定標籤的變異數、共變數假設為跨群組相等，並進行檢定。由於屬巢套模型，因此完整的因素變異數／共變數恆等模型的Lavaan程式碼，即為圖12-12的Lavaan程式碼，加上圖12-13的Lavaan程式碼，再加上本恆等模型之圖12-14的Lavaan程式碼。

```
#----因素變異數恆等-------------------------------
ex ~~ v1*ex
ds ~~ v2*ds
sc ~~ v3*sc
ev ~~ v4*ev

#----因素共變數恆等-------------------------------
ex ~~ r1*ds
ex ~~ r2*sc
ex ~~ r3*ev
ds ~~ r4*sc
ds ~~ r5*ev
sc ~~ r6*ev
```

圖12-14　因素變異數／共變數恆等模型的Lavaan程式碼

模型5：測量殘差恆等模型

　　參考圖12-6的說明，本範例之測量殘差恆等模型的Lavaan程式，如圖12-15所示。測量殘差恆等模型中，由於必須限制各觀察變數的殘差變異數跨群組相等，故每個觀察變數的殘差變異數前都須加上標籤（例如：u11、u12、……、u44）。描述殘差變異數時，也須使用「~~」運算子。每個殘差變異數只要有設定標籤，JASP在執行多群組分析時，就會自動的把有設定標籤的殘差變異數假設為跨群組相等，並進行檢定。由於屬巢套模型，因此完整的測量殘差恆等模型的Lavaan程式碼，即為圖12-12的Lavaan程式碼，加上圖12-13、圖12-14的Lavaan程式碼，最後再加上本恆等模型之圖12-15的Lavaan程式碼。

```
#----測量殘差恆等--------------------------------------------------
ex1 ~~ u11*ex1
ex2 ~~ u12*ex2
ex3 ~~ u13*ex3
ex4 ~~ u14*ex4
ex5 ~~ u15*ex5

ds1 ~~ u21*ds1
ds2 ~~ u22*ds2
ds3 ~~ u23*ds3
ds4 ~~ u24*ds4
ds5 ~~ u25*ds5

sc1 ~~ u31*sc1
sc2 ~~ u32*sc2
sc3 ~~ u33*sc3
sc4 ~~ u34*sc4

ev1 ~~ u41*ev1
ev2 ~~ u42*ev2
ev3 ~~ u43*ev3
ev4 ~~ u44*ev4
```

圖12-15　測量殘差恆等模型的Lavaan程式碼

在JASP中，執行「結構方程模型」功能，然後以巢套模型的方式，在各模型中輸入上述五種模型的Lavaan程式碼，就可順利的進行測量恆等性檢測。詳細操作過程，讀者亦可自行參閱教學影音檔「ex12-1.mp4」。

12-5-3　測量恆等性檢測

在進行多群組測量恆等性檢驗之前，將先遵照Jöreskog and Sörbom（1996）的建議，先進行單樣本模型的配適度檢驗。其實，此單樣本模型的配適度檢驗，就是在驗證形態恆等模型。

一、單樣本模型的配適度檢驗

根據Jöreskog and Sörbom（1996）的二階段檢驗程序，唯有個別群組的模型配適良好的情形下，才能進行多群組結構方程模型的恆等性檢驗。而所謂個別群組的結

構方程模型之配適度檢驗，是指研究者必須先建立三個只包含單一群組的結構方程模型，這三個模型分別為全體樣本（即第二階段樣本和第三階段樣本合併後所形成的樣本）的模型、第二階段樣本的模型與第三階段樣本的模型，且這三個單樣本模型的配適度都須達到一般學術論文所要求的水準，這樣才能達成形態恆等的目的。

雖然，要製作三個結構方程模型看似複雜，不過不用太緊張，其實只要建立一個模型就可以了，但在執行過程中會進行樣本資料的更替。也就是說，其實這三個模型的Lavaan程式碼是一模一樣的，只是更換所讀取的資料而已。三個結構方程模型的詳細操作過程，讀者亦可自行參閱教學影音檔「ex12-1.mp4」。

三個單樣本模型都執行完成後，可彙整各模型的配適度指標而整理成表12-2，以利後續的配適度評鑑工作。觀察表12-2，可發現三個單樣本模型之卡方值的顯著性都大於0.05，顯見「樣本資料配適模型」。其次，無論從絕對配適指標、增量配適指標與精簡配適指標來看，三個單樣本模型的配適度指標都相當高，亦再次說明了三個單樣本模型的配適度應已達一般學術論文可接受的水準。這現象也代表基線模型，也就是形態恆等性成立。在此情形下，後續我們即可進行各種巢套模型的多群組測量恆等性檢驗了。

表12-2　單樣本模型配適度指標檢核表

統計檢定量		標準值	全樣本	第二階段	第三階段
絕對配適指標	χ^2	越小越好	137.789（df=129, p=0.282）	136.868（df=129, p=0.301）	148.989（df=129, p=0.110）
	χ^2/df	1～5之間	1.068	1.061	1.155
	GFI	大於0.9	0.994	0.987	0.987
	SRMR	小於0.08	0.021	0.035	0.025
	RMSEA	小於0.08	0.012	0.016	0.024
增量配適指標	NFI	大於0.9	0.984	0.964	0.970
	NNFI	大於0.9	0.999	0.997	0.995
	CFI	大於0.9	0.999	0.998	0.996
	RFI	大於0.9	0.981	0.958	0.964
	IFI	大於0.9	0.999	0.998	0.996
精簡配適指標	PNFI	大於0.5	0.830	0.813	0.818
	CN	大於200	572.334	260.572	289.878

二、多群組測量恆等性檢驗

單樣本模型的配適度已符合Jöreskog and Sörbom（1996）設定的原則後，接下來就可以建立巢套模型（內含五種恆等模型），並執行多群組結構方程模型分析了。執行成功後產生的報表相當多，故仍須先進行報表彙整工作，以利後續之結論製作。

執行完多群組結構方程模型分析後，首先進行巢套模型的絕對配適度比較（卡方值比較），如表12-3。在此，將先觀察「較受限模型的卡方值」和「較不受限模型的卡方值」的卡方差異值（$\Delta\chi^2$）。如果卡方差異值的機率p值（顯著性）大於0.05，則可認為「較受限模型的卡方值」和「較不受限模型的卡方值」是沒有顯著差異的，則恆等性成立。例如：「較受限模型的卡方值」是「模型2」（量尺恆等模型），「較不受限模型的卡方值」是「模型1」（基線模型）時，「模型2」和「模型1」的卡方差異值為9.692，在自由度差值為14的情況下，其機率p值為0.784，大於0.05，不顯著，故可研判量尺恆等性成立。依此原則，檢視各巢套模型的卡方差異值可發現，量尺恆等模型、純量恆等模型、因素變異數／共變數恆等模型、測量殘差恆等模型的卡方差異值檢定，皆為不顯著（四個顯著性皆大於0.05），代表著量尺恆等、純量恆等、因素變異數／共變數恆等與測量殘差恆等性皆成立。整體而言，「背包客探索好奇心」的測量恆等性是存在的。

表12-3　測量恆等巢套模型比較表

	AIC	BIC	樣本數	基底模式檢定			差異檢定		
				χ^2	自由度	p值	$\Delta\chi^2$	Δ自由度	p值
模式1	24618.028	25124.737	504	285.857	258	0.112			
模式2	24599.760	25047.353	504	295.550	272	0.156	9.692	14	0.784
模式3	24579.053	24950.640	504	310.781	290	0.192	15.231	18	0.646
模式4	24565.171	24894.532	504	316.875	300	0.241	6.093	10	0.807
模式5	24538.082	24791.437	504	325.749	318	0.370	8.875	18	0.963

接著，遵照Wang and Wang（2012）的建議，利用巢套模型的ΔTLI與ΔCFI來觀察恆等性的成立與否。首先必須從JASP的眾多報表中，彙整「測量恆等巢套模型比較表」（表12-3）與「配適度指標」表（表12-2）成「測量恆等性檢驗表」，如表12-4所示。

表12-4　測量恆等性檢驗表

模型	$\chi^2(df)$	$\Delta\chi^2(\Delta df)$	p值	CFI	ΔCFI	TLI	ΔTLI
模型1 　　　基線模型	285.857（258）	—	0.112	0.997		0.996	
模型2 　　　量尺恆等	295.550（272）	9.692（14）	0.784	0.997	0.000	0.997	0.001
模型3 　　　純量恆等	310.781（290）	15.231（18）	0.646	0.998	0.001	0.997	0.000
模型4 因素變異數／共變數恆等	316.875（300）	6.093（10）	0.807	0.998	0.000	0.998	0.001
模型5 　　　測量殘差恆等	325.749（318）	8.875（18）	0.963	0.999	0.001	0.999	0.001

　　表12-4顯示所有巢套模型之$\Delta\chi^2$的顯著性皆大於0.05，且ΔCFI皆小於0.01、ΔTLI皆小於0.02，因此可接受「背包客探索好奇心」量表在不同的背包客間具有「量尺恆等」、「純量恆等」、「因素變異數／共變數恆等」及「測量殘差恆等」之特質。表示同一母群體之不同背包客在「背包客探索好奇心」量表之得分具有測量恆等性之特徵，即「背包客探索好奇心」量表具有跨樣本的有效性及穩定性之意。

　　最後，以相同的樣本資料與巢套模型，在結構方程模型的專業軟體「Amos」中，進行測量恆等性檢驗，以便能觀察JASP和Amos之執行結果的差異性。Amos的執行結果，如圖12-16所示，比對表12-4後可發現，JASP和Amos之執行結果只在卡方值的數值計算上顯示些微的差異外，其餘各項配適度指標則是完全相同。由此顯見，JASP執行成果的可靠度與正確性。然而，若以JASP進行結構方程模型分析的方便性、簡捷性而言，Amos眞的是看不到JASP的車尾燈啊！

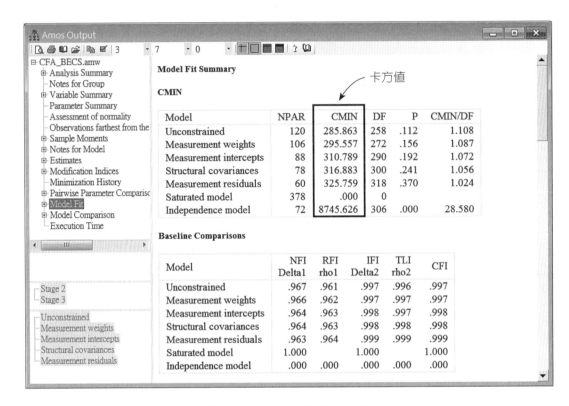

圖12-16　Amos的執行結果

12-6　模型泛化簡介

　　多群組分析中，通常會將原始的樣本依特定的類別型變數而分群（通常分為兩群），然後再比較各分群中測量模型或結構模型中的各種參數（如因素負荷量、路徑係數）是否相等。如果多群組分析的目的是檢測測量模型中的各種參數是否相等時，通常稱之為測量恆等性檢測或測量一致性（measurement equivalence）檢測（如第12-1至12-5節的內容介紹）。而用於檢測結構模型中各路徑係數是否跨群組等值時，則稱為模型泛化（model generalization）的檢測。

　　恆等性的概念若被使用在結構模型時，其討論的議題則大部分是在檢測研究者所開發之模型的可泛化程度（generalizability）或穩健程度。所謂模型的可泛化程度意味著概念性模型，不會因受訪者特質（性別、學歷……）、抽樣地點的差異而產生變化，即模型中各構面間的路徑關係會恆久不變之意。一般運用結構模型分析的論文，常於蒐集一個資料集後，即開始驗證研究者所建立的概念性模型（假設模型），

從而獲致分析結果，進而驗證各構面之因果關係是否顯著，再透過與文獻對話而進行討論，最後論述具體研究成果與意涵。然而，卻也不難發現這類論文的研究限制常出現類似下列的文字敘述。基本上，這些限制其實都屬於模型的泛化（或稱概化、一般化）問題。

一、本研究採用立意抽樣法以尋找已婚之自行車活動參與者爲研究對象。在此抽樣方式下，研究結果的推廣性難免受限。

二、本研究之活動對象爲自行車活動參與者，可能無法概化至所有遊憩活動，後續研究可進一步延伸至其他遊憩活動參與者，並藉以檢驗研究模式的效度延展性。

三、本研究僅針對中部地區自行車活動參與者進行調查研究，並未包含其他地區之自行車活動參與者，後續研究可考慮將研究對象擴展至其他地區之自行車活動參與者，以探討研究模式的適用性。

有趣的是，研究者明知這些問題都屬模型的泛化問題，然而卻也未曾於其論文中檢驗泛化問題。最主要的原因或許在於，研究者驗證出所提出的概念性模型後，已經有氣無力了，實在懶得再去蒐集另一群組的資料集來檢驗泛化問題；也或許怕冒風險，因爲資料具有隨機性，新蒐集的資料集於檢驗泛化問題時不一定能成功，而避免落入「了時又了工」、「拿磚塊砸腳」的窘境；更大的原因，也或許研究者認爲能以目前的研究爲基礎，由泛化問題而可再衍生出另一篇論文也說不定。

12-7 檢驗模型泛化的範例

▶ 範例12-2

陳同學完成論文〈第一線服務人員工作熱情與情緒耗竭關係之研究：情緒勞務策略的中介角色〉之資料蒐集（高雄樣本，260份有效樣本）後，即刻進行統計分析，待論文完稿後，隨即投稿某國際知名期刊。2個月後，收到期刊首次的審核意見。其中，有位匿名審核者提出了下列問題：

The paper deals with an interesting topic, but at this stage I do not have the impression that it is suitable for publication. I would elaborate on the theoretical background as well as the empirical study. Especially, a second study is desirable to see whether the results can be replicated. Moreover, a second data collection would offer the possibility to integrate moderators and additional dependent variables, and thus, increase the paper's contribution.

試問，陳同學該如何回應審核者的意見？

　　當然，期刊投稿過程中審核者的意見，也是見仁見智。不過，對於投稿者來說，為了稿件能被接受，投稿者應有的認知是「審核者最大，遵從便是」。

　　陳同學閱讀了審核者上述的審核意見，尤其是「whether the results can be replicated」這句話後，當下心就死了一半，因為遇到大麻煩了。原因在於，審核者的重點就是在質疑陳同學於論文中所建立之概念性模型的泛化問題。原則上，要解決這類的模型泛化問題，必須再蒐集一份異質性的資料集（如調查地點不同），然後再配適概念性模型一次，看看兩次結果中各路徑係數是否具有差異性；若差異性顯著不存在，那麼就可推論概念性模型具有泛化性，亦即模型穩健，可一般化、概化至不同的調查群組中。

　　這真是個須要花時間、體力、耐力與心力，而且還不一定有好結果的任務啊！但是「做雞著筅，做人著反」，人在屋簷下不得不低頭呀！認命吧！於是，陳同學只得再到另一地點（臺中），重新再進行問卷調查一次，且總共蒐集了298份有效樣本，經分析完成後寄修訂版回期刊。不久後，陳同學又再次收到了新的審核意見，如下：

Thank you for your adaptations which are totally fine to me. I have one minor issue: I would appreciate more information on sample 1 and sample 2, and how they are related or differ.

　　這當然是值得慶祝啦！因為再小修、補充說明一下，高雄樣本和臺中樣本的差異性後，一篇頂級SSCI論文就到手了啊！接下來，就來示範陳同學檢驗模型泛化的過程吧！

　　首先，讀者應先瞭解一下論文〈第一線服務人員工作熱情與情緒耗竭關係之研究：情緒勞務策略的中介角色〉的相關說明，這些說明請讀者自行回顧第10-5-1節。論文的原始資料有兩份：一份是從高雄地區所蒐集的樣本資料，共有260份有效樣本（資料檔為高雄.csv）；另一份為因應審核者檢驗泛化問題的需求，再從臺中地區所蒐集而來的樣本資料，共有298份有效樣本（資料檔為臺中.csv）。

　　上述的兩個原始資料集中，除「工作熱情」、「情緒勞務策略」與「情緒耗竭」等構面之主要題項（共34題）外，尚包含了「性別」（gender）、「婚姻狀況」（marital_status）、「年齡」（age）、「教育」（education）、「年資」（seniority）等類別型受訪者基本資料。這些類別型的資料，為了將來能進行多群組分析，已將其值進行分組規劃，例如：性別分為女（1）、男（2）兩組；婚姻狀況分為未婚（1）、已婚（2）兩組；年齡分為20歲以下（1）、20歲（含）以上（2）兩組；教育程度分為大學以下（1）、大學（含）以上（2）兩組；年資分為一年以

下（1）、一年（含）以上（2）兩組。最後，爲了將來檔案合併後能分辨樣本的來源，因此於資料檔中新增了一個變數「調查地點」（place），其值爲1時，代表高雄；2則代表臺中。

　　爲了能運用多群組分析方式驗證模型的泛化性，須先將兩個資料集合併。合併後的檔案將命名爲「Passion_all.csv」。待讀入JASP後，將存檔爲「Passion_all.jasp」。進行多群組分析時，模型將配適「Passion_all.jasp」，然後以六個類別變數（調查地點、性別、婚姻狀況、年齡、教育、年資）分別當作分組變數，以檢驗跨群組（兩群）間，結構模型的所有路徑係數是否全部相等（模型泛化性）。

12-7-1　編寫模型的Lavaan程式碼

　　論文的概念模型圖與結構模型圖，讀者可參閱圖10-7與圖10-8。根據圖10-7與圖10-8就可編寫結構模型的Lavaan程式。這個程式碼在範例10-3中已編寫完成，如圖10-9。

　　然而，運用多群組分析技術檢驗模型的泛化性時，實務上的作法將使用「不受限模型」和「受限模型」的卡方值差異（$\Delta\chi^2$）之顯著性，來判斷模型中的八個路徑係數是否能跨群組等值。若$\Delta\chi^2$爲顯著時，代表跨群組之路徑係數不相等，因此模型的泛化性就不存在；而若$\Delta\chi^2$爲不顯著時，則代表跨群組的路徑係數相等，因此模型就具有泛化性。

　　例如：以「調查地點」（place）爲分群變數時，模型將被分爲高雄、臺中兩群，所謂的不受限模型就是範例10-3中所建立的原始模型（圖10-9的Lavaan程式碼）。在不受限模型中，高雄、臺中各自的模型之八個直接路徑全部不做任何限制而自由估計，但是在受限模型中則會將兩分群模型中的八個直接路徑全部假設爲相等。因此，爲了能建立路徑係數相等的假設，就必須先爲各群組中的八個路徑分別設定標籤。

　　在目前的模型中，共有八條因果關係路徑，分別爲「諧和式熱情→情緒耗竭」、「諧和式熱情→深層演出策略」、「諧和式熱情→表層演出策略」、「強迫式熱情→深層演出策略」、「強迫式熱情→表層演出策略」、「強迫式熱情→情緒耗竭」、「深層演出策略→情緒耗竭」與「表層演出策略→情緒耗竭」。因此，在Lavaan程式中，必須爲這八條因果關係路徑分別設定標籤，只要有設定標籤JASP在執行多群組分析時，就會自動的把有設定標籤的路徑假設爲跨群組相等，並進行檢

定。然而，在範例10-3的Lavaan程式碼中，由於要進行多重中介效果檢定，因此已經為這八條因果關係路徑加上標籤了，所以本範例的Lavaan程式碼會和圖10-9（ex10-3_程式碼.txt）幾乎一模一樣。差異只在「受限模型」中，不用計算間接效果與總效果，因此只要將圖10-9的第10列至第15列刪除，就可建立好「受限模型」的Lavaan程式。另外，要注意的是建立「不受限模型」時，由於並不假設各路徑係數跨群組相等，因此編寫「不受限模型」的Lavaan程式時，則須要把八條因果關係路徑上的標籤刪除掉。

「不受限模型」與「受限模型」的Lavaan程式已儲存在檔案「ex12-2_程式碼.txt」中了。使用時請讀者直接開啟它，然後複製到「結構方程模型」功能中，即可建立好「不受限模型」與「受限模型」。

建立「不受限模型」與「受限模型」的多群組分析過程，讀者可直接參閱教學影音檔「ex12-2.mp4」。

12-7-2 分析結果的撰寫

由於跨群組檢驗八條路徑之恆等性時，將以六個類別變數（調查地點、性別、婚姻狀況、年齡、教育程度、年資）分別當作分組變數，所以，多群組分析過程將執行六次。進行報告時，可將六次的分析結果整理成如表12-5的路徑係數恆等性檢驗表。

表12-5 路徑係數恆等性檢驗表

分群變數	$\Delta\chi^2(df)$	p值	ΔCFI	ΔTLI	顯著否
調查地點	6.313（8）	0.612	0.000	0.000	不顯著
性別	4.933（8）	0.765	0.000	-0.001	不顯著
婚姻狀況	12.235（8）	0.141	0.000	0.000	不顯著
年齡	13.989（8）	0.082	0.001	0.000	不顯著
教育程度	14.039（8）	0.081	0.000	0.000	不顯著
年資	7.533（8）	0.480	0.000	0.000	不顯著

總結

　　本範例的主要目的在於檢驗概念性模型是否具有泛化性。為能順利進行多群組分析，共蒐集了兩個資料集，一個是高雄資料集，包含有260個樣本；另一個為臺中資料集，包含有298個樣本。概念性模型中共有八個假設路徑，為證明概念性模型之可泛化性（也就是證明這八個假設路徑之路徑係數在不同的分群中，都不會具有顯著性的差異），研究者除以調查地點進行分群外，另對受訪者的基本屬性進行分群，如性別、婚姻狀況、年齡、教育程度、年資等。多群組分析時，即檢驗八個假設路徑之路徑係數，不會因群組不同而產生顯著性差異，檢驗結果如表12-5。由表12-5可明顯看出，經「調查地點」、「性別」、「婚姻狀況」、「年齡」、「教育程度」、「年資」等分群進行多群組分析後，可發現八個分群變數，其$\Delta\chi^2$的顯著性皆大於0.05，且ΔCFI皆小於0.01、ΔTLI皆小於0.02。因此，不受限模型和受限模型是沒有顯著差異的，也就是說，結構模型的八個路徑係數，確實並不會因分群而產生差異，顯見概念性模型具有可泛化性，或可稱模型具有可複製性（model replication）。

習 題

 練習12-1

附錄五為「電信業服務品質問卷」之正式問卷，該問卷之初稿主要是參考 SERVQUAL量表建構而成。經進行探索性因素分析與驗證性因素分析後（範例7-2與 範例7-3），「電信業服務品質」量表的因素結構，如圖7-4。試運用範例7-2的樣本 資料（樣本數338個，其原始資料如資料檔ex7-2.csv）與範例7-3的樣本資料（樣本數 278個，其原始資料如資料檔ex7-3.csv）這兩組樣本，檢驗「電信業服務品質」量表 的測量恆等性。

附錄一　品牌形象、知覺價值與品牌忠誠度關係之研究（正式問卷）

一、問卷內容

問卷編號：＿＿＿＿＿＿＿＿＿

親愛的先生、小姐您好：

　　這是一份學術性的研究問卷，目的在瞭解品牌形象、知覺價值與品牌忠誠度的影響程度，您的寶貴意見，將是本研究成功的最大關鍵。問卷採不記名方式，全部資料僅作統計分析之用，絕不對外公開，請安心填寫。懇請您撥幾分鐘協助填答問卷，謝謝您的熱心參與。

　　敬祝您　順心如意

研究所

指導教授：　　　博士

研究生：　　　敬上

※請針對您的服務經驗，回答下列相關問項，請於□中打「✓」，謝謝！

第一部分：品牌形象	極不同意	很不同意	不同意	普通	同意	很同意	極為同意
1. 85度C的產品風味很特殊。（bi1_1）	□	□	□	□	□	□	□
2. 85度C的產品很多樣化。（bi1_2）	□	□	□	□	□	□	□
3. 85度C和別的品牌有明顯不同。（bi1_3）	□	□	□	□	□	□	□
4. 85度C很有特色。（bi2_1）	□	□	□	□	□	□	□
5. 85度C很受歡迎。（bi2_2）	□	□	□	□	□	□	□
6. 我對85度C有清楚的印象。（bi2_3）	□	□	□	□	□	□	□
7. 85度C的經營者正派經營。（bi3_1）	□	□	□	□	□	□	□
8. 85度C形象清新。（bi3_2）	□	□	□	□	□	□	□
9. 85度C讓人聯想到品牌值得信任。（bi3_3）	□	□	□	□	□	□	□

第二部分：知覺價值	極不同意	很不同意	不同意	普通	同意	很同意	極為同意
1. 我認為85度C的產品，其品質是可以接受的。（pv1_1）	☐	☐	☐	☐	☐	☐	☐
2. 我不會對85度C之產品的品質，感到懷疑。（pv1_2）	☐	☐	☐	☐	☐	☐	☐
3.85度C之產品的品質，常讓我感到物超所值。（pv1_3）	☐	☐	☐	☐	☐	☐	☐
4. 我會想使用85度C的產品。（pv2_1）	☐	☐	☐	☐	☐	☐	☐
5. 使用85度C的產品後，會讓我感覺很好。（pv2_2）	☐	☐	☐	☐	☐	☐	☐
6. 使用85度C的產品後，能讓其他人對我有好印象。（pv2_3）	☐	☐	☐	☐	☐	☐	☐
7. 我的好友們，和我一樣，都喜歡購買85度C的產品。（pv2_4）	☐	☐	☐	☐	☐	☐	☐
8. 我認為85度C的產品價格不甚合理。（pv3_1）	☐	☐	☐	☐	☐	☐	☐
9. 我認為以此價格購買85度C的產品是不值得的。（pv3_2）	☐	☐	☐	☐	☐	☐	☐
10. 我認為85度C的產品，CP值很高。（pv3_3）	☐	☐	☐	☐	☐	☐	☐
11. 相較於其他價位相近產品，我會選擇購買85度C的產品。（pv3_4）	☐	☐	☐	☐	☐	☐	☐
第三部分：品牌忠誠度	極不同意	很不同意	不同意	普通	同意	很同意	極為同意
1. 購買85度C的產品對我來說是最好的選擇。（ly1）	☐	☐	☐	☐	☐	☐	☐
2. 我是85度C的忠實顧客。（ly2）	☐	☐	☐	☐	☐	☐	☐
3. 當我有需求時，我會優先選擇85度C。（ly3）	☐	☐	☐	☐	☐	☐	☐
4. 我願意繼續購買85度C的產品。（ly4）	☐	☐	☐	☐	☐	☐	☐
5. 我會向親朋好友推薦85度C的產品。（ly5）	☐	☐	☐	☐	☐	☐	☐

第四部分：基本資料，請於□中打「✓」

1. 性別：　　　　　□ 女　　　□ 男

2. 婚姻狀況：　　□ 未婚　□ 已婚

3. 年齡：　　　　□ 20歲以下　　　□ 21～30歲　　　□ 31～40歲　　　□ 41～50歲　　　□ 51～60歲
　　　　　　　　□ 61歲以上

4. 目前職業：　　□ 軍公教　　　　□ 服務業　　　　□ 製造業　　　□ 買賣業　　　□ 自由業
　　　　　　　　□ 家庭主婦　　　□ 學生　　　　　□ 其他（請註明＿＿＿＿＿）

5. 教育程度：　　□ 國小（含）以下　□ 國中　□ 高中（職）　　□ 專科　□ 大學
　　　　　　　　□ 研究所（含）以上

6. 平均月收入：　□ 15,000元以下　　　□ 15,001～30,000元　　□ 30,001～45,000元
　　　　　　　　□ 45,001～60,000元　□ 60,001～75,000元　　□ 75,001～90,000元
　　　　　　　　□ 90,001～120,000元　□ 120,001元以上

7. 您認為85度C的哪些特色很吸引您？
　　□ 咖啡　□ 糕點　□ 服務　□ 氣氛

本問卷到此結束，非常感謝您的耐心填答，謝謝！

附錄二　遊客體驗、旅遊意象與重遊意願關係之研究

一、問卷內容

問卷編號： _____

> 親愛的先生、小姐您好：
>
> 　　這是一份學術性的研究問卷，目的在瞭解遊客體驗、旅遊意象對重遊意願的影響程度，您的寶貴意見，將是本研究成功的最大關鍵。問卷採不記名方式，全部資料僅作統計分析之用，絕不對外公開，請安心填寫。懇請您撥幾分鐘協助填答問卷，謝謝您的熱心參與。
>
> 　　敬祝您　順心如意
>
> 　　　　　　　　　　　　　　　　　　　　　　　　　　　　研究所
>
> 　　　　　　　　　　　　　　指導教授：　　　　　博士
>
> 　　　　　　　　　　　　　　研究生：　　　　　敬上

※請針對您的服務經驗，回答下列相關問項，請於□中打「✓」，謝謝！

第一部分：遊客體驗	極不同意	很不同意	不同意	普通	同意	很同意	極為同意
1. 秀麗的山水風景，非常吸引我。	□	□	□	□	□	□	□
2. 豐富的歷史文物，非常吸引我。	□	□	□	□	□	□	□
3. 我覺得這次旅遊，非常富有趣味。	□	□	□	□	□	□	□
4. 我覺得這次旅遊，行程豐富精彩。	□	□	□	□	□	□	□
5. 看到美麗的景緻，令我心情放鬆。	□	□	□	□	□	□	□
6. 看到豐富的文物，能激發我思古之情。	□	□	□	□	□	□	□
7. 看到美麗的景緻，讓我感到歡樂愉快。	□	□	□	□	□	□	□
8. 當地的景色，令我感動。	□	□	□	□	□	□	□

項目	極不同意	很不同意	不同意	普通	同意	很同意	極為同意
9. 當地歷史文物，令我感動。	☐	☐	☐	☐	☐	☐	☐
10. 透過這次旅遊，頗發人省思，令我有所思考。	☐	☐	☐	☐	☐	☐	☐
11. 透過這次旅遊，引發我的好奇心。	☐	☐	☐	☐	☐	☐	☐
12. 透過這次旅遊，引發我去做一些聯想或靈感的啟發。	☐	☐	☐	☐	☐	☐	☐
13. 透過這次旅遊，能激發我創意思考。	☐	☐	☐	☐	☐	☐	☐
14. 看到美景，我很想分享觀賞的心得。	☐	☐	☐	☐	☐	☐	☐
15. 看到歷史文物，我很想分享觀賞的心得。	☐	☐	☐	☐	☐	☐	☐
16. 看到美景，我很想拍照、錄影留念。	☐	☐	☐	☐	☐	☐	☐
17. 看到歷史建物，我很想拍照、錄影留念。	☐	☐	☐	☐	☐	☐	☐
18. 我會想購買與當地相關的紀念品。	☐	☐	☐	☐	☐	☐	☐
19. 透過這次旅遊，讓我產生環境維護的認同感。	☐	☐	☐	☐	☐	☐	☐
20. 會因美麗的景緻，而聯想到西拉雅國家風景區。	☐	☐	☐	☐	☐	☐	☐
21. 透過這次旅遊，西拉雅會成為我平常談論的話題。	☐	☐	☐	☐	☐	☐	☐

第二部分：旅遊意象	極不同意	很不同意	不同意	普通	同意	很同意	極為同意
1. 自然風景優美。	☐	☐	☐	☐	☐	☐	☐
2. 平埔族文化保存良好。	☐	☐	☐	☐	☐	☐	☐
3. 知名度高。	☐	☐	☐	☐	☐	☐	☐
4. 開車環湖賞景令人愉悅。	☐	☐	☐	☐	☐	☐	☐
5. 整體氣氛令人心情放鬆。	☐	☐	☐	☐	☐	☐	☐
6. 通往本風景區之交通便利。	☐	☐	☐	☐	☐	☐	☐
7. 遊憩安全設施良好。	☐	☐	☐	☐	☐	☐	☐
8. 地方公共服務設施完善。	☐	☐	☐	☐	☐	☐	☐
9. 整體旅遊環境乾淨。	☐	☐	☐	☐	☐	☐	☐
10. 旅遊資訊充足。	☐	☐	☐	☐	☐	☐	☐
11. 相關服務人員能提供遊客迅速且即時的服務。	☐	☐	☐	☐	☐	☐	☐
12. 區內相關服務人員的服務態度良好。	☐	☐	☐	☐	☐	☐	☐
13. 旅遊活動的各項安排均能提供遊客便利。	☐	☐	☐	☐	☐	☐	☐
14. 個人平均旅遊花費價格合理。	☐	☐	☐	☐	☐	☐	☐
15. 收費合理。	☐	☐	☐	☐	☐	☐	☐

第三部分：重遊意願	極不同意	很不同意	不同意	普通	同意	很同意	極為同意
1. 到西拉雅風景區旅遊，對我來說是最好的選擇。	☐	☐	☐	☐	☐	☐	☐
2. 我將會是西拉雅風景區的忠實遊客。	☐	☐	☐	☐	☐	☐	☐
3. 當我有旅遊需求時，我會優先選擇西拉雅風景區。	☐	☐	☐	☐	☐	☐	☐
4. 我願意繼續到西拉雅風景區旅遊。	☐	☐	☐	☐	☐	☐	☐
5. 我會向親朋好友推薦到西拉雅風景區。	☐	☐	☐	☐	☐	☐	☐

第四部分：基本資料，請於☐中打「✓」

1. 性別： ☐ 女 ☐ 男

2. 婚姻狀況： ☐ 未婚 ☐ 已婚

3. 年齡： ☐ 20歲以下 ☐ 21～30歲 ☐ 31～40歲 ☐ 41～50歲 ☐ 51～60歲
☐ 61歲以上

4. 目前職業： ☐ 軍公教 ☐ 服務業 ☐ 製造業 ☐ 買賣業 ☐ 自由業
☐ 家庭主婦 ☐ 學生 ☐ 其他（請註明_____）

5. 教育程度： ☐ 國小（含）以下 ☐ 國中 ☐ 高中（職） ☐ 專科 ☐ 大學
☐ 研究所（含）以上

6. 平均月收入： ☐ 15,000元以下 ☐ 15,001～30,000元 ☐ 30,001～45,000元
☐ 45,001～60,000元 ☐ 60,001～75,000元 ☐ 75,001～90,000元
☐ 90,001～120,000元 ☐ 120,001元以上

7. 請問您認為西拉雅風景區有哪些特色？（可複選）
☐ 平埔族文化 ☐ 風景優美 ☐ 交通便利 ☐ 旅遊資訊充足

8. 請在下列的國家風景區中，指出三個您最常去的風景區？並請依到訪頻率的高低，標示出1、2、3的次序（1為最常去）：
☐ 大鵬灣 ☐ 日月潭 ☐ 西拉雅 ☐ 阿里山 ☐ 北海岸 ☐ 參山 ☐ 嘉南濱海

本問卷到此結束，非常感謝您的耐心填答，謝謝！

附錄三　景觀餐廳意象、知覺價值與忠誠度：轉換成本的干擾效果

一、問卷內容

問卷編號：＿＿＿＿＿＿＿＿＿＿

親愛的先生、小姐您好：

　　這是一份學術性的研究問卷，目的在瞭解景觀餐廳意象、知覺價值、忠誠度與轉換成本的關係，您的寶貴意見，將是本研究成功的最大關鍵。問卷採不記名方式，全部資料僅作統計分析之用，絕不對外公開，請安心填寫。懇請您撥冗協助填答問卷，謝謝您的熱心參與。

　　敬祝您　順心如意

研究所

指導教授：　　　　博士

研究生：　　　　敬上

※請針對您的消費經驗，回答下列相關問項，請於□中打「✓」，謝謝！

第一部分：景觀餐廳意象	極不同意	很不同意	不同意	普通	同意	很同意	極為同意
1. 餐飲品質好，新鮮度佳。	□	□	□	□	□	□	□
2. 餐飲商品種類多，選擇性高。	□	□	□	□	□	□	□
3. 餐飲價格合理。	□	□	□	□	□	□	□
4. 菜單內容會不定期更換。	□	□	□	□	□	□	□
5. 服務人員親切有禮，服裝整齊。	□	□	□	□	□	□	□
6. 服務人員會主動提供餐點之訊息。	□	□	□	□	□	□	□
7. 服務人員結帳時，快速準確。	□	□	□	□	□	□	□
8. 服務人員出餐快速，等待食物時間短。	□	□	□	□	□	□	□

	極不同意	很不同意	不同意	普通	同意	很同意	極為同意
9. 營業時間滿足需要。	☐	☐	☐	☐	☐	☐	☐
10. 周邊交通便利，地點易達。	☐	☐	☐	☐	☐	☐	☐
11. 停車空間足夠。	☐	☐	☐	☐	☐	☐	☐
12. 店內裝潢高雅舒適，氣氛良好。	☐	☐	☐	☐	☐	☐	☐
13. 燈光音樂宜人。	☐	☐	☐	☐	☐	☐	☐
14. 店內環境舒適整潔。	☐	☐	☐	☐	☐	☐	☐
15. 走道空間寬敞，不會影響鄰座客人的交談。	☐	☐	☐	☐	☐	☐	☐
16. 配合節慶主題性有促銷活動。	☐	☐	☐	☐	☐	☐	☐
17. 發行貴賓卡成立會員俱樂部。	☐	☐	☐	☐	☐	☐	☐
18. 提供商品折價券。	☐	☐	☐	☐	☐	☐	☐
19. 店內提供無線上網。	☐	☐	☐	☐	☐	☐	☐
20. 可使用信用卡付款。	☐	☐	☐	☐	☐	☐	☐
21. 提供書報雜誌閱讀。	☐	☐	☐	☐	☐	☐	☐

第二部分：知覺價值	極不同意	很不同意	不同意	普通	同意	很同意	極為同意
1. 和其他同業相較，本餐廳服務或商品非常吸引我。	☐	☐	☐	☐	☐	☐	☐
2. 和其他同業相較，本餐廳物超所值。	☐	☐	☐	☐	☐	☐	☐
3. 和其他同業相較，本餐廳提供了較多的免費服務。	☐	☐	☐	☐	☐	☐	☐
4. 和其他同業相較，本餐廳提供比我預期更高的價值。	☐	☐	☐	☐	☐	☐	☐

第三部分：忠誠度	極不同意	很不同意	不同意	普通	同意	很同意	極為同意
1. 本餐廳會是我優先的選擇。	☐	☐	☐	☐	☐	☐	☐
2. 我願意再來本餐廳消費。	☐	☐	☐	☐	☐	☐	☐
3. 我認為我是本餐廳的忠實顧客。	☐	☐	☐	☐	☐	☐	☐
4. 我會向本餐廳申請貴賓卡。	☐	☐	☐	☐	☐	☐	☐
5. 我會主動向親朋好友介紹本餐廳。	☐	☐	☐	☐	☐	☐	☐

第四部分：轉換成本	極不同意	很不同意	不同意	普通	同意	很同意	極為同意
1. 我覺得轉換到另一間餐廳是費時費力的。	☐	☐	☐	☐	☐	☐	☐
2. 轉換到另一間餐廳需花費較高的成本。	☐	☐	☐	☐	☐	☐	☐
3. 我覺得要轉換到其他餐廳消費是一件麻煩的事。	☐	☐	☐	☐	☐	☐	☐

第五部分：基本資料，請於□中打「✓」。

1. 性別：　　　□ 女　　□ 男

2. 婚姻狀況：　□ 未婚　□ 已婚

3. 年齡：　　　□ 20歲以下　　□ 21～30歲　　□ 31～40歲　　□ 41～50歲　　□ 51～60歲
　　　　　　　□ 61歲以上

4. 目前職業：　□ 軍公教　　　□ 服務業　　　□ 製造業　　　□ 買賣業　　　□ 自由業
　　　　　　　□ 家庭主婦　　□ 學生　　　　□ 其他（請註明＿＿＿＿＿＿＿）

5. 教育程度：　□ 國小（含）以下　□ 國中　□ 高中（職）　□ 專科　□ 大學
　　　　　　　□ 研究所（含）以上

6. 平均月收入：　□ 15,000元以下　　　□ 15,001～30,000元　□ 30,001～45,000元
　　　　　　　　□ 45,001～60,000元　□ 60,001～75,000元　□ 75,001～90,000元
　　　　　　　　□ 90,001～120,000元　□ 120,001元以上

7. 消費次數：　□ 1次　□ 2次　□ 3次　□ 4次　□ 5次（含）以上

本問卷到此結束，非常感謝您的耐心填答，謝謝！

附錄四 電信業服務品質問卷（初稿）

第一部分

※請針對您的消費經驗，回答下列相關問項，請於□中打「✓」，謝謝！

	非常不同意	不同意	無意見	同意	非常同意
1. 服務中心附近停車很方便。	□	□	□	□	□
2. 服務中心、通路點之設置具有普及性、便利性。	□	□	□	□	□
3. 專人為顧客導引之服務，令人滿意。	□	□	□	□	□
4. 服務人員之服裝、儀容相當整齊。	□	□	□	□	□
5. 服務人員的禮儀及談吐，令人滿意。	□	□	□	□	□
6. 障礙申告、維修之總修復時間，令人滿意。	□	□	□	□	□
7. 營業處所已設有陳情申訴部門及免費諮詢電話。	□	□	□	□	□
8. 未服務前的等候時間令人不耐煩。	□	□	□	□	□
9. 營業服務的時間能符合用戶需求。	□	□	□	□	□
10. 能及時完成異動作業（如費率更改、地址變動）。	□	□	□	□	□
11. 備有電子佈告欄提供重要電信訊息（如促銷、新業務訊息）。	□	□	□	□	□
12. 完成服務所花費的全部時間相當長。	□	□	□	□	□
13. 服務人員會主動協助客戶解決問題。	□	□	□	□	□
14. 服務人員的專業知識頗佳。	□	□	□	□	□
15. 計費、交易資料之正確性，令人擔憂。	□	□	□	□	□
16. 客戶資料之保密程度，頗受質疑。	□	□	□	□	□
17. 能準時寄發繳費通知單及收據。	□	□	□	□	□
18. 備有報紙、雜誌供客戶打發時間。	□	□	□	□	□
19. 備有電信文宣或專業期刊提供客戶新資訊。	□	□	□	□	□
20. 話費能維持合理價位。	□	□	□	□	□
21. 臨櫃繳費之排隊等候時間相當短。	□	□	□	□	□
22. 繳納電信費用相當方便。	□	□	□	□	□
23. 能即時的處理客戶抱怨與不滿。	□	□	□	□	□
24. 備有舒適空間及足夠座椅供客戶使用。	□	□	□	□	□

	非常不同意	不同意	無意見	同意	非常同意
25. 營業場所之布置及內外環境整潔，令人滿意。	☐	☐	☐	☐	☐
26. 櫃檯已清楚標示其服務項目。	☐	☐	☐	☐	☐
27. 申請業務之手續相當煩雜。	☐	☐	☐	☐	☐
28. 能提供即時的服務動態資訊。	☐	☐	☐	☐	☐
29. 服務人員對於顧客有關之各項諮詢能立即給予滿意回覆。	☐	☐	☐	☐	☐
30. 服務人員不因忙著服務消費者而忽略了其他的消費者。	☐	☐	☐	☐	☐

第二部分

以不記名方式，請問您一些基本資料，供統計分析之用且不公開，請安心作答。（請於適當的☐內打「✓」，以下所有問題皆為單選）

1. 性別：　　　　(1) ☐ 男　(2) ☐ 女

2. 婚姻：　　　　(1) ☐ 未婚　(2) ☐ 已婚

3. 年齡：　　　　(1) ☐ 20歲以下　(2) ☐ 21～30歲　(3) ☐ 31～40歲　(4) ☐ 41～50歲
　　　　　　　　(5) ☐ 51～60歲

4. 學歷：　　　　(1) ☐ 國中以下　(2) ☐ 高中　(3) ☐ 專科　(4) ☐ 大學　(5) ☐ 研究所以上

5. 職業：　　　　(1) ☐ 軍公教　(2) ☐ 農　(3) ☐ 工　(4) ☐ 商　(5) ☐ 自由業　(6) ☐ 學生
　　　　　　　　(7) ☐ 家管　　(8) ☐ 無業／待業　(9) ☐ 其他

6. 您每月平均所得：
　(1) ☐ 10,000元以下　　(2) ☐ 10,001～20,000元　(3) ☐ 20,001～30,000元
　(4) ☐ 30,001～40,000元　(5) ☐ 40,001～50,000元　(6) ☐ 50,001元以上

7. 請問您使用的門號系統為哪一家？
　(1) ☐ 中華電信　(2) ☐ 台灣大哥大　(3) ☐ 遠傳　(4) ☐ 和信　(5) ☐ 泛亞

附錄五 電信業服務品質問卷（正式）

第一部分

※請針對您的消費經驗，回答下列相關問項，請於□中打「✓」，謝謝！

	非常不同意	不同意	無意見	同意	非常同意
1. 專人為顧客導引之服務，令人滿意。	□	□	□	□	□
2. 障礙申告、維修之總修復時間，令人滿意。	□	□	□	□	□
3. 營業處所已設有陳情申訴部門及免費諮詢電話。	□	□	□	□	□
4. 未服務前的等候時間令人不耐煩。	□	□	□	□	□
5. 營業服務的時間能符合用戶需求。	□	□	□	□	□
6. 能及時完成異動作業（如費率更改、地址變動）。	□	□	□	□	□
7. 備有電子佈告欄提供重要電信訊息（如促銷、新業務訊息）。	□	□	□	□	□
8. 完成服務所花費的全部時間相當長。	□	□	□	□	□
9. 服務人員會主動協助客戶解決問題。	□	□	□	□	□
10. 服務人員的專業知識頗佳。	□	□	□	□	□
11. 計費、交易資料之正確性，令人擔憂。	□	□	□	□	□
12. 客戶資料之保密程度，頗受質疑。	□	□	□	□	□
13. 能準時寄發繳費通知單及收據。	□	□	□	□	□
14. 備有報紙、雜誌供客戶打發時間。	□	□	□	□	□
15. 話費能維持合理價位。	□	□	□	□	□
16. 臨櫃繳費之排隊等候時間相當短。	□	□	□	□	□
17. 繳納電信費用相當方便。	□	□	□	□	□
18. 能即時的處理客戶抱怨與不滿。	□	□	□	□	□
19. 備有舒適空間及足夠座椅供客戶使用。	□	□	□	□	□
20. 櫃檯已清楚標示其服務項目。	□	□	□	□	□
21. 申請業務之手續相當煩雜。	□	□	□	□	□

第二部分

以不記名方式，請問您一些個人基本資料，供統計分析之用且不公開，請安心作答。（請於適當的□內打「✓」，以下所有問題皆為單選）

1. 性別：　　　　(1) □ 男　　　　(2) □ 女

2. 婚姻：　　　　(1) □ 未婚　　　(2) □ 已婚

3. 年齡：　　　　(1) □ 20歲以下　(2) □ 21～30歲　(3) □ 31～40歲　(4) □ 41～50歲
　　　　　　　　(5) □ 51～60歲

4. 學歷：　　　　(1) □ 國中以下　(2) □ 高中　　　(3) □ 專科　　　(4) □ 大學
　　　　　　　　(5) □ 研究所以上

5. 職業：　　　　(1) □ 軍公教　　(2) □ 農　　　　(3) □ 工　　　　(4) □ 商
　　　　　　　　(5) □ 自由業　　(6) □ 學生　　　(7) □ 家管　　　(8) □ 無業／待業
　　　　　　　　(9) □ 其他

6. 您每月平均所得：(1) □ 10,000元以下　　　　(2) □ 10,001～20,000元
　　　　　　　　　(3) □ 20,001～30,000元　　(4) □ 30,001～40,000元
　　　　　　　　　(5) □ 40,001～50,000元　　(6) □ 50,001元以上

7. 請問您使用的門號系統為哪一家？
　(1) □ 中華電信　(2) □ 台灣大哥大　(3) □ 遠傳　(4) □ 和信　(5) □ 泛亞

附錄六　醫院服務品質問卷

問卷編號： _____

　　親愛的先生、小姐您好：

　　這是一份學術性的研究問卷，目的在瞭解您對醫院服務品質的感覺及看法，您的寶貴意見，將是本研究成功的最大關鍵。問卷採不記名方式，全部資料僅作統計分析之用，絕不對外公開，請安心填寫。懇請您撥幾分鐘協助填答問卷，謝謝您的熱心參與。

　　敬祝您　順心如意

國立○○○○○○管理研究所

指導教授：　　博士

研究生：　　敬上

※請針對您的服務經驗，回答下列相關問項，請於□中打「✓」，謝謝！

第一部分：服務品質	極不同意	很不同意	不同意	普通	同意	很同意	極為同意
1. 醫院擁有現代化的設備。	□	□	□	□	□	□	□
2. 醫院的實體設施相當完善。	□	□	□	□	□	□	□
3. 醫院服務人員的穿著整潔、清爽。	□	□	□	□	□	□	□
4. 醫院有完善的業務或服務說明資料。	□	□	□	□	□	□	□
5. 醫院附近停車很方便。	□	□	□	□	□	□	□
6. 候診時，醫院備有舒適空間及足夠座椅。	□	□	□	□	□	□	□
7. 這家醫院對病患詳盡解釋病情。	□	□	□	□	□	□	□
8. 當病患遭遇問題時，醫院會盡力協助解決。	□	□	□	□	□	□	□
9. 這家醫院在病患第一次就診時就能對症下藥。	□	□	□	□	□	□	□
10. 這家醫院能在門診時段內準時為病患服務。	□	□	□	□	□	□	□
11. 這家醫院所提供服務能保持不犯錯的記錄。	□	□	□	□	□	□	□

12. 醫院對病患的個人資料能善盡保密之責。	☐	☐	☐	☐	☐	☐	☐
13. 醫院會告訴病患執行服務的正確時間。	☐	☐	☐	☐	☐	☐	☐
14. 醫院服務人員能夠提供病患立即性的服務。	☐	☐	☐	☐	☐	☐	☐
15. 醫院服務人員能以病患為尊。	☐	☐	☐	☐	☐	☐	☐
16. 醫院服務人員常保高度的服務病患意願。	☐	☐	☐	☐	☐	☐	☐
17. 醫院服務人員不會因為太忙碌而疏於回應顧客。	☐	☐	☐	☐	☐	☐	☐
18. 繳費之排隊等候時間相當短。	☐	☐	☐	☐	☐	☐	☐
19. 服務人員的行為建立了病患對醫療服務的信心。	☐	☐	☐	☐	☐	☐	☐
20. 治療時讓病患覺得很安全。	☐	☐	☐	☐	☐	☐	☐
21. 醫院服務人員能保持對病患的禮貌態度。	☐	☐	☐	☐	☐	☐	☐
22. 醫院服務人員有足夠的專業知識因應病患的問題。	☐	☐	☐	☐	☐	☐	☐
23. 計費資料之正確性，令人滿意。	☐	☐	☐	☐	☐	☐	☐
24. 服務人員會主動協助病患解決問題。	☐	☐	☐	☐	☐	☐	☐
25. 醫院會給予不同病患不同的關懷。	☐	☐	☐	☐	☐	☐	☐
26. 醫院會因應病患的需要訂定適當的服務執行時間。	☐	☐	☐	☐	☐	☐	☐
27. 醫院會給予不同病患不同的照顧。	☐	☐	☐	☐	☐	☐	☐
28. 醫院的人員瞭解病患的特殊需要。	☐	☐	☐	☐	☐	☐	☐
29. 醫院服務人員對病患能給予個別化的服務。	☐	☐	☐	☐	☐	☐	☐
30. 醫院服務人員對病患的病情能感同身受。	☐	☐	☐	☐	☐	☐	☐

321

附錄七　第一線服務人員工作熱情與情緒耗竭關係之研究：情緒勞務策略的中介角色

一、問卷內容

問卷編號： _____

親愛的先生、小姐您好：

　　這是一份學術性的研究問卷，目的在瞭解第一線服務人員工作熱情、工作滿意度與情緒勞務策略之關係，您的寶貴意見，將是本研究成功的最大關鍵。問卷採不記名方式，全部資料僅作統計分析之用，絕不對外公開，請安心填寫。懇請您撥冗協助填答問卷，謝謝您的熱心參與。

　　敬祝您　順心如意

研究所

指導教授：　　　　博士

研究生：　　　　敬上

※請依據您的實際經驗，回答下列相關問項，請於□中打「✓」，謝謝！

第一部分：工作熱情（Passion for work） 【說明】請問您對下列問項之描述的同意程度為何？	極不同意	很不同意	不同意	普通	同意	很同意	極為同意
1. 我的工作能讓我獲得更充實且多元的經驗。	□	□	□	□	□	□	□
2. 我能坦然面對工作中可能發生的事，包含愉快或不愉快。	□	□	□	□	□	□	□
3. 我很喜歡現在這份具有獨特型態的工作。	□	□	□	□	□	□	□
4. 現在這份工作不會影響到我的日常生活。	□	□	□	□	□	□	□
5. 現在這份工作對我而言是一種熱情，且我能操控這熱情。	□	□	□	□	□	□	□
6. 我現在的工作能讓我有難忘的經驗。	□	□	□	□	□	□	□
7. 我非常喜愛我的工作。	□	□	□	□	□	□	□
8. 我的生活中不能沒有工作。	□	□	□	□	□	□	□

	極不同意	很不同意	不同意	普通	同意	很同意	極為同意
9. 有一種力量驅使我要去工作。	☐	☐	☐	☐	☐	☐	☐
10. 難以想像無法工作時，生活會變得如何。	☐	☐	☐	☐	☐	☐	☐
11. 我的心情會受到工作上的影響。	☐	☐	☐	☐	☐	☐	☐
12. 我若克制自己不去工作，會感到難過。	☐	☐	☐	☐	☐	☐	☐
13. 工作對我而言似乎到迷戀的程度。	☐	☐	☐	☐	☐	☐	☐
14. 我會因能不能工作而讓心情產生波動。	☐	☐	☐	☐	☐	☐	☐

第二部分：情緒勞務（Emotional labor） 【說明】請問您對下列問項之描述的同意程度為何？	極不同意	很不同意	不同意	普通	同意	很同意	極為同意
1. 我在服務過程中，會試著不只是外在表現出親切與和善等情緒，而會去體會與感受在工作中必須要有的表現。	☐	☐	☐	☐	☐	☐	☐
2. 找在服務過程中，會盡量讓自己在面對顧客時是「發自內心」的表現出親切與和善。	☐	☐	☐	☐	☐	☐	☐
3. 我為了工作上的需要，即使心情不好，也會讓自己暫時忘卻不愉快，並展現出好心情來面對顧客。	☐	☐	☐	☐	☐	☐	☐
4. 我在服務過程中，會盡量克服內心的不好情緒，並真誠地以親切和善的態度服務顧客。	☐	☐	☐	☐	☐	☐	☐
5. 我面對顧客時的內心感受與外在表現是一致的。	☐	☐	☐	☐	☐	☐	☐
6. 我在服務過程中，儘管顧客無理，仍會以顧客立場看待，並真誠地為顧客解決問題。	☐	☐	☐	☐	☐	☐	☐
7. 我在服務過程中，所需展現出的適切儀態，對我而言像是在演戲。	☐	☐	☐	☐	☐	☐	☐
8. 我在面對顧客提供服務時，會隱藏內心真正感受，讓自己表現出特有的表情與儀態。	☐	☐	☐	☐	☐	☐	☐
9. 我認為工作中所需的親切感，只要適時的展現一下就好。	☐	☐	☐	☐	☐	☐	☐
10. 我在服務過程中，為了表現出適切的服務態度，我會像戴面具般的掩飾內心真正感受。	☐	☐	☐	☐	☐	☐	☐
11. 我在服務過程中，只願偽裝工作時應展現的情緒，不願改變自己當下的內心感受。	☐	☐	☐	☐	☐	☐	☐

第三部分：情緒耗竭（Emotional exhaustion） 【說明】請問您對下列有關問項之描述的同意程度為何？	極不同意	很不同意	不同意	普通	同意	很同意	極為同意
1. 我的工作會讓我感到精力消耗殆盡、暮氣沉沉。	☐	☐	☐	☐	☐	☐	☐
2. 當一整天的工作結束後，會讓我感到心力疲憊。	☐	☐	☐	☐	☐	☐	☐
3. 一大早想到工作，我會覺得有疲倦感。	☐	☐	☐	☐	☐	☐	☐

4. 想到一整天要與人們接觸的工作，就讓我感到精神緊繃。	☐	☐	☐	☐	☐	☐	☐
5. 我的工作會讓我有倦怠感。	☐	☐	☐	☐	☐	☐	☐
6. 我的挫折感大多來自我的工作。	☐	☐	☐	☐	☐	☐	☐
7. 我覺得我用了太多氣力在工作上。	☐	☐	☐	☐	☐	☐	☐
8. 這種須直接面對顧客人群的工作，帶給我很大的壓力。	☐	☐	☐	☐	☐	☐	☐
9. 我覺得現在這個型態的工作，已經達到我最大限度了。	☐	☐	☐	☐	☐	☐	☐

第四部分：基本資料，請於☐中打「✓」

1. 性別：　　　　　☐ 女　　☐ 男

2. 婚姻狀況：　　　☐ 未婚　☐ 已婚

3. 年齡：　　　　　☐ 20歲以下　　☐ 21～30歲　　☐ 31～40歲　　☐ 41～50歲　　☐ 51～60歲
　　　　　　　　　☐ 61歲以上

4. 教育程度：　　　☐ 國小（含）以下　☐ 國中　☐ 高中（職）　☐ 大學（含專科）
　　　　　　　　　☐ 研究所（含）以上

5. 現職年資：　　　☐ 1年以下　☐ 1～2年　☐ 2～3年　☐ 3～4年　☐ 5年以上

問卷到此結束，非常感謝您的耐心填答，謝謝！

參考文獻

方世榮（2005）。統計學導論。臺北：華泰。

方傑、溫忠麟、張敏強、孫配貞（2014）。基於結構方程模型的多重仲介效應分析。心理科學，**37**(3)，735-741。

余民寧（2006）。潛在變項模式：SIMPLIS的應用。臺北：高等教育。

吳中勤（2014）。以多群組結構方程模式檢驗成就目標理論模式的測量恆等性。教育科學研究期刊，**59**(3)，59-95。

吳忠宏（2001）。解說在自然保育上的應用。自然保育季刊，**36**，6-13。

吳忠宏、黃文雄、李介祿、李雅鳳（2007）。旅遊動機、滿意度與忠誠度之模式建構與驗證：以宜蘭賞鯨活動為例。觀光研究學報，**13**(4)，347-367。

李世寶（2003）。東勢林場賞螢活動解說員服務效果之研究。朝陽科技大學休閒事業管理研究所未出版之碩士論文。

李宜曄、林詠能（2008）。十三行博物館導覽服務滿意度與重遊意願研究。博物館學季刊，**22**(1)，93-105。

李明聰、黃儀蓁（2006）。遊客對解說服務願付價格之研究──以墾丁國家公園生態保護區為例。休閒暨觀光產業研究，**1**(1)，19-33。

邱皓政（2004）。結構方程模式：LISREL的理論、技術與應用。臺北：雙葉。

邱皓政、林碧芳（2009）。結構方程模型的原理與應用。北京：中國輕工業出版社。

胡昌亞等（2022）。用JASP完成論文分析與寫作。臺北：五南。

侯杰泰、溫忠麟、成子娟（2002）。結構方程模型及其應用。北京：教育科學出版社。

施俊名、吳裕益（2008）。大學生身心健康量表構念效度驗證之研究。教育研究與發展期刊，**4**(4)，201-229。

夏業良、魯煒（2003）。體驗經濟時代。臺北：城邦文化。

張穎仁（2004）。臺中縣休閒農場解說導覽滿意度之研究。朝陽科技大學企業管理研究所未出版之碩士論文。

張紹勳（2018）。多層次模型HLM及重複測量：使用SPSS分析。臺北：五南。

陳宗玄、陸地（2006）。遊客對導覽解說人員需求與付費意願之研究：國立自然科學博物館植

物園為例。博物館季刊，**20**(4)，7-23。

陳榮方、葉惠忠、蔡玉雯、李麗娟（2006）。顧客忠誠度、生活型態及商店形象之結構關係模式分析——以高雄市連鎖咖啡店為例。高雄應用科技大學學報，**35**，145-160。

陳淑萍、鄭中平（2011）。潛在調節徑路模型的模型設定。教育研究與發展期刊，**7**(4)，1-24。

陳耀茂（1997）。服務品質管理手冊。臺北：國家圖書館出版。

彭淑玲（2019）。知覺教師回饋、個人成就目標、學業自我效能與無聊之關係：中介效果與條件間接化效果分析。教育心理學報，**51**(1)，83-108。

黃芳銘（2002）。結構方程模式理論與應用。臺北：五南。

黃財尉（2003）。共同因素分析與主成份分析之比較。彰化師大輔導學報，**25**，63-85。

楊國樞、文崇一、吳聰賢、李亦園（2002）。社會及行為科學研究法。臺北：東華書局。

楊勝評（2003）。觀光工廠論壇——服務的品質及工廠觀光化的優勢。線上資料來源：http://proj.moeaidb.gov.tw/cluster/taiwanplace21/experience/ interview_03.htm（2009, March 21）。

榮泰生（2008）。AMOS與研究方法。臺北：五南。

謝為任（2021）。轉型領導、組織承諾、主管支持對員工組織公民行為影響之研究——分配公平的調節式中介效果。博士論文，國立雲林科技大學技術及職業教育研究所，雲林。

簡惠珠（2006）。顧客價值、價格知覺、顧客滿意度、轉換成本對顧客忠誠度影響之研究——以量販店為例。成功大學高階管理碩士班未出版之碩士論文。

顏上晴（2001）。應用SERVQUAL服務品質模式分析國立科學工藝博物館導覽解說服務績效缺口。科技博物，**5**(4)，23-39。

Aaker, D. A. (1996). *Building strong brands*. New York: Free Press.

Aaker, D. A. (1997). Should you take your brand to where the action is? *Harvard Business Review*, *75*(5), 135-144.

Aaker, D. A., & Keller, K. L. (1990). Consumer evaluations of brand extensions. *Journal of Marketing*, *54*(1), 27-41.

Aiken, L. S., & West, S. G. (1991). *Multiple regression: Testing and interpreting interactions*. Newbury Park, CA: Sage.

Algina, J., & Moulder, B. C. (2001). A note on estimating the Jöreskog-Yang model for latent variable interaction using LISREL 8.3. *Structural Equation Modeling*, *8*(1) ,40-52.

Anderson, J. C., & Gerbing, D. G. (1988). Structural equation modeling in practice: A review and recommended two-step approach. *Psychological Bulletin*, *103*(May), 411-423.

Babin, B. J., & Attaway, J. S. (2000). Atmospheric affect as a tool for creating value and gaining share of Customer. *Journal of Business Research, 49*(2), 91-99.

Babin, B. J., & Darden, W. R. (1995). Consumer self-regulation in a retail environment. *Journal of Retailing, 71*(Spring), 47-70.

Bagozzi, R. P., & Yi, Y. (1988). On the evaluation for structural equation models. *Journal of the Academy of Marketing Science, 16*, 74-94.

Baker, J., Grewal, D., & Parasuraman, A. (1994). The influence of store environment on quality inferences and store image. *Journal of the Academy of Marketing Science, 22*(Fall), 328-339.

Baker, J., Levy, M., & Grewal, C. (1992). An experimental approach to making retail store environment decisions. *Journal of Retailing, 68*(4), 445-460.

Baron, R. M., & Kenny, D. A. (1986). The moderator-mediator variable distinction in social psychological research: Concepual, strategic, and statistical considerations. *Journal of Personality and Social Psychology, 51*(6), 1173-1182.

Bentler, P. M. (1990). Comparative fit indexes in structural models. *Psychological Bulletin, 107*(2), 238-246.

Bentler, P. M., & Bonett, D. G. (1980). Significant tests and goodness of fit in the analysis of covariance structures. *Psychological Bulletin, 88*(3), 588-606.

Bentler, P. M., & Wu, E. J. C. (1993). *EQS/Windows User's Guide*. Los Angeles: BMDP Statistical Software.

Biel, A. L. (1992). How brand image drives brand equity. *Journal of Advertising Research, 32*(6), 6-12.

Bitner, M. J. (1992). Servicescapes: The impact of physical surrounding on customer and employees. *Journal of Marketing, 56*(2), 57-71.

Bollen, K. A. (1989). *Structural equations with latent variables*. New York: Wiley.

Bollen, K. A., & Stine, R. (1990). Direct and indirect effects: Classical and bootstrap estimates of variability. *Sociological Methodology, 20*(1), 115-140.

Bollen, K. A., & Stine, R. A. (1993). Bootstrapping goodness of-fit measures in structural equation models. In K. A. Bollen & J. S. Long (Eds.), *Testing structural equation models* (pp. 111-135). Newbury Park, CA: Sage Publishing.

Bolton, R. N., & Drew, J. H. (1991). A multistage model of customers' assessments of service quality. *Journal of Consumer Research, 17*(4), 375-384.

Boomsma A. (1982). The robustness of LISREL against small sample sizes in factor analysis models.

In H. Wold & K. Jöreskog (Eds.), *Systems under indirect observation* (pp. 149-173). New York: Elsevier North-Holland.

Brannick, M. T. (1995). Critical comments on applying covariance structure modeling. *Journal of Organizational Behavior*, *16*(3), 201-213.

Browne, M. W., & Cudeck, R. (1993). Alternative ways of assessing model fit. In Bollen, K. A. & Long, J. S. (Eds.). *Testing structural equation models* (pp. 136-162). Newsbury Park, CA: Sage.

Byrne, B. M., Shavelson, R. J., & Muthén, B. (1989). Testing for the equivalence of factor covariance and mean structures: The issue of partial measurement invariance. *Psychological Bulletin*, *105*(4), 456-466.

Byrne, B. M. (2010). Structural equation modeling with AMOS: Basic concepts, applications, and programming, Multivariate Applications Series, 2nd ed., New York: Routledge.

Chaudhuri, A., & Holbrook, M. B. (2001). The chain of effects from brand trust and brand affect to brand performance: The role of brand loyalty. *Journal of Marketing*, *65*(2), 81-93.

Chen, F. F., Sousa, K. H., & West, S. G. (2005). Teacher's corner: Testing measurement invariance of second-order factor models. *Structural Equation Modeling: A Multidisciplinary Journal*, *12*(3), 471-492.

Cheung, G. W., & Lau, R. S. (2008). Testing mediation and suppression effects of latent variables: Bootstrapping with structural equation models. *Organizational Research Methods*, *11*(2), 296-325.

Cheung, G. W., & Rensvold, R. B. (1998). Cross-cultural comparisons using non-invariant measurement items. *Applied Behavioral Science Review*, *6*(1), 93-110.

Cheung, G. W., & Rensvold, R. B. (2002). Evaluating goodness-of-fit indexes for testing measurement invariance. *Structural Equation Modeling*, *9*(2), 233-255.

Cheung, M. W. L. (2007). Comparison of approaches to constructing confidence intervals for mediating effects using structural equation models. *Structural Equation Modeling*, *14*, 227-246.

Cheung, M. W. L. (2009). Comparison of methods for constructing confidence intervals of standardized indirect effects. *Behavior Research Methods*, *41*, 425-438.

Chi, C. G. -Q., & Qu, H. (2008). Examining the structural relationships of destination image, tourist satisfaction and destination loyalty: An integrated approach. *Tourism Management*, *29*, 624-636.

Churchill, G. A. (1979). A paradigm for developing better measures of marketing constructs. *Journal of Marketing Research*, *16*(1), 64-73.

Cronin, J. J., Brady, M. K., & Hult, G. T. M. (2000). Assessing the effects of quality, value, and customer satisfaction on consumer behavioral intentions in service environments. *Journal of Retailing, 76*(2), 193-218.

Curhan, R. C. (1972). The relationship between shelf space and unit sales in supermarkets. *Journal of Marketing Research, 9*(4), 406-412.

Curran, P. J., West, S. G., & Finch, J. F. (1996). The robustness of test statistics to non-normality and specification error in confirmatory factor analysis. *Psychological Methods, 1*, 16-29.

Darden, W. R., & Reynolds, F. D. (1971). Shopping orientations and product usage rates. *Journal of Marketing Research, 8*(4), 505-508.

DeVellis, R. F. (1991). *Scale development theory and applications*. London: SAGE.

DeVellis, R. F. (2003). *Scale development: Theory and applications*, 2nd edn. Newbury Park, CA: Sage Publications.

Drasgow, F. (1987). Study of the measurement bias of two standardized psychological tests. *Journal of Applied Psychology, 70*(4), 662-680.

Edwards, J. R., & Lambert, L. S. (2007). Methods for integrating moderation and mediation: A general analytical framework using moderated path analysis. *Psychological Methods, 12*(1), 1 22.

Efron, B. (1979). Bootstrap methods: another look at the jackknife. *Annals of Statistics, 7*, 1-26.

Fabrigar, L. R., Wegener, D. T., MacCallum, R. C., & Stranhan, E. J. (1999). Evaluating the use of exploratory factor analysis in psychological research. *Psychology Methods, 4*(3), 272-299.

Fornell, C., & Larcker, D. (1981). Evaluating structural equation models with unobservable variables and measurement errors. *Journal of Marketing Research, 18*(1), 39-50.

Freudenberger, H. J. (1974). Staff burnout. *Journal of Social Issues, 30*, 159-165.

Gao, S., Patricia, L. M., and Robert, A. J. (2008). Nonnormality of data in structural equation models. *Transportation Research Record: Journal of the Transportation Research Board, 2082*, 115-124.

Gorsuch, R. L. (1983). *Factor analysis*. Hillsdale, NJ: Lawrence Erlbaum.

Grandey, A. A. (2000). Emotion regulation in the workplace: A new way to conceptualize emotional labor. *Journal of Occupational Health Psychology, 5*(1), 95-110.

Gregorich, S. E. (2006). Do self-report instruments allow meaningful comparisons across diverse population groups? Testing measurement invariance using the confirmatory factor analysis framework. *Medical Care, 44*(11), 78-94.

Grinder, A. L., & McCoy, E. S. (1985). *The good guide: A source book for interpreters, docents and tour guides*. Phoenix, Arizona: Ironwood Press.

Hair, J. F., Anderson, R. E., Tatham, R. L., & Black, W. C. (1998). *Multivariate data analysis* (5th ed.). Upper Saddle River, New Jersey: Prentice-Hall International.

Hair, J. F., Black, W. C., Babin, B. J., & Anderson, R. E. (2010). *Multivariate data analysis*. 7th Edition, Pearson, New York.

Hair, J. F., Hult, G. T., Ringle, C., & Sarsedt, M. (2014). *A primer on partial least squares structural equation modeling (PLS-SEM)*. Washington, DC: Sage Publications.

Hayes, A. F. (2009). Beyond Baron and Kenny: Statistical mediation analysis in the new millennium. *Communication Monographs, 76*, 408-420.

Hayes, A. F. (2013). *Introduction to mediation, moderation, and conditional process analysis: A regression-based approach*. New York: The Guilford Press.

Hayes, A. F. (2015). An Index and Test of Linear Moderated Mediation. *Multivariate Behavioral Research, 50*, 1-22.

Hayduk, L. A. (1987). *Structural equation modeling with LISREL: Essentials and advances*. Baltimore: The John Hopkins University Press.

Hee, O. C. (2014). Validity and reliability of the customer-oriented behaviour scale in the health tourism hospitals in Malaysia. *International Journal of Caring Sciences, 7*(3), 771-775.

Hightower, R., Brady, M. K., & Baker, T. L. (2002). Investigating the role of the physical environment in hedonic service consumption: an exploratory study of sporting events. *Journal of Business Research, 55*(4), 697-707.

Hinkin, T. R., Tracey, J. B., & Enz, C. A. (1997). Scale construction: developing reliable and valid measurement instruments. *Journal of Hospitality and Tourism Research, 21*, 100-120.

Hoelter, J. W. (1983). The analysis of covariance structures: Goodness-of-fit Indices. *Sociological Methods and Research, 11*, 325-344.

Hoyle, R. H., & Panter, A. T. (1995). Writing about structural equation models. In R. H. Hoyle (Ed.), *Structural equation modeling: Concepts, issues, and applications*. Thousand Oaks, CA: Sage, pp. 158-176.

Horn, J. L., & McArdle, J. J. (1992). A practical and theoretical guide to measurement invariance in aging research. *Experimental Aging Research, 18*(3-4), 117-144.

Hu, L. T., & Bentler, P. M. (1995). Evaluating model fit. In R. H. Hoyle (Ed.), *Structural equation modeling: Concepts, issues, and applications*. Thousand Oaks, CA: Sage, pp. 76-99.

Hu, L. T., & Bentler, P. M.(1999). Cutoff criteria for fit indexes in covariance. *Structural Equation*

Modeling, 6(1), 1-55.

Hu, L. T., & Bentler, P. M. (1998). Fit indices in covariance structure modeling: Sensitivity to underparameterized model misspecification. *Psychological Methods, 3*(4), 424-453.

Hulland, J. (1999). Use of partial least squares in strategic management research: A review of four recent studies. *Strategic Management Journal, 20*(2), 195-204.

Hwang, S. N., Lee, C., & Chen, H. J. (2005). The relationship among tourists' involvement, interpretation service quality & place attachment in Taiwan National Park. *Tourism Management, 26*(2), 143-156.

Ittelson, W. H. (1973). Environment perception and contemporary perceptual theory. In Ittelson, W. H. (Eds.), *Environment and Cognition* (pp. 1-19). New York: Seminar Press.

Jones, T. O., & Sasser, J. R. (1995). Why satisfied customer defect. *Harvard Business Review, 85*(2), 88-99.

Jöreskog, K. G. (1973). A general method for estimating a linear structural equation system. In Goldberger, A. S., & Duncan, O. D. (Eds). *Structural Models in the Social Sciences.* New York: Academic Press.

Jöreskog, K. G. (1993). Testing structural equation models. In Bollen, K. A., & Long, J. S. (Eds.). *Testing structural equation models*, 294-316, Newbury Park, CA: Sage.

Jöreskog, K. G., & Sörbom, D. (1979). *Advances in factor analysis and structural equation models.* Cambridge, MA: Abt Books.

Jöreskog, K. G., & Sörbom, D. (1981). *LISREL V: Analysis of linear structural relationships by the method of maximum likelihood.* Chicago: National Educational Resources.

Jöreskog, K. G., & Sörbom, D. (1986). *LISREL VI: Analysis of linear structural relationships by maximum likelihood and least square method.* Mooresville, IN: Scientific Software, Inc.

Jöreskog, K. G., & Sörbom, D. (1989). *LISREL 7: A guide to the program and applications* (2nd ed.). Chicago: SPSS Inc.

Jöreskog, K. G. , & Sörbom, D. (1993). *LISREL 8: Structural equation modeling with the SIMPLIS command language.* Chicago, IL: Scientific Software International.

Jöreskog, K. G., & Sörbom, D. (1996). *LISREL 8: User's reference guide.* Chicago: Scientific Software International.

Kaiser, H. F. (1958). The varimax criterion for analytic rotation in factor analysis. *Psychometrika, 23*, 187-200.

Kashdan, T. B., Rose, P., & Fincham, F. D. (2004). Curiosity and exploration: Facilitating positive subjective experiences and personal growth opportunities. *Journal of Personality Assessment, 82*, 291-305.

Kessling, J. W. (1972). *Maximum likelihood approaches to causal analysis*. Ph.D. Dissertation, University of Chicago.

Keller, K. L. (1993). Conceptualizing, measuring, and managing customer-based brand equity. *Journal of Marketing, 57*, 1-22.

Keller, K. L. (2001). Building customer-based brand equity. *Marketing Management, 10*(2), 14-19.

Kelloway, E. K. (1998). *Using LISREL for structural equation modeling: A researcher's guide*. Thousand Oaks, CA: Sage Publications.

Kisang, R., Heesup, H., & Tae-Hee, K. (2008). The relationships among overall quick-casual restaurant image, perceived value, customer satisfaction, and behavioral intentions. *International Journal of Hospitality Management, 27*, 459-469.

Kline, R. B. (1998). *Principles and practice of structural equation modeling*. New York: Guilford Press.

Kleinbanum, D. G., Kupper, L. L., & Muller, K. E. (1998). *Applied regression analysis and other multivariable methods*. North Scituate, MA: Duxbury Press.

Kotler, P. (1973). Atmospherics as a marketing tool. *Journal of Retailing, 49*(4), 48-64.

Kotzan, J. A., & Evanson, R. V. (1969). Responsiveness of drug store sales to shelf space allocations. *Journal of Marketing Research, 6*(11), 465-469.

Kozak, M. (2001). Repeaters' behavior at two distinct destinations. *Annals of Tourism Research, 28*(3), 784-801.

Lau, R. S., & Cheung, G. W. (2012). Estimating and comparing specific mediation effects in complex latent variable models. *Organization Research Methods, 15*(1), 3-16.

Lee, R. T., & Ashforth, B. E. (1993). A longitudinal study of burnout among supervisors and managers: Comparisons between the Leiter and Maslach (1988) and Golembiewski et al. (1986) models. *Organizational Behavior and Human Decision Processes, 54*(3), 369-398.

Lee, R. T., & Ashforth, B. E. (1996). A meta-analytic examination of the correlates of the three dimensions of job burnout. *Journal of Applied Psychology, 81*(2), 123-133.

Lee, T. H., & Crompton, J. L. (1992). Measuring novelty seeking in tourism. *Annals of Tourism Research, 19*(4), 732-751.

Lin, G. C., Wen, Z., Marsh, H. W., & Lin, H.-S. (2010). Structural equation models of latent interactions: clarification of orthogonalizing and double-mean centering strategies. *Structural Equation Modeling, 17*, 374-391.

Lovelock, C. H. (1983). Classifying services to gain strategic insights. *Journal of Marketing, 47*(2), 9-20.

Lehtinen, U., & Lehtinen, J. P. (1982). *Service quality: a study of quality dimensions*. Unpublished working paper. Helsinki, Finland OY: Service Management Institute.

MacCallum, R. C. (1999). *Psychology 820 course packet*. OH: The Ohio State University Press.

Macho, S., & Ledermann, T. (2011). Estimating, testing, and comparing specific effects in structural equation models: The phantom model approach. *Psychological Methods, 16*, 31-43.

MacKinnon, D. P. (2008). *Introduction to statistical mediation analysis*. New York, NY: Lawrence Erlbaum Associates.

MacKinnon, D. P., Lockwood, C. M., Hoffman, J. M., West, S. G., & Sheets, V. (2002). A comparison of methods to test mediation and other intervening variable effects. *Psychological Methods, 7*, 83-104.

Mannetti, L., Pierro, A., Kruglanski, A., Taris, T., & Bezinovic, P. (2002). A cross-cultural study of the Need for Cognitive Closure Scale: Comparing its structure in Croatia, Italy, USA and the Netherlands. *British Journal of Social Psychology, 41*(1), 139-156.

Mardia, K. V. (1970). Measures of multivariate skewness and kurtosis with applications. *Biometrika, 57*(3), 519-530.

Mardia, K. V. (1985). Mardia's test of multinormality. In Kotz, S., & Johnson, N. L. (Eds). *Encyclopedia of statistical sciences, 5*, 217-221.

Marsh, H. W., Wen, Z., & Hau, K. T. (2004). Structural equation models of latent interactions: Evaluation of alternative estimation strategies and indicator construction. *Psychological Methods, 9*(3), 275-300

Marsh, H. W., & Hau, K. T. (1996). Assessing goodness of fit: is parsimony always desirable? *Journal of Experimental Education, 64*(4), 364-390.

Maslach, C. (1993). Burnout: A multidimensional perspective. In W. B. Schaufeli, C. Maslach, & T. Marek (Eds.), *Professional burnout: Recent developments in theory and research* (pp. 19-32). Washington, DC: Taylor & Francis.

Maslach, C., Schaufeli, W. B., & Leiter, M. P. (2001). Job burnout. *Annual Review of Psychology, 52*,

397-422.

Martineau, P. (1958). The personality of the retail store. *Harvard Business Review, 36*, 47-55.

Mehrabian, A., & Russell, J. A. (1974). *An approach to environmental psychology*. Cambridge, Mass: MIT Press.

Meredith, W. B. (1993). Measurement invariance, factor analysis and factorial invariance. *Psychometrika, 58*(4), 525-543.

Mo, C., Howard, D., & Havitz, M. (1993). Testing an international tourist role typology. *Annals of Tourism Research, 20*(2), 319-335.

Muller, D., Judd, C. M., & Yzerbyt, V. Y. (2005). When moderation is mediated and mediation is moderated. *Journal of Personality and Social Psychology, 89*(6), 852-863.

Nunnally, J. C. (1967). *Psychometric theory*. New York: McGraw-Hill Book Company.

Odin, Y., Odin, N., & Valette-Florence, P. (2001). Conceptual and operational aspects of brand loyalty: An empirical investigation. *Journal of Business Research, 53*, 75-85.

Oh, M. (1999). Service quality, customer satisfaction, and customer value: A holistic perspective. *International Journal of Hospitality Management, 18*(1), 67-82.

Oliver, R. L. (1997). *Satisfaction: A behavioral perspective on the consumer*. Boston, MA: Irwin, McGrew-Hill.

Parasuraman, A., Zeithaml, V. A., & Berry, L. L. (1988). SERVQUAL: A multiple-item scale for measuring consumer perceptions of service quality. *Journal of Retailing, 64*(1), 12-40.

Park, S., Mahony, D. F., & Greenwell, T. C. (2010). The measurement of sport fan exploratory curiosity. *Journal of Sport Management, 24*, 434-455.

Piko, B. F. (2006). Burnout, role conflict, job satisfaction and psychosocial health among Hungarian health care staff: A questionnaire survey. *International Journal of Nursing Studies, 43*, 311-318.

Pine, B. J., & Gilmore, J. H. (1999). *The experience economy: Work is theatre and every business a state*. Massachusetts: Harvard Business School Press.

Ployhart, R. E., Wiechmann, D., Schmitt, N., Sacco, J. M., & Rogg, K. (2003). The cross-cultural equivalence of job performance ratings. *Human performance, 16*(1), 49-79.

Preacher, K. J., & Hayes, A. F. (2004). SPSS and SAS procedures for estimating indirect effects in simple mediation models. *Behavior Research Methods, Instruments, and Computers, 36*, 717-731.

Preacher, K. J., & Hayes, A. F. (2008). Asymptotic and resampling strategies for assessing and comparing indirect effects in multiple mediator models. *Behavior Research Methods, 40*, 879-891.

Preacher, K. J., Rucker, D. D., & Hayes, A. F. (2007). Addressing moderated mediation hypotheses: Theory, methods, and prescriptions. *Multivariate Behavioral Research, 42*, 185-227.

Raju, N. S., Laffitte, L. J., & Byrne, B. M. (2002). Measurement equivalence: A comparison of methods based on confirmatory factor analysis and item response theory. *Journal of Applied Psychology, 87*(3), 517-529.

Raykov, T., & Marcoulides, G. A. (2008). *An introduction to applied multivariate analysis.* New York: Routledge

Raykov, T., & Widaman, K. F. (1995). Issues in structural equation modeling, research. *Structural Equation Modeling*: A Multidisciplinary Journal, *2*, 289-318.

Razali, N. M., Wah Y. B. (2011). Power comparisons of Shapiro-Wilk, Kolmogorov-Smirnov, Lilliefors and Anserson-Darling tests. *Journal of Statistical Modeling and Analytics, 22*, 21-33.

Rust, R. T., & Oliver, R. L. (1994). Service quality: Insights and managerial implications from the frontier. In Rust, R. T., & Oliver, R. L. (Eds.). *Service quality: New directions in theory and practice* (pp. 1-19). Thousand Oaks, CA: Sage Publications.

Schmitt, B. H. (1999). *Experiential marketing: How to get customers to sense, feel, think, act and relate to your company and brand.* New York: The Free Press.

Schaubroeck, J., & Green, S. G. (1989). Confirmatory factor analytic procedures for assessing change during organizational entry. *Journal of Applied Psychology, 74*(6), 892-900.

Schaufeli, W. B., & Van Dierendonck, D. (1993). The construct validity of two burnout measures. *Journal of Organizational Behavior, 14*, 631-647.

Schmitt, N., & Kuljanin, G. (2008). Measurement invariance: Review of practice and implications. *Human Resource Management Review, 18*, 210-222.

Shapiro, S. S. and Wilk, M. B. (1965). An analysis of variance test for normality (complete samples). *Biometrika, 52*(3/4), 591-611.

Sobel, M. E. (1982). Asymptotic confidence intervals for indirect effects in structural equation models. In S. Leinhardt (Ed.)., *Sociological methodology* 1982 (pp. 290-312). Washington, DC: American Sociological Association.

Steenkamp, J. E. M., & Baumgartner, H. (1998). Assessing measurement invariance in cross-national consumer research. *Journal of Consumer Research, 25*(1), 78-90.

Steiger, J. H. (1990). Some additional thoughts on components, factors, and factor indeterminacy. *Multivariate Behavioral Research, 25*(1), 41-45.

Sweeney, J. C., Soutar, G. N., & Johnson, L. W. (1997). Retail service quality and perceived value: A comparison of two models. *Journal of Retailing and Consumer Service*, *4*(1), 39-48.

Sweeney, J. C., & Soutar, G. N. (2001). Consumer perceived value: The development of a multiple item scale. *Journal of Retailing*, *77*(2), 203-220.

Tabachnick, B. G., & Fidell, L. S. (2001). *Using multivariate statistics* (4th Edition). Boston, MA: Allyn & Bacon.

Taylor, A. B., MacKinnon, D. P., & Tein, J. Y. (2008). Tests of the three-path mediated effect. *Organizational Research Methods*, *11*, 241-269.

Vallerand, R. J., Blanchard, C., Mageau, G. A., Koestner, R., Ratelle, C., Léonard, M., Gagné, M., & Marsolais, J. (2003). Les Passions de L'Âme: On obsessive and harmonious passion. *Journal of Personality and Social Psychology*, *85*(4), 756-767.

Vallerand, R. J., & Houlfort, N. (2003). Passion at work: Toward a new conceptualization. In D. Skarlicki, S. Gilliland, & D. Steiner (Eds), *Social issues in management: Vol. 3. Emerging perspectives of values in organizations* (pp. 175-204). Greewich, CT: Information Age Publishing.

Vandenberg, R. J., & Lance, C. E. (2000). A review and synthesis of the measurement invariance literature: Suggestions, practices, and recommendations for organizational research. *Organizational Research Methods*, *3*(1), 4-69.

Velicer, W. F., & Fava, J. L. (1987). An evaluation of the effects of variable sampling on component, image, and factor analysis. *Multivariate Behavioral Research*, (22), 193-209.

Velicer, W. F., & Fava, J. L. (1998). Effects of variable and subject sampling on factor pattern recovery. Psychological Methods, *3*, 231-251.

Wakefield, K. L., & Blodgett, J. G. (1994). The importance of servicescapes in leisure service setting. *Journal of Services Marketing*, *8*(3), 66-76.

Wakefield, K. L., & Barnes, J. A. (1996). Retailing hedonic consumption: a model of sales promotion of a leisure service. *Journal of Retailing*, *72*(4), 9-27.

Wall, M. M., & Amemiya, Y. (2000). Estimation for polynomial structural equation models. *The Journal of the American Statistical Association*, *95*, 929-940

Wang, J.-C., & Wang, X.-Q. (2012). *Structural equation modeling: Applications using Mplus*. Chichester, UK: Wiley.

Westbrook, R. A., & Oliver, R. L. (1991). The dimensionality of consumption emotion patterns and consumer satisfaction. *Journal of Consumer Research*, *18*(June), 84-91.

Widaman, K. F., & Reise, S. P. (1997). Exploring the measurement invariance of psychological instruments: Applications in the substance use domain. In K. J. Bryant, M. Windle, & S. G. West (Eds.), *The science of prevention: Methodological advances from alcohol and substance abuse research* (pp. 281-324). Washington DC: American Psychological Association.

Wiley D. E. (1973). The identification problem for structural equation models with unmeasured variables. In Goldberger, A. S., & Duncan, O. D. (Eds.). *Structural models in the social sciences*. New York: Academic Press.

Williams, L. J., & Hazer, J. T. (1986). Antecedents and consequence of satisfaction and commitment in turnover models: A reanalysis using latent variable structural equation models. *Journal of Applied Psychology, 71*, 219-231.

Wright, S. (1921). Correlation and causation. *Journal of Agriculture Research, 20*, 557-585.

Yang, Z., & Peterson, R. T. (2004). Customer perceived value, satisfaction, and loyalty: The role of switching costs. *Psychology and Marketing, 21*(10), 799-822.

Yoo, B., & Donthu, N. (2001). Developing and validating a multi-dimensional consumer-based brand equity scale. *Journal of Business Research, 52*, 1-14.

Yuan, K.-H., & Hayashi, K. (2006). Standard errors in covariance structure models: Asymptotics versus bootstrap. *British Journal of Mathematical and Statistical Psychology, 59*(2), 397-417.

Zeithaml, V. A. (1988). Consumer perceptions of price, quality and value: A means-end model and synthesis of evidence. *Journal of Marketing, 52*(3), 2-22.

Zuckerman, M. (1979). *Sensation seeking: Beyond the optimal level of arousal*. Hillsdale, NJ: Erlbaum.

五南線上學院

小資族、上班族、學生
所需相關課程

講師：李淑茹 ｜ 課號：V1O0100
課名：**出口貿易操作秘笈**

講師：蔡沛君 ｜ 課號：V1F0300
課名：**粉絲團臉書內容行銷有撇步**

講師：陳寬裕 ｜ 課號：V1H0200
課名：**SPSS大數據統計分析**

講師：陳寬裕 ｜ 課號：V1H0400
課名：**16小時學會結構方程模型：**
SmartPLS初階應用

講師：陳寬裕 ｜ 課號：V1H0100
課名：**30小時搞懂Amos結構方程模型**

講師：楊朝仲、李政熹、管新芝、吳秋萱
課號：V1H0300
課名：**2小時輕鬆搞定新課綱系統思考**
素養教與學